페미니스트 드라마의 이해

개정판

페미니스트 드라마의 이해

개정판

박주은 지음

한국학술정보(주)

머리말

21세기는 여성의 시대라고들 한다. 여성의 자아와 권리를 어느 정도 찾았기 때문일 것이다. 그동안 여성의 존재는 열등한 것으로 상식화되어 어느 분야에서도 빛을 발휘하지 못하였고, 여성운동으로 인해 조금씩 여성의 존재를 부각시켜 왔다.

18세기 초반까지 미국에는 연극이 없었으나 그 중반부터 서서히 공연이 시작되었고, 1800년에서 1860년 동안 약 700편의 희곡이 쓰이고 공연되었다. 그러나 남북전쟁 이후 발표된 미국의 희곡은 아주 저조한 편이었다. 1915년 이후 소극장운동이 미국 극작가들을 고무시켜서 Eugene O'Neill 같은 세계적인 극작가를 탄생시켰다. 그는 1936년 노벨문학상을 받은 유일한 미국 극작가로 활동하여 내적인 인간의 모습을 잘 묘사하였다. 그의 연극은 가정극, 역사극, 사회문제극 등에 많은 영향을 주어 미국 현대극을 발전시키는 데 큰 역할을 하게 되었다.

제2차 세계대전이 끝난 시기에 브로드웨이 연극계는 Tennessee Williams, Arthur Miller, 그리고 Edward Albee를 발굴, 육성하였고, 뮤지컬극과 뮤지컬 코미디를 만들어냈다.

20세기에 들어와서 흑인극과 흑인 극작가가 존재해 왔으나 본격적인 흑인 연극은 1960년대에 와서 '블랙파워'란 개념이 나타나고 흑인 예술운동이 진행되면서 발전하게 되었다.

이와 같은 연극들은 브로드웨이를 중심으로 공연되었으며 일부 연극들이 오락물로 전락하게 되어 오프-브로드웨이 연극이라는 새로운 전환점을 맞이하게 되었다. 오프-브로드웨이 연극은 배우와 관객 간의 관계가 친밀하다는 것이 하나의 특징으로 신인배우들을 발굴하는 역할을 하였다. 그러나 오프-브로드웨이는 재정난으로 인해 티켓의 가격을 올리는 부정적인 면을 보였고 이에 대응하여 오프-오프-브로드웨이가 탄생되었다. 이 극단은 기존 연극계에 거의 존재하지 않았던 여성 극작가를 발굴하고 페미니스트 드라마가 공연될 수 있도록 큰 역할을 하였다.

이 페미니스트 드라마는 상식세계, 신화 그리고 과학에서 본 여성상에 대해 이의를 제기하고, 남녀차별 사회 속에서 당당하고 자립적인 자아를 찾아가는 새로운 여성상을 제시한다. 이는 한국에서 여성을 온순하고 복종하는 존재로 간주한, 유교 관점에서 바라본 여성상에 대해서도 문제 제기를 가능하게 한 것이다.

구체적으로 남성은 사회 역할을 하며, 여성은 가정 역할이라는 구분을 상식으로 받아들이고 있다. 이러한 상식으로 인해 남성은 적극적이고 합리적이며 성취지향적인 반면 여성은 수동적이고 의존적이고 비합리적이라 여성은 남성에게 의존하고 순종해야 한다는 지배·종속 관계가 되는 것이다. 원시 공동체 사회는 모계 사회였으며 남녀가 평등하였으나 인류가 농사를 지으면서 전쟁을 시작하여 다른 부족을 노예로 삼으면서 성차별이 나타나기 시작한 것이다. 이는 모계 사회가 무너지고 가부장제 사회가 확립되어 가는 것임을 보여주고 산업혁명으로 인해 더욱더 남녀 불평등이 심해진 것이다. 그러나 현대 사회에서는 남녀가 일을 수행할 수 있는 능력도 같으며 집안일도 같이 분담하며 아이를 양육해야 한다는 상식을 가지게 되었다. 이는 인종 차별 반대운동, 시민권운동, 그리고 여성운동 등으로 기존 상식 세계에 변화를 반영한 것이다.

신화를 통해 본 여성상은 아름답고 질투심이 많으며 화를 자초하는 모습이다. 반면에 남성상은 용맹하고 씩씩하고 지혜롭다. 이브의 신화에 따르면, 이브가 유혹에 약하여 선악과를 땄고 그로 인해 인간 세상에 고통, 타락 그리고 죽음을 초래하였고 그 벌로 인해 아담, 다시 말해 남성의 지배를 받아야 했다고 한다. Walker에 따르면 이브라는 명칭은 '모든 생명체의 어머니'를 뜻하고 그노시스파 경전에는 이브가 "아담아! 땅에서 일어나 살아나라"고 하자, 아담이 눈을 뜨고 일어나 "내게 생명을 불어넣은 당신은 만물의 어머니라 불릴 것입니다"라고 말했다고 씌어 있다고 한다. 이는 여성을 어머니라는 위대한 존재임을 각성시켜주는 견해이다. 또한 우리는 선악과를 딴 이브를 모험심이 강하고 주체성이 있는 인물로 재해석할 수 있다.

과학적 논의는 여성의 뇌가 남성보다 작고 가볍기 때문에 여성이 더 열등하다고 주장하는 남성들의 견해를 반박할 수 있다. 제일 큰 뇌의 소유자가 백치였다는 기록도 있으며 지적능력은 뇌 표면과 벽이 관련 있고 유전요인이나 개발에 의해 좌우된다고 한다.

한국의 유교에 따르면 여성은 유순하고 복종하는 비천한 존재로 간주하며, 여성의 정절만을 강요하였다. 예를 들어, 남성은 바깥일 하는 사람인지라 부엌에 들어오지도 못하게 할 정도로 여성에게만 집안일을 강요하였고 남편이 죽으면 혼자 정절을 지키라 강요하며 열녀문을 세워주는 것으로 보상하였다. 그러나 현대에 와서 유교도 시대의 변화를 따르는 것 같다. 제사를 지낼 때 집안일을 남녀가 같이 해야 한다고 주장한다.

이와 같이 여러 분야에서 잘못된 여성상을 바로잡고 있으며, 특히 페미니스트 드라마에서는 여성의 삶을 소재로 사용하고 사회나 가정에서 일을 통해 자아실현을 하며 당당하고 자립적인 여성상을 그리고 있다. 이 페미니스트 드라마는 여성뿐만 아니라 남성에게도 강한 남성상에 사로잡히는 사고에 변화를 주어 평등한 사회 속에서 살도록 도와주는 데 있어서 중요한 역할을 한다. 그러므로 미국 페미니스트 드라마의 배경과 특징, 대표작가 Marsha Norman 그리고 그녀의 대표작품들을 구체적으로 살펴본다는 것은 큰 의미가 있다고 할 수 있다.

아울러 한국에서 대표적인 미국 페미니스트 드라마를 번역 공연한 「잘 자요, 엄마」와 한국 페미니스트 영화라 할 수 있는 「마요네즈」 그리고 모녀관계를 소재로 한 뮤지컬 「맘마미아」를 살펴본다는 것은 이론과 실제가 어떻게 적용되는지를 살펴볼 수 있는 계기가 될 것이다. 또한 한국 여성 축제 행사 중의 하나인 「여유만만」 콘서트와 여성문화운동단체 중의 하나인 '이프토피아'의 활동에 대해 소개함으로써 여성주의 문화운동이 여성에게 더 친숙하게 다가오고 대중적으로 느껴져서 일상의 문화와 소통할 수 있는 계기를 만들고자 한다.

끝으로 이 책이 나오기까지 필자를 도와준 가족과 응원해준 많은 지인들에게 감사드린다.

박주은

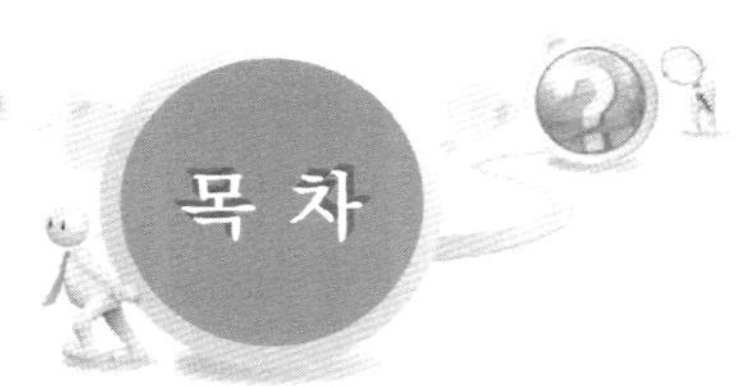

목 차

Chapter 01

서 론

연극사를 살펴볼 때 현대에 이르기까지 여성 극작가의 존재는 극히 미미한 것에 불과했다. 여성 극작가의 수도 많지 않고, 또한 출판되고 공연되는 그들의 작품도 흔한 것이 아니기 때문이었다. 이에 더 많은 여성 극작가들을 발굴하고 그들의 희곡집을 인정하는 데 주요 역할을 한 것이 페미니스트 드라마이다. 특히 1970년대 후반에 미국 페미니스트 드라마의 중추적 역할을 한 작가로 Marsha Norman을 꼽을 수 있는데 그녀는 가부장제 사회에서 살아가는 평범한 여성의 삶을 잘 묘사하였고, 그 여성이 남성들로부터 받는 억압, 고통을 극복하여 자아(自我)를 찾아가는 과정에 초점을 두었다.

Marsha Norman은 1947년 Kentucky 주 Louisville에서 보험회사 판매원인 아버지 Bertha Williams와 어머니 Billie Williams 사이에서 태어나 Durrent고등학교를 졸업하고 고등학교 시절에 "왜 선한 사람들이 고통을 겪는가?(Why Do Good Men Suffer?)"라는 제목의 수필을 써서 일등상을 탔다. 그녀는 1969년 Agnes Scott College에서 철학을 전공하여 학위를 받고 영어 선생님인 Michael Norman과 결혼을 한 뒤 1971년 Louisville 대학에서 석사학위를 받고 Kentucky Central State Hospital에서 정신박약아를 돌보았다. 1977년에 그녀는 이 소재를 사용하여 작품 「출옥」(*Getting Out*)을 완성하였다.

*Getting Out*은 두 개의 자아를 지닌 여주인공의 삶을 소재로, 매춘과 지폐 위조죄로 감옥에 수감된 과거의 자아 Arlie가 모범수로 가석방된 현재의 자아 Arlene으로 변신하는 모습을 그린 것이다. 이 과정에서 여주인공은 자신의 자아를 찾아서 자주적이고 독립적인 인물로 변하는 희망적인 인물로 그려지고 있다. 이 작품은 Actors Theater에서 열린 신연극 축제에서 최고의 인기를 얻었고 Off Broadway에서도 성공을 하였으며, 미국 도처의 극장과 교도소에서도 공연되었다.

Marsha Norman은 *Getting Out*을 쓴 이후 1978년에 「오크 3번가의 이야기」(*Third and Oak*)를 썼다. 이 작품은 1막에서는 남편과 사별한 50대의 전직 여교사 Alberta가 한밤중에 셀프서비스식 간이세탁소에서 남편의 옷을 세탁하다가 한시도 가만히 있지 못하는 수다스러운 20세의 Deedee와 만나서 벌어지는 이야기를 다루고 있으며, 2막은 세탁소 옆 당구장의 20대 후반의 흑인 디스크자키 Shooter와 50대 후반의 흑인 Willie의 이야기를 묘사하고 있다. 이 작품에서 Alberta는 남편과 다른 여자의 부정행위를 알고 남편을 증오하며 외로워하는 Deedee를 격려해주고, Deedee는 남편을 잃은 Alberta의 슬픔과 공포를 해소시켜주며, 이 과정을 통하여 Alberta와 Deedee는 자신의 자아를 찾아간다.

이 외에도 Marsha Norman은 많은 시나리오와 「서커스 밸런타인」(*Circus Valentine, 1979*)과 「노상강도」(*The Holdup, 1983*)를 썼고, 1982년에 쓴 「잘 자요, 엄마」(*'night, Mother*)는 Massachusetts 주 Cambridge에서 공연되고 그다음 해에 New York에서 공연된 후 Hill and Wang 출판사에 의해 출판되었다. *'night, Mother*는 모녀관계를 통하여 여주인공

Jessie가 자신의 자아와 자주성을 찾아가는 과정을 그린 것이다. Jessie
는 자살을 선언하고 어머니 Thelma는 이 절망적인 위기에서 딸을 어
떻게 하면 구할 수 있을지 방법을 모색한다. 이때 가장 중요한 역할
을 하는 것은 대화이다. 이들은 평상시 나누어 보지 못한 대화를 비
로소 진솔하게 나누어 본다. 이 작품은 현대인의 근원적인 고독을 진
실하게 묘사하고 일상생활에서 비극적 진실을 묘사한 점에서 가치가
높다고 할 수 있다. 이러한 평가를 받는 Marsha Norman은 「뉴욕타임
스」가 '연극의 새 목소리들'이라고 부른 부류의 상징이 되었다.

그 이후 그녀는 「어둠 속의 여행자」(*Traveler in the Dark, 1984*), 「점쟁
이」(*The Fortune Teller, 1987*), 「사라와 아브라함」(*Sarah and Abraham, 1988*),
「비밀의 화원」(*The Secret Garden, 1990*) 그리고 「빨간 신발」(*The Red Shoes,
1993*)이라는 작품 등을 썼다.

Marsha Norman의 작품에서 그녀가 설정한 등장인물, 대화, 무대장
치의 묘사는 매우 사실적이고, 평범하지만 그녀의 극작품은 가족의
몰이해와 가부장제 사회에서 여성이 겪는 문제를 잘 나타내고 있고,
여성이 자아를 찾아서 당당하고 독립적인 인물로 변신하는 모습을
그린 훌륭한 페미니스트 드라마이다.

이 페미니스트 드라마는 여성운동과 새로운 극운동에 의해 1960년
대 후반 영국과 미국에서 연극의 한 장르로 탄생하였다. 이 새로운
극운동의 발단은 리빙 씨어터(Living Theatre)이고, 리빙 씨어터를 모태
로 하여 1960년대의 미국 실험 연극이 탄생하였는데 그 대표적인 극
단으로는 오픈 씨어터(Open Theatre)를 들 수 있다(Helene Keyssar 9-10).
이와 같은 새로운 극운동은 등장인물로서의 배우와 연극 밖에서 자
신의 삶을 살아가는 실제 인물로서의 경계선을 흐려 놓고, 장식을 벗

어던지며, 연극을 인생의 모방 혹은 재현으로 보는 연극의 전통적 이론에 반기를 든 것이다.

페미니스트 드라마 성립에 한 축이 되는 미국은 1950년대부터 1970년대까지 정치적, 사회적으로 불안한 상태였다. 그 이유는 흑인 폭동, 베트남전쟁, 반전운동, 시민기본권 운동, 민주사회를 위한 학생 운동, 여성해방운동, 감옥에서의 폭동 등이 발생하였기 때문이다. 이러한 운동들은 미 국민으로 하여금 억압된 삶을 자각하도록 하는 계기가 되었으며, 그들 자신의 권리를 찾아 주는 큰 역할을 하였다.

이에 자극을 받은 미국의 중산층 여성들이 여성의 권리 옹호와 주장을 위한 여성만의 모임을 시작하였고, 1968년 초에 워싱턴에서 있었던 여성들의 반전 모임에서는 여성들이 횃불을 들고 나와서 전통적인 여성상을 매장하는 의식을 거행하였다. 1968년 가을에는 많은 여성 단체들 중 급진적인 여성들(Radical Women)로 불리는 한 집단이 미스 아메리카의 선발을 '여성을 억압하는 상징'이라고 부르면서 항거하여 국민의 관심을 모았으며, 그들은 브래지어, 거들, 컬 클립, 인조 속눈썹, 가발, 그리고 기타의 물건들을 '여성의 폐물'이라고 부르며 자유를 위한 쓰레기통에 집어던졌다(Howard Zinn 497). Helene Keyssar는 이러한 사건을 페미니스트 연극의 탄생과 관련시켜 다음과 같이 설명한다.

특히 미국에서는 수백만의 시청자가 파업과 항의시위뿐만 아니라 암살 장면까지도 텔레비전을 통해 목격하게 되면서 연극과 정치는 떨어지려야 떨어질 수가 없는 관계가 되었다. 1968년 가을에 많은 여성 단체들이 가두 연극의 관례를 사용하여 미스 아메리카 선발 대회의 성차별주의를 연극적으로 항의했을 때, 그것은 사회의 다른 구석에서 연극과 정치가 결합하는 하나의 사건이었다. 그러나 그것은 또한 소생하는 여성운동이 처음으로 중요한 공적 인정을 획득

한 것을 의미했다. 2년 후에는 영국 여성들이 미스월드대회에 항의
하기 위해 비슷한 연극적 시위를 하게 되었다. 페미니스트 연극이
비로소 탄생하게 된 것이다.

In the United States particularly, theatre and politics were haunting bedfellows
as millions of spectators witnessed assassinations as well as strikes and
protest marches on their television sets. When, in the autumn of 1968, a
number of women's groups produced a theatrical protest using street-
theatre conventions against the sexism of the Miss America pageant, it was
an event coherent with the collusion of theatre and politics in other corners
of society. It was also, however, the first instance in which the resurgent
women's movement had achieved significant public acknowledgement. Two
years later, women in Britain would protest against the Miss World event
in a similar theatrical demonstration. Feminist theatre had been born. (Helene
Keyssar 17-18)

남성들이 만들어 놓은 미스 아메리카 선발 대회의 기원을 살펴보
면, 1921년 9월 7일 New Jersey의 Atlanta 시가 여름 관광 시즌을 연장
하는 방법으로 수영복 미인대회를 개최한 것이다. 이 대회의 기준은
여성의 미모와 몸매였으며, 이 미인대회에 입상을 한 출전자들은 영
화나 연극에 출연할 기회를 얻게 되었으므로, 수많은 여성들이 미(美)
에 관심을 가지게 되었고, 미국 전역에서 수천 개에 이르는 미인대회
가 생겨났다. 그러나 수영복 심사나 출전자들의 교양 미달로 문제가
되어 대회가 중단되었다가 다시 부활하면서 출전자들의 갖가지 재능
을 겨루는 탤런트 분야를 추가했다(「조선일보」, 1999. 3. 9.).

　그러나 출전자의 선발 기준이 여전히 미모와 몸매에 초점을 두었
고 돈을 버는 하나의 방법으로 수영복 차림의 여성들을 이용하였기
때문에 여권 운동가들의 반발을 샀다고 할 수 있다. 그러므로 여권
운동가들은 1968년 미스 아메리카 대회장 밖에서 양을 끌고 와 시위

를 벌이기도 하였다. 이들의 주장은 대회 출전자들이 온순하고 어리석은 양과도 같다는 것이다. 이러한 주장과 시위는 여성들이 남성과 평등한 권리를 찾기 위해서는 스스로 세력화해야 한다는 정치적 자각을 실천에 옮긴 것이고, TV와 라디오의 도움으로 국민들에게 보여졌기 때문에 더욱 극적이 되었으며 이로 인해 여성의 문제를 다룬 페미니스트 연극이 탄생한 것이다.

페미니스트 연극의 도화선이 된 미스 아메리카 선발 대회의 성차별주의에 대해 항의한 또 하나의 단체는 '지옥에서 온 여성국제테러음모단(Women's International Terrorist Conspiracy from Hell: WITCH)'이다. 이들은 뉴욕의 일부 급진적인 여성들로 구성되어 있으며, New York 증권시장에 나타나서 다음과 같은 인쇄물을 배포하면서 시위하였다.

> WITCH는 모든 여성 속에서 살며 조소한다. 우리의 병든 사회가 요구하는 수줍은 미소, 불합리한 남성 지배를 묵인함, 화장이나 몸을 꼭 조이는 복장에 매여 있는 우리에게 있어서 WITCH는 우리 각자의 자유로운 부분이다. WITCH의 회원으로 '가입'할 필요는 전혀 없다. 여성이면서 자신을 들여다볼 용기를 가지고 있다면 당신은 WITCH 회원이다. 당신이 당신의 법칙을 만들고 있는 것이다.
>
> WITCH lives and laughs in every woman. She is the free part of each of us, beneath the shy smiles, the acquiescence to absurd male domination, the make-up or flesh-suffocating clothes our sick society demands. There is no 'joining' WITCH. If you are a woman and dare to look within yourself, you are a WITCH. You make your own rules. (Howard Zinn 497)

WITCH는 여성에게 남성을 의식하여 행하는 가식적인 행동을 벗어던지고, 여성의 정체성을 찾게 해주는 역할을 한다. 여기서 여성의 가식적인 행동의 원인은 외모 콤플렉스를 조장하는 사회 분위기에 있다. Usa Stannard에 따르면, 아름다움을 파는 미용 산업과 신데렐라의 꿈을 파는 대중매체, ㅁ 인을 상품화한 예술로 인해 소녀들은 외양적인 아름다움만 추구한다는 것이다. 이러한 사회분위기 조장은 남성에 의한 것이며, 남자는 능력으로, 여자는 외모로 판단하는 사회의 고정관념과 가부장제 사회에서 착하고 예쁜 여성은 남성에게 복종하는 여성이라는 가치관에 기인한다(재인용 여성을 위한 모임 149). 이러한 분위기를 거부하고 여성의 자각을 실천하는 워싱턴 D. C.의 WITCH는 여사무원에 대한 대우에 항의하는 적극적인 역할을 한다.

WITCH 외에 여성의 부당 대우에 항의하는 데 보다 더 적극적인 역할을 담당한 단체는 전국여성기구(National Organization for Women: NOW), 전국가사노동자조합(National Domestic Workers Union) 등이 있다.

첫째, NOW는 1965년에 여성의 위치에 대한 회의인 주립 위원회에 관여했던 전문 여성들의 도임에 의해 창립되었고, 그들의 일차적 목표는 교육, 노동, 대중매체 표현에서 여성들의 민권과 경제권을 반영하기 위해 로비를 벌이는 겻이었다. 1971년 NOW의 New York 지부의 회장 Jacqueline Ceballos의 주장과 1996년 NOW 총재 Caren Johnson의 주장에서 우리는 이 단체의 특성을 알 수 있을 것이다. 1971년 New York Town Bloody Hall의 토론에서 Jacqueline Ceballos는 NOW에 대해 다음과 같이 주장한다.

> 나는 전국여성기구에서 우리가 하는 일에 대해 여러분에게 발언하고 싶습니다. 이 단체는 여성 해방을 위한 '공명정대한' 기구로 간주되고 있습니다. 그러나 우리는 그렇게 공명정대하지 못하기 때문에 여전히 수많은 남성과 여성을 놀라게 하지는 못합니다. 왜냐하면 그들은 전체 여성의 해방운동을 두려워하고 있기 때문입니다.

나는 여성들이 평생 집에 머물면서 접시를 닦고 남성들과 아이들을
돌보는 데 생물학적으로 적합한지에 대해 논쟁할 필요가 있다고
생각하지 않습니다. 나는 그것이 중요하다고 생각하지 않습니다.
중요한 것은 세계가 바뀌고 있고 여성들이 그 세계로 들어가서 세
계를 변화시키고 그들을 지배하는 사회를 지배하기 위해서 일할 권
리와 의무가 있다는 사실을 마침내 자각하는 데 있다는 것입니다.

I'd like to tell you what we do in the National Organization for Women.
This is considered the 'square' organization of women's liberation. But
we're not too square that we still don't frighten off many, many women
and men because they're afraid of the whole woman's liberation
movement. I don't think it's necessary to argue that whether woman are
biologically suited to stay home and wash dishes and take care of men and
children all their lives. I don't think that's important. What is important
is that the world is changing and that women are at last awakening to
the fact that they have a right and a duty to enter into the world and
change it and work towards governing the society that governs them.
(Douglas Tallack 291)

Jacqueline Ceballos는 이처럼 세계가 바뀌고 있는 시점에서 여성으로
하여금 여성의 권리와 의무를 자각하도록 주장하고 있으며, 더 나아
가 여성 자신이 남성－지배, 여성－종속이라는 관계에서 벗어나 주체
적인 인물로 일해야 한다고 피력하고 있다. 현재 NOW는 26만 명의
남녀회원과 6백여 개 지부를 가진 미국 최대의 여권 운동단체로 활동
하고 있다.

NOW 총재 Caren Johnson은 NOW의 목표가 여성을 정치계에 참여
하도록 하여 여성의 권리를 적극적으로 찾아보려는 데 있다고 하였
다. 그녀는 백인 남성들이 기업 톱 매니저 자리의 95%를 차지하고 있
다는 것이 잘못된 것이며, 1970년대에 비하여 1990년대에는 여성의
경제력이 크게 향상되었으며, 각 분야에서 여성들도 지도자가 될 수

있다고 자각하고 있기 때문에 여성 후보들을 지원하겠다고 주장하였다(「중앙일보」, 1996. 2. 5.).

NOW를 대표하는 두 여성의 발언에서 Jacqueline Ceballos는 단순히 여성의 자각에 초점을 둔 반면에 Caren Johnson은 자각을 넘어서 보다 적극적으로 행동하여 여성의 권리를 찾는 데 초점을 두고 있다는 것을 알 수 있다.

둘째로, 전국가사노동자조합은 여성의 부당대우에 적극적으로 항의한 단체이다. 이 단체는 Atlanta에서 Dorothy Bolden이 1968년에 집안일을 하는 여성들을 회원으로 받아들인 것이다. 그녀는 이 단체를 구성한 이유를 다음과 같이 설명한다.

> 나는 여성들이 그들의 공동체의 개선을 위한 결정에서 발언권을 가져야 한다고 생각한다. 빈민가에 사는 이 여성은 열심히 투쟁하고 있으며, 일을 할 만한 아주 훌륭한 지성이 있으면서도 오랫동안 무시되어 왔기 때문이다. 나는 그녀가 발언권을 가져야 한다고 생각한다.
>
> I think women should have a voice in making decisions in their community for betterment. Because this woman in the slum is scuffling hard, and she's got a very good intelligent mind to do things, and she's been overlooked for so many years. I think she should have a voice. (Howard Zinn 499)

여기에서 'this woman'이란 가난한 흑인 여성으로, 중류층의 흑인과 백인 여성들처럼 산아제한을 할 수 있는 권리를 요구하며 자신이 엘리트 집단으로부터 형편없는 대우를 받는 고용인임을 자각한 인물이다. Dorothy Bolden은 가난한 흑인 여성이 남성의 권위와 착취에 희생당해 온 흑인여성들의 삶을 자각하는 데 그치지 말고, 발언권을 가져야 한다고 주장하는 것이다.

앞서 설명한 두 개의 단체 이외에도 많은 단체들의 활동으로 여성은 그녀 자신을 생각해볼 수 있는 기회를 제공받았고, 사회에서 능력을 발휘할 수 있는 당당한 인간임을 자각하게 되었다.

한마디로 Marsha Norman은 이러한 자각을 극작품에서 가족, 가정, 부재 인물 남성, 그리고 여성 문제들과 같이 그리고 있다. 그녀가 궁극적으로 표현하고자 하는 주제는 여성의 자아 찾기라는 것이다. 왜냐하면 빠르게 변화하고 있는 현대 산업사회 속에서 사람들은 자아의 위기를 느끼게 되는데 특히 여성들은 이 위기를 자신에게 불리한 가부장제 구조에서 더욱 절실히 느끼기 때문이다. 여기서 '자아'라는 개념은 타인과 구별되는 개념으로 자기 자신에 관한 개인의 의식 또는 관념이며, 자신이 누구이며 어떤 사람인지에 대해 스스로 내리는 규정인 정체성이라는 개념과 맥락을 같이한다. 그러므로 필자는 자아와 정체성의 개념을 동일시하여 사용할 것이다. 여성의 자아 찾기라는 중요한 문제를 다룬 그녀의 작품들 중에서 *Getting Out, 'night, Mother, Third and Oak*의 1막은 어떤 공통점을 보이는데, 이 점에 대해서 Jenny S. Spencer는 Norman의 작품이 여성 정체성의 문제를 다룬다고 지적한다.

> 이러한 극들은 여성 인물들에 초점을 두고 여성 관객에게 호소하며 여성의 정체성이라는 문제를 전면에 앞세우고 있다. 이 세 작품은 가부장제 사회에서 생존의 문제를 고려하고, 여성 간의 관계에서 제한된 희망을 찾으며 여성의 주체적 위치를 여전히 제한하고 부정적으로 결정하는 사회에서 '자아실현'이라는 유린된 정서적 결과를 나타낸다.

These plays focus on female characters, address a female audience, and foreground issues of female identity. All three consider the problem of surviving in a patriarchal society, find limited hope in the connections between women, and chart the devastating emotional consequences of 'self-realization' in a society that still defines and determines the feminine subject position negatively. (Jenny S. Spencer 148)

Jenny S. Spencer의 설명처럼, Marsha Norman의 작품은 여성들의 자아실현을 주제로 다룬다. 반면에 Linda Ginter Brown은 Marsha Norman이 Lillian Hellman의 영향을 많이 받았다고 지적하고, 두 작가가 다른 세대에 태어나서 작품을 썼지만 똑같이 자아 성취를 위한 여성들의 투쟁을 그린 면을 높이 평가한다(Linda Ginter Brown 1-3). 특히 Marsha Norman은 그녀가 속한 문화권에서 여성이 보이지 않는 존재임을 누구보다도 잘 인식한 작가라고 할 수 있는데, Linda Ginter Brown과의 인터뷰를 통해 그녀의 견해를 잘 파악할 수 있다.

마샤 노먼: 분명히, 우리의 문화에서 여성은 보이지 않는 존재로 느껴집니다. 나는 보이지 않는다고 느낍니다. 나는 소녀로서 보이지 않는다고 느꼈습니다. 그것이 당신이 아시다시피, 내가 결코 당신이 볼 수 없는 나 같은 사람들에 대해 쓴다고 내가 종종 말했던 이유입니다. 이 점은 바뀌어야 합니다!

MN: Clearly, women in our culture feel invisible I feel invisible. I felt invisible as a girl. That's why I have said so often, you know, I write about people you would never see, like *me*. This has got to change! (176)

위에서 지적한 대로 Marsha Norman의 인터뷰를 통해 이 사회에서 여성이 얼마나 가치 없는 존재로 묻혀 왔으며, 특히 결혼과 가족이라는 테두리 속에서 여성들이 얼마나 구속당해 왔는지를 알 수 있고,

그러한 상황에서 여성들이 정체성을 찾고 자신의 권리를 회복해가는 과정을 쓰고자 한 그녀의 의도를 알 수 있다. 이들의 평가처럼 Marsha Norman의 작품은 여주인공의 자아 찾기 문제를 다루고 있고, 특히 이 문제는 그녀의 세 작품의 가장 큰 주제라고 할 수 있다.

그녀의 세 작품의 공통점은 네 가지로 요약해볼 수 있다. 이들 작품은 첫째로, 여주인공들이 이야기를 통해 자신의 자아를 찾아가는 과정을 그린 것이고, 둘째로, 남성은 무대에 거의 등장하지 않거나 여성들의 대화 속에서만 존재하며, 여성이 자신의 정체성을 추구해가는 데 도움을 주지 못하고 부정적인 역할을 담당한다는 것이다. 셋째로, 모녀관계를 다루고 있고, 넷째로, 여주인공들은 정도의 차이는 있지만 여성 간의 유대감으로 자신의 정체성을 찾아간다는 것이다.

이와 같은 공통점은 페미니스트 드라마의 특징으로 나타난다. 2장에서는 이와 같은 주제를 다룬 페미니스트 드라마의 배경과 일반적인 특징을 살펴보고, 3장에서는 *Getting Out*, 4장에서는 *'night, Mother*, 5장에서는 *Third and Oak*의 1막을 통해 그러한 특징들이 구체적으로 어떻게 나타나며, 여주인공들이 어떻게 자신의 자아를 찾아가는지 그 과정을 고찰해보겠다. 3장부터 5장까지 세 작품의 순서를 정한 이유는 *Getting Out*에서 여주인공이 자신과의 싸움으로 자아를 찾게 되고 *'night, Mother*에서는 가장 근원적인 모녀관계를 통해 여주인공이 자아를 찾게 되며, *Third and Oak*에서는 서로에 대해 전혀 모르는 여성들이 대화를 통해 관계가 형성되고 그 속에서 자아를 찾아 나가므로 자아의 범위가 개인에서 모녀관계로, 다시 타인과의 관계로 확대되고 있기 때문이다.

페미니스트 드라마의 배경과 특징

요즈음 미국 여성들이 사회 각 분야에 얼마나 많이 진출해 있는가는 몇 가지 통계에서도 잘 드러난다. 1995년, 「여성, 새로운 양식조달자」(Woman: The New Providers)라는 조사보고서에 의하면, 응답 여성의 45%가 정규직원으로, 15%가 파트타임으로 일하고 있고 정규취업여성의 55%가 가계 수입의 절반 이상을 벌어들이고 있으며, 살림만 하는 전업주부는 17%에 불과하다. 특히 건설인부, 전기기사 등 남성영역으로만 여겨지던 직종에서도 여성들이 일한다(「중앙일보」, 1996. 2. 5.).

1970년대에는 여성이 경마 기수가 되기 위해 투쟁해서 승소했으며, 여성예술가들은 위트니 미술관의 조각전에서 성차별을 공격하는 피켓 시위를 벌였다. 1974년 초에는 여성을 위한 연구 프로그램이 78개 기관에 마련되었으며, 2천 개가량의 교육과정이 약 5백 개 대학에서 강의되었다. 또한 여성 잡지들과 신문들이 지역적으로 그리고 전국적으로 등장하기 시작했으며, 여성사와 여성운동에 관한 서적이 쏟아져 나와 일부 서점에서는 그러한 서적을 위한 특별 부서를 설치하기도 했다(Howard Zinn 499).

이와 같이 사회 일반에서의 여성들은 여성의 위치를 찾아가지만 연극계는 1960년대 후반에도 주로 남성들에 의해 통제되고 여성들의 작품이 높이 평가되지 못했으며, 여성들이 감히 침투할 수 없는 영역으로 남아 있게 되었다.

이제 연극사를 거슬러 올라가 여성을 소재로 한 작품은 어떤 것들이 있었으며, 여성의 위치는 어느 정도였는지를 살펴보면, 페미니스트 드라마의 특징과 주제가 분명히 드러난다.

희랍, 로마, 엘리자베스 시대의 고전극작품들은 여성들을 무대에 접근하지 못하게 했고, 제한된 법적, 경제적 권리만을 허용하였다. Aristotle의 『시학』(*Poetics*)은 고전 비극의 본질에 대해 설명하고 있는데, 비극적 인물에 합당한 특징으로 용감함과 영리함을 들고 있다. 그는 이러한 특징을 지닌 인물을 남성으로 간주하고 여성은 등장인물 요건에 맞지 않는다고 배제시켰다.

> 남자다운 용기의 한 유형이 있다. 그러나 여성에 있어 용기나 절도 없는 영리함은 부적당하다.
>
> There is a type of manly valour; but valour in a woman, or unscrupulous cleverness, is inappropriate. (W. J. Bate 28)

또한 Aristotle은 비극적 인물이 착해야 한다고 한다. 그러나 그는 여성이 착할지도 모르지만 여성이 열등한 존재이기 때문에 비극적 인물에 합당하지 않으며, 여성의 용기와 영리함에 대해서도 낮게 평가하였다.

엘리자베스 시대에는 무대에서 공연하는 여성들을 창녀로 취급하여 이들이 남성들에게 비도덕적 성적 반응을 불러일으켜 사회에 무질서를 초래할 것으로 간주하였으며 교회와 학교에서 여성들을 추방하였다. 그래서 Shakespeare는 무대에서 여성의 역할을 변성기 이전의 미소년이 담당하게 하였다.

10세기 중반 Gandersheim 수녀원의 Hrotsvit 수녀는 최초로 희곡을 쓴 여성 극작가로 대표작품 「파프누티우스」(*Paphnutius*)를 썼다. 그녀의 작품들은 가명으로 1923년에 출판되었고, 1920년대의 한 번의 공연을 제외하고는 미국 대학에서만 공연되었다. Hrotsvit 이후 17세기가 되어서야 Aphra Behn과 Susanna Centlivre에 의해 많은 극작품이 쓰여 졌다. Aphra Behn은 사창가 장면과 음탕한 장면을 그렸고, Susanna Centlivre는 자립하는 여성 등장인물을 창조하였다. 1773년 Mercy Warren은 미국 독립주의자들의 후원을 받아 극을 쓰기 시작하였는데, 대표 작품 「캐스틸 왕국의 귀부인들」(*The Ladies of Castile*)은 혁명지도자인 여주인공 마리아를 그리고 있다.

그 이후 18세기 후반 여성들은 집안과 사교 응접실에서 극작품을 공연하였다. 대표작가로 Rahel Varnhagen과 Natalie Barney을 들 수 있는데 특히 Natalie Barney는 개인적 성애 연극, 특히 레즈비언 성애에 관한 극작품을 썼다. 이러한 가인 연극은 여권주의 연극의 발전에 밑바탕이 되었다. 집안과 사교 응접실에서만 공연된 여성 연극이 외부 세계로 확대되었는데, Chinoy와 Jenkins는 「미국 연극계의 여성들」(*Women in American Theatre*)에서 교회 공연이나 거리 행진, 그리고 미국 원주민 부족 축제 등과 같은 공연에서 여성들의 역할을 강조한다. 이들은 정치적 행사, 미스 아메리카 선발대회, 그리고 귀향 시가행진 같은 여성들의 미모 가두행렬을 포함한 공연들을 하였다(Sue-Ellen Case 1-61).

이와 같이 Sue-Ellen Case는 여성을 소재로 한 기존의 연극이 수적으로도 별로 많지 않고 매장되어 있었으며 여성의 지위를 비하시켰음을 지적하고, 매장되어 왔던 여성들의 작품만을 더욱 집중적으로 조명한 것이다. 이러한 역할은 이전의 연극계 분위기와 더불어 가속화된 것인데, 그것은 1950년대 오프ー브로드웨이(Off Broadway) 운동과 1960년대 오프-오프-브로드웨이(Off Off Broadway) 운동 덕분인 것이다. 이 운동들은 연극에서 여성의 존재와 무명작가들을 인정하고 무명의 배우를 기용하는 역할을 적극적으로 담당하였다. 다시 말해서 제2차 세계대전이 끝난 1945년 12월 Broadway 극장가에서 공연된 작품 수는 불과 30편에 불과하였고, 미국의 연극계는 TV의 보급으로 큰 타격을 입었으며, 제작자들은 실험성이 있는 작품을 피하였다. 이러한 태도의 반발로 오프ー브로드드웨이(Off Broadway) 운동이 발생한 것이다. 그러나 1960년경 오프ー브로드드웨이(Off Broadway) 운동이 절정에 달했을 때, 폭등하는 물가로 대중성이 있는 공연을 하게 되었고, 무명의 극작가나 연기자들이 그들의 존재를 인정받으면 Broadway 극장으로 옮기게 되는 현상들이 나타나게 되어 이에 불만을 품은 젊은 연극인들은 오프-오프-브로드웨이(Off Off Broadway) 운동을 벌이게 되었다. 이러한 연극 개혁 운동에 참여한 단체로는 리빙 씨어터(Living Theatre), 오프-오프-브로드웨이 그룹(Off Off Broadway), 지역극단들(Resident Theatres), 급진파 극단(Radical Theatre), 그리고 오픈 씨어터(Open Theatre)의 다섯 집단이라고 할 수 있다.

첫째, 리빙 씨어터 극단은 1946년에 Judith Malina와 Julian Beck에 의해 창단되었는데, 시극과 혁신적인 무대제작기술에 중점을 두었고, 이전에 공연된 적이 없는 새로운 연극을 공연하였다. 이 극단의 중요한 특징은 Antonin Artaud의 기법을 살리기 위한 언어의 평가절하, 모든 대본을 정치적으로 논쟁하기, 삶의 양식과 연극 양식의 구별을 거부하는 것에 있다.

여기서 첫 번째 특징인 '언어의 평가절하'란 언어를 통해 연극의 목표인 조화로운 사회를 이룩할 수 없다는 Antonin Artaud의 주장을 반영한 것으로, 사물이나 태도나 동작에 의한 시각적인 언어를 연극 언어로 사용하는 것이다(고승길 역 319). 이것은 대화체의 언어의 가치를 낮게 평가하고 배우의 절규, 여러 가지 소리, 그리고 동작 등을 통해 의사 전달을 하는 연극 언어를 강조하는 것이다. 두 번째 특징은 극작품에서 당시 프랑스, 미국 및 기타 지역에서 발생한 정치적 사건을 그린 것이다. 그러므로 정치적 요소가 있는 대본이 공연되었을 때에는 배우들의 강하고 혁명적인 연기에 관객들이 충격을 받기도 하고 격렬한 비난을 퍼붓기도 하였다(Oscar G. Brockett 459-461). 정치적 요소로 현실과 밀접한 관계를 가진 이 극단은 관객의 적극적인 무대 참여를 이끌었으며 관객을 구경꾼의 입장에서 해방시켜서 배우들과 더불어 호흡하고 즉흥적인 연기를 하게 하는 분위기를 조성하였다. 세 번째 특징은 두 번째의 특징과 관련이 있는 것으로 관객은 연극 형식을 자신의 삶과 다르게 구별하지 않는다. 왜냐하면 이 극단에서 보여 주고자 하는 것이 우리의 삶이기 때문이다. 이러한 특징을 가진 리빙 씨어터는 무대에 공연된 적이 없는 새로운 연극을 무대에 올렸으며, 연극 스타일을 실험하는 중심지로서의 역할을 한 것이다.

둘째, 오프-오프-브로드웨이 그룹을 볼 때 이 그룹의 등장 시점은 1958년 Joe Cino가 그의 Cafe Cino에서 연극을 상연한 시기로 잡는다.

이 그룹은 1960년과 1965년 사이에 약 200명의 새로운 희곡작가들이 쓴 400편가량의 희곡을 공연하였다. 이 그룹 중에서 가장 중요한 극단은 Ellen Stewart가 1961년에 창설한 La Mama 극단으로, 1969~1970년 동안 아주 많은 희곡을 상연하였다. 이 극단의 실험 정신은 연출 기법에까지 확대되었고, 이러한 연출기법을 사용한 대표적인 연출가로 Tom O'Horgan을 들 수 있다. 그는 신체적 활동, 조명 효과, 시끄러운 음악, 영사(映寫), 그리고 비언어적 음향 등에 역점을 두는 경향을 보인다. 이러한 경향을 극작품에서 다루는 극작가들은 사실주의 연극을 거부하고, 인과율에 얽매인 사건보다는 주제를 중심으로 희곡을 썼다. 그리고 이들이 사용한 언어는 청각적·시각적 효과에 눌려 평가절하되기 일쑤였다(Oscar G. Brockett 447-451).

이와 같이 La Mama 극단은 극작가에게 공연 양식을 일임하는 방법을 사용하였고, 공연 후에는 토론을 유발하는 분위기를 조성하였으며, Jean-Claude van Italie 같은 극작가들의 새로운 극인, 한 배우가 여러 인물로 변하는 변신극을 공연함으로써 명성을 얻었다.

셋째, 지역극단의 부흥을 살펴볼 때 New York 바깥에서 이들의 수효가 증가했는데, 가장 큰 역할을 한 극단은 Washington의 아리나 스테이지(the Arena Stage)와 San Francisco의 액터스 워크숍(the Actors Workshop) 그리고, 타이론 거스리 극장(the Tyrone Guthrie Theatre)이 있다. 지역극단들은 매표 수입, 개별 기부금, 또는 정부대행기관이나 박애재단으로부터의 기부금에 의존하지만, 1965년 국립예술지원기구의 설립으로 정부의 지원을 받아 좀 더 과감한 제작을 하는 경향이 있었다(Oscar G. Brockett 458-459). 이 극단들은 고전작품과 근대작품을 섞어서 공연하였고, 지방의 유능한 작가들을 발굴하는 데 큰 역할을 하였다.

넷째, 급진파 극단이 등장하는데 이들은 1960년대 사회의 변화를 가져오게 하기 위한 무기로서 연극을 사용하였으며, 가장 중요한 극단으로는 빵·인형 극단(the Bread and Puppet Theatre), 샌프란시스코 마임 극단(the San Francisco Mime Theatre), 엘 테아트로 캄페시노(El Teatro Campesino) 등을 들 수 있다. Peter Schumann에 의해 1961년 New York에서 창단된 빵·인형 극단은 여러 크기의 인형들을 동화, 전설, 신화, 그리고 성경 등에 바탕을 둔 작품들에 사용하며, 이 작품들은 사랑과 겸손의 우위성을 보여주기 위한 것들이었다. 샌프란시스코 마임 극단은 R. G. Davis가 무언극을 하기 위해 설립하였는데, 침묵이 관객 반응을 약화시키는 것으로 보여 결국 말을 삽입하였고, 이 극단은 흑인 민권운동, 여성해방 및 기타 여러 주제들에 대한 연극을 상연해 왔다. 엘 테아트로 캄페시노는 1965년에 Luis Valdez가 California의 포도 따는 노동자들의 파업에서 야기된 이슈들을 극화하기 위해서 창설하였다. 이 세 극단들은 계속 활발한 활동을 벌여 왔으나 대다수의 급진파 극단들은 현재 사라지고 없다(Oscar G. Brockett 461-162).

다섯째, 오픈 씨어터를 들 수 있는데 이 극단은 1963년에 뉴욕에서 Joseph Chaikin과 Peter Feldman이 작가들, 배우들, 안무가들, 음악가들 및 연출자들을 단원으로 하여 설립한 것이었다. 이들은 항상 배우와 관객 사이의 밀접한 관계를 허용할 수 있는 큰 개방공간을 선호했으며, 대체로 장치는 없었고, 조명도 최소한으로 국한시켰다. 구체적으로 보면, 배우들은 공연 중 내내 연습복이나 일상복을 입었고, 분장을 하지 않았고, 도구를 거의 사용하지 않았다. 이 극단의 극작가들은 배우와 행동에 중점을 두었고 당대의 정치적·도덕적·사회적 가치세계에 대한 촌평과 '변신', 즉 끊임없이 변하는 리얼리티(이 안에서 동

일한 연기자가 작품의 내용이 요구하는 대로 여러 신분들을 취한다)
에 관심을 두었다. 이와 같이 항상 변화하는 현실세계로 인해 배우들
은 즉흥연기에 의존하였다. 이 극단의 대표작가로는 Megan Terry가
있다(Oscar G. Brockett 465-469).

위에서 설명한 다섯 단체 이외에도 1970년대 페미니스트 드라마에
많은 영향을 끼친 단체는 여성 의식 고양 단체(Women's Consciousness-
Raising: WCR)라고 할 수 있다. 이 단체는 급진적 페미니즘[1] 사고와
실천의 초기 단체로서 특히 여성들의 경험에 초점을 맞추었음을 Sue-
Ellen Case는 밝히고 있다.

이들 단체들은 계층, 인종, 혹은 정치적 연대 노선을 따라 조직되
었지만 모든 '여성'들에게 개방되었다. 의식 고양 단체의 최초의
임무는 여성들에게 목소리를 부여하는 것이었다. 수 세기 동안의
침묵이 지나고 의식 고양 단체들은 여성들에게 여성이 되는 것이
무엇인가를 발설하기 시작할 수 있는 상황을 제공했다. 여성만으로
구성된 이들 단체들은 남성들의 심사와 비판으로부터 자유로울 수
있었으며 여성들에게 다른 여성들과의 대화에 가담할 수 있는 기
회를 부여했다. 그들은 자신들의 꿈과 기억, 환상과 희망뿐만 아니
라 성애, 일터, 그리고 가족 단위의 관계를 발설했다. 이러한 의식
고양 단체들은 자신들의 조건과 정의 내림, 혹은 계층이나 피부색
에 의문을 품지 않고 여성들의 목소리를 공개적으로 공연하는 것
을 찬양한 여성주의 연극의 발단을 제공했다.

These groups were not organised along the lines of class, race or political
commitment, but were open to all members of the gender 'woman'. The
first task of CR groups was to provide women with a voice. After centuries

---

1) 급진적 페미니즘은 모든 억압들 가운데 여성 억압이 가장 처음 생겨났고, 가장 널리 퍼져 있으며, 가장 뿌리 깊은 것이라고 주장한다. 또한 여성 집단을 지배하며 여성 종속에서 이득을 보는 것은 자본이나 무슨 사회 구조가 아니라 바로 남성 집단이라고 본다. 남성에 의한 여성 지배 체계가 바로 이들이 말하는 가부장 제이다. 이처럼 남녀대립을 강조하는 급진적 페미니즘은 여성 억압이 나타나는 영역으로 법, 제도나 노동보다는 출산, 성애, 문화 등에 주목한다(한국여성연구소 45).

of silence, CR groups provided a situation in which women could begin to articulate what it felt like to be a woman. The all-woman composition of the groups provided safety from the scrutiny and criticism of men and gave women an opportunity to enter into a dialogue with other women. They articulated their relationship to sexuality, the workplace and the family unit, as well as their dreams, memories, fantasies and hopes. These CR groups provided the beginning of feminist theatre, which celebrated the public performance of the voices of women, without questioning their condition or definition, class or colour. (Sue-Ellen Case 65)

이처럼 의식 고양 단체는 수 세기 동안 자신의 의견과 경험을 발설해보지 못한 여성들에게 대화에 가담할 수 있는 기회를 제공해주고 더 나아가 여성들이 자신들의 자아를 찾아가는 데 한발 나아가게 한다. 여성 의식 고양이란 구체적으로 여성이 자신의 역할을 다시 생각해보게 하고, 열등감을 거부하고, 자신감과 여성의 유대감을 가지게 하며 긍정적인 모녀관계를 형성하도록 한다. 이것은 페미니스트 드라마의 주제가 되었고, 여성이 전통적인 무대에서 소외당하고 모든 분야에서 차별받는 존재임을 각성하게 하여 연극이라는 매체를 통해 자신의 목소리를 표현할 수 있도록 기회를 마련해준 것이다.

또한 여성 성차별의 원인에 대하여 페미니즘 연구가 다양하게 이루어져 오고 있는데, 그 예로 자유주의, 마르크시스트, 사회주의, 급진적, 정신분석학적, 실존주의, 포스트모던 페미니즘을 들 수 있다. 이와 같은 다양함을 페미니즘 연구의 한 특징으로 보는 Elaine Showalter는 페미니즘이 황야에 놓여 있음을 지적한다(Elaine Showalter 243). 이 의미는 페미니즘에 관한 이론들이 매우 다양하고, 정확하게 이론화시키기가 힘들지만 발전 가능성이 있음을 시사한다. Showalter는 페미니즘을 생물학적, 언어학적, 정신분석학적, 문화적 페미니즘으로 나누고 문화적 페미니즘에 초점을 둔다. 문화적 페미니즘에서 여성의 경험을 포함시키지 않은 역사에 대해 언급하며, Edwin Ardener의 도표를 인용한다.

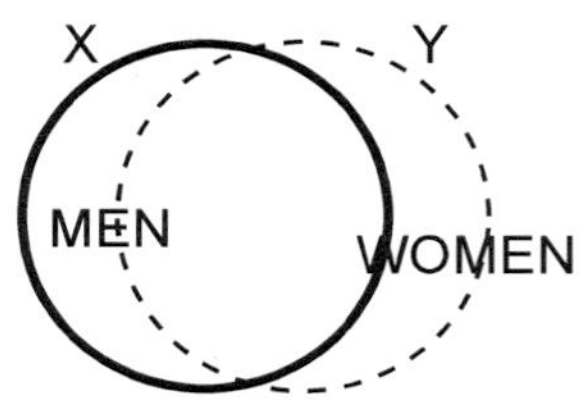

　Ardener에 의하면, 지배 집단인 남성과 침묵의 집단인 여성이 존재하는데, 지배적인 원 X는 남성의 세계이고 또 하나의 원 Y는 여성의 세계로 남성은 여성을 지배한다. 원 X와 원 Y의 겹치는 부분을 제외한 원 Y는 초승달 모양으로 지배 경계 밖에 있으므로 황량하다는 것이다(Elaine Showalter 262).

　다시 설명하면, 가부장적 사회에서 여성들은 침묵 속에 있었으며, 소외된 계층이었다. 그들은 남성들의 경험을 알 수 있었지만, 남성은 여성의 경험을 중시하지도 않았고, 특히 여성이 억압 속에 있다는 것조차도 모른다는 것이다. 페미니스트 드라마는 이 황야에 매몰되어 있는 여성의 경험, 여성 상호 간의 관계 문제, 여성의 정체성을 발굴해서 극화한다.

　이러한 내용을 극화하는 극단으로 '여성 연극은 모두 괜찮아'라는 극단이 있는데, 이들은 여성 의식 고양 단체의 조직 구성과 초점을 반영하였다. 이 극단은 여성의 경험을 소재로 사용하고 공연 시 '제4의 벽'이나 혹은 미학적 거리라는 전통적인 개념을 허물고 관객과 연희자 사이의 새로운 친밀감을 강조했다. 또한 이 극단은 남성 문화가 여성들의 몸을 남성 욕망의 대상물로 만들었기 때문에 여성들도 이런 식으로 자신들의 몸을 바라보도록 배웠으며, 자신들의 외모를 통한 정체성 확인조차 방해받아 왔음을 문제점으로 지적하였다. 이들은 「늘어짐과 지탱」(*Sags and Supports*)이라는 연극을 제작하였는데, 내용은 여성이 가부장적 식민화로부터 자기 몸을 되찾으려 하는 것이다 (Sue-Ellen Case 65-66). 이 내용에 대하여 Sue-Ellen Case는 다음과 같이 구체적으로 설명하고 있다.

> 극단원들과 관객은 '우리의 얼굴은 우리 육체이고, 우리 육체는 우리 삶이다'라고 노래를 쿠른다. 사회운동에서 브래지어를 태우는 식의 제의는 또한 여성들이 가부장적 문화의 성애화 요소들로부터 자신들의 육체를 되찾으려는 것을 재현하였다.
>
> The troupe and audience would chant, 'our faces belong to our bodies, our bodies belong to our lives'. In the social movement, rituals such as bra-burnings also represented women reclaiming their bodies from the sexualising elements of patriarchal culture. (Sue-Ellen Case 66)

Sue-Ellen Case의 설명처럼 이 극은 여성의 육체를 미적 대상물로 평가하는 가부장제에 대해 항의하는 것이다. 이와 같은 시도는 앞서 설명한 Helene Keyssar의 페미니스트 연극의 탄생과 같은 맥락으로 여성의 몸을 '미'라는 이데올로기, 남성 욕망의 대상물로만 바라보았지 여성의 정체성은 무시되었다는 것이다.

정체성의 의식이 결여된 여성은 자신의 몸의 가치를 알아차리지 못해 왔다는 이론이 나오게 되는 이런 과정에서 Adrienne Rich는 여성의 몸이 성적 노리개, 임산부, 중년여성, 노년여성으로 분류되는 통념에 대하여 『여성으로 태어난 것에 대하여』(*Of Woman Born*)에서 "여성들은 육체에 속박당함으로써 통제되고 있다", 즉 gender(성별)[2]에 의해 제어당하고 있다고 주장하며 자신의 경험을 다음과 같이 쓰고 있다.

> 나는 결혼한 다음날 내 자신에 대하여 매우 분명하고 뚜렷한 기억을 가지고 있다. …… 그러나 마루를 쓸면서 나는 생각했다. "이제 나는 여성이야. 이것은 몇 세대 동안 행해진 오래된 일이야. 이것은 여성들이 언제나 해 온 일이야." 나는 내가 물어볼 수도 없을 만큼 너무나 오래된 어떤 형식에 굴복하고 있다고 느꼈다. '*이것은 여성들이 언제나 해 오던 일이다.*' ……
> 내가 임신해서 눈에 띄도록 뚜렷하게 배가 불러오자마자, 나는 청춘기와 성인기 이후 처음으로 죄책감이 없음을 느꼈다. 나를 감싼 인정의 분위기-길가는 낯선 사람에게도 인정받을 것 같은-는 나와 동반하고 있는 어떤 영기 같았는데, 그 안에서는 의심, 두려움, 염려 등이 절대적으로 거부되었다. '*이것은 여성들이 항상 해 온 일인 것이다.*'

> I have a very clear, keen memory of myself the day after I was married: …… But as I swept that floor I thought: "Now I am a woman. This is an age-old action, this is an age-old action, this is what women have always done." I felt I was bending to some ancient form, too ancient to question. *This is what women have always done.* ……
> As soon as I was visibly and cleary pregnant, I felt, for the first time in my adolescent and adult life, not-guilty. The atmosphere of approval in which I was bathed—even by strangers on the street, it seemed—was like an aura I carried with me, in which doubts, fears, misgivings, met with absolute denial. *This is what women have always done.* (Adrienne Rich 25-26)

통상적으로 여성이 여성이라는 젠더에 의해서 운명 지어져 있다고 볼 때, Rich는 여성의 몸을 '운명보다는 오히려 자원으로'(a resource,

---

2) '성별'이 페미니스트적 분석에서 사용될 때는 거의 언제나 '성'과 관련되어 정의된다. 성별은 성의 문화적 혹은 사회적 구성이다(박찬부 외 역 228).

rather than a destiny) 사용할 수 있으며, 여성의 몸에 제한을 둔 원인을 가부장제로 보았다. Rich는 여성이 결혼을 하여 마루를 청소하는 행위가 가부장적 사회에서 강연시되어 왔기 때문에, 여성 자신조차도 이 행위에 대해 의문을 가져본 적도 없고 언제나 해 온 일이라며 당연하게 여겼음을 강조하기 위해 이탤릭체로 표현한 것이다. 그녀는 기존의 사고를 그대로 받아들이는 여성의 수동성에 대해 문제를 제기한 것이다.

그러므로 Rich는 출산의 의미를 역사적으로 생물학, 운명, 또는 우연에 의해 여성의 통제권이 상실되는 경험이라고 보는 기존의 사고를 바꾸어 "출산 경험을 바꾼다는 것은 두려움과 무력감, 우리 신체와 우리, 아이들과 여성과의 관계를 바꾸는 것을 의미하며, 이것은 광범위한 심리적, 정치적 의미까지 내포하게 된다(To change the experience of childbirth means to change women's relationship to fear and powerlessness, to our bodies, to our children; it has far-reaching psychic and political implications.)(Adrienne Rich 182)"라고 주장하며 여성이 자신의 육체적 특성을 관리할 수 있다는 점을 높이 평가한다.

Rich가 당연하게 여겼던 사고들은 남성이 만들어낸 것으로 사회 역할의 담당자는 남성이고 가정 역할의 담당자는 여성이라는 상식으로부터 나온 것이다. 이러한 상식은 사회는 경쟁적이고 합리적이며 적극적이고 공격적인 사람에게 적합한 곳이므로 남성이 맡아야 하고 여성은 집에서 아이를 낳고 기르고 집안일을 돌보는 것이 적합하다고 주장한다. 결국 남성은 여성을 이끌고 보살펴 주어야 하고 여성은 남성에게 의존하고 순종해야 한다는 지배와 종속의 관계가 이루어진다.

이 단체 이외에도 1972년 여성연극협의회(Women's Theatre Council)의

결성이 여성들의 극을 발굴하는 데 큰 역할을 하였다. 창립회원들-Maria Irene Fornes, Rosalyn Drexler, Julie Bovasso, Adrienne Kennedy, Rochelle Owens 그리고 Megan Terry-은 New York 연극의 주된 흐름이 여성이 쓴 연극을 충분하게 후원해주지 못한다는 데 의견을 같이하였다. 이 단체에 가담했던 많은 여성들은 서로의 작품과 새로운 페미니스트 극작가들의 작품을 격려하는 노력을 계속하였고 '남성 중심의 연극'에서 보았던 단순화된 여성 묘사를 피하였다(Helene Keyssar 21). 이러한 단체들의 노력으로 탄생한 페미니스트 극작가들의 극작품에는 일반적인 특징을 지니고 있는데 다음과 같다.

첫째, 페미니스트 드라마는 여성의 문제를 성차별의 사회 속에서 다루었고, 특히 그 과정에서 여성이 정체성을 찾아 나가는 데 초점을 두었다. 여기서 '정체성(identity)'이라는 것은 자신이 누구이며 어떤 사람인지에 대해서 스스로 내리는 규정으로서 자신에 대해 질문하고 대답하는 성찰성을 갖춘 주체를 전제하며, 개인적 정체성과 집단적 정체성의 두 가지 개념을 모두 포함한다.[3]

이러한 정체성이 본격적인 사회적 관심사로 등장한 것은 서구 사회의 경우 대략 1968년을 전후해서였다. '개인적인 것은 정치적이다(The personal is political.)'라는 구호가 보여주듯 당시 일어난 새로운 사회운동은 제도적 권력의 탈취에 국한되던 기존 개념을 넘어서는 새로운 정치를 요구하였고, 이는 개인들이 어떻게 사회운동의 주체로서 정체성을 공유하고 또 그렇게 공유될 정체성을 어떻게 구성해 낼 수 있을지에 대한 고민을 포함하는 것으로 재개념화된 '정체성의 정치'

---

3) 개인적 정체성: 한 개인이 자기 자신을 정의하는 것.
  집단적 정체성: 특정 사회운동의 주체라든가 어떤 민족의 구성원(한국여성연구소 135).

를 등장시켰던 것이다.

현대 산업사회에서 개인의 정체성을 결정하는 요소는 민족, 국가, 계급, 이념 등 거대 집단 혹은 거대 담론이었다. 그러나 소비 사회와 미디어의 발전, 그리고 시공간 압축은 이것들의 영향력을 점차 약화시키고 있으며, 대신에 취향, 소비, 생활방식 등이 새로이 부각되고 있다. 사회학자들이 지적하듯이 오늘날 사회는 위험과 불확실성을 특징으로 하며, 사람들은 이 속에서 심각한 '정체성의 위기'를 경험하고 있다(한국여성연구소 135-136).

이러한 '정체성의 위기'라는 현실로 인해 정체성의 문제가 심각하게 대두되었고 특히 여성을 억압하는 사회에서 여성 정체성의 문제가 제기되어 페미니스트 드라마의 주제가 되었다. 이에 대해 Janet Brown은 "페미니스트 충동은 여성들이 자주성을 위해 억압적이고 성차별적인 사회에 대항하여 투쟁하는 것을 극적으로 표현한 것이다(The Feminist impulse is expressed dramatically in woman's struggle for autonomy against an oppressive, sexist society)(Janet Brown 1)"라고 정의한다.

Janet Brown은 페미니스트 드라마를 복종적인 여성상을 거부하고 투쟁하는 새로운 여성상을 제시하며 여성들의 정체성 확립을 추구하고자 하는 것이라고 보았다. 여기서 복종적인 여성상이란 희생적이고 의존적이며 약하고 인내심이 강한 수동적 여성상을 뜻하며 새로운 여성상이란 종속적 위치에서 벗어나 자신에 대해 정확히 파악하고 능동적인 정체성을 추구하는 것을 뜻한다. 다시 말해 여성은 자신이 하고 싶은 일을 선택할 수 있는 권한을 가지고 자신을 가치 있는 존재로 생각하며 자신의 감정을 표현할 수 있는 인물로 변모되어야 한다는 것이다.

둘째, 페미니스트 드라마는 여성이 자신의 정체성을 추구해 나가
는 과정 속에서 남성을 부정적인 존재로 묘사한다. 남성은 무대에 거
의 등장하지 않거나 등장하여도 여성에게 고통과 슬픔을 제공하며
여성 등장인물의 대화 속에서만 등장한다. 남성은 여성의 삶을 지치
고 희망 없게 만드는 역할을 한다. 이러한 남성에 대해 Paul Rosefeldt
는 현대 드라마에서는 남성인물이 극적 행동에 중심적 역할을 담당
하지만 무대에 결코 나타나지 않으며 타자의 담론을 통해서만 나타
난다고 설명한다. 이 남성인물은 극의 행동이 발생되기 이전의 과거
시간에 존재할 수도 있지만 공간적으로 현재 행동에서 제거된 현재
시간 또는 현재 행동 간의 생략된 현재 시간에 존재할 수도 있다. 또
한 부재 인물은 자신들의 행동을 설명할 수도 없지만 상징적 의미를
지닌다. 특히 부재 인물 중 아버지는 극에서 죽거나 가족을 버리고
집을 떠나며 신비한 인물로 그가 속한 문화의 가치를 대표하지만 그
러한 가치들의 위반자이다. 그의 부재는 부성애의 감소나 대체를 보
여 준다. 그리고 아버지의 부재는 그의 자식들을 실패자로 만들고 그
들을 둘러싸고 있는 세계와 그들 자신으로부터 소외시킨다. 자식들은
불모의 대상으로 가득한 슬프고 우울한 세계와 허무하게 사라지는
환상의 세계, 황무지에서 산다(Paul Rosefeldt 1-10). Paul Rosefeldt는 아
버지와 자식의 관계에 대해서 다음과 같이 설명한다.

> 어떤 경우에는, 아이가 아버지가 될 수도 있고 그의 길을 따르거나
> 그의 삶의 일부분을 재창조할 수도 있을지도 모른다. 아버지의 현
> 존과 존재의 정신적 토대의 결핍으로 길을 잃은 아이는 황무지의
> 악몽 세계를 벗어나서 아버지의 천국세계, 신비적인 과거, 어린 시
> 절의 환영 또는 이상향적인 환상에서 존재하는 세계로 돌아가지

않을 수 없음을 느낀다. 그러나 아버지의 세계는 죽음과 죽어 가는 것과 밀접하게 연결되어 있고, 아버지를 찾는다는 것은 종종 자기 파괴적인 것이 된다. 아버지와의 조화로운 결합은 가능하지 않다. 왜냐하면 존재의 근원존에 있는 아버지는 이들 극작품에서 영원히 부재하기 때문이다.

In some cases, the child may become the father, follow in his path, or recreate a part of his life Lacking the presence of the father, and the spiritual ground of Being, the lost child feels compelled to escape the nightmare world of the wasteland and to return to the paradise world of the father, a world which exists in a mythical past, a childhood illusion or a utopian fantasy. However, the world of the father is connected closely with the death and dying, and the search for the father is often a self-destructive one. Harmonious union with the father is not possible, for the father which exists at the point of origin is forever absent in these dramas. (Paul Rosefeldt 10)

이와 같이 아이들은 부재중인 아버지로 인해 정신적으로 방황하고 환상의 세계에만 안주하려는 경향이 있기 때문에 건전하고 정상적인 삶을 살아가는 데 방해를 받는다.

Paul Rosefeldt는 현대 드라마에서 아버지의 부재가 상실이라는 위로 받을 수 없는 감정과 잃어버린 아버지에 대한 영원한 슬픔을 창조한다고 간주하여 여러 작품을 분석하였다. 그는 Henrik Ibsen의 「헤다 가블러」(*Hedda Gabbler*), 「인형의 집」(*A Doll's House*), Marsha Norman의 「잘 자요, 엄마」(*'night, Mother*), Anton Chekhov의 「세 자매」(*The Three Sisters*), Beth Henley의 「마음의 범죄」(*Crimes of the Heart*) 그리고 Caryl Churchill의 「최상의 직업의 여성들」(*Top Girls*) 등에서 아버지의 부재를 부정적인 시각으로 평하였다. Paul Rosefeldt는 Anton Chekhov의 *The Three Sisters*, Beth Henley의 *Crimes of the Heart*에서 부재중인 아버지가 그의 딸

들로 하여금 살아가는 것을 불가능하게 하며 딸들에게 자신의 의견을 얼마나 강요하는지를 보여주고 Henrik Ibsen의 *A Doll's House*에서는 Laura의 아버지 역할이 딸을 인형처럼 취급하고 딸이 아버지의 의견을 자신의 의견처럼 그대로 수용할 정도로 무조건 복종하도록 하는 일을 담당했음을 보여준다. 이와 관련하여 Paul Rosefeldt는 현대 다수의 페미니스트 드라마에서도 아버지의 부재를 심각하게 다루고 있으며 아버지의 존재가 여주인공들의 정체성 추구에 방해를 한다고 본다. 그는 Caryl Churchill이 *Top Girls*에서 가부장적 체계의 대표로서 부재 인물을 묘사하고 독립을 추구하는 여성들을 함정에 빠뜨리는 아버지의 능력을 묘사했다고 한다.

Paul Rosefeldt는 Marsha Normam의 *'night, Mother*와 Henrik Ibsen의 *Hedda Gabbler*에서 Jessie의 아버지와 Hedda의 아버지가 딸들에게 삶에 대한 낭만적인 비전을 창조한다고 평하였다.

> 부재 인물 아버지는 딸들에게 자기-파괴를 초래하는 삶의 낭만적인 비전을 창조한다.
>
> The absent father creates for the daughters a romantic vision of life that leads them toward self-destruction. (Paul Rosefeldt 63)

그의 평처럼 Jessie의 아버지는 나무인형을 딸에게 주고, 딸 Jessie는 나무인형을 친구로 삼을 수 있는 장난감의 세계, 환상의 세계에 안주한다. 또한 Jessie는 아버지처럼 조용한 죽음의 세계로 탈피하고자 한다. 반면에 귀족적 교양도 인생의 뚜렷한 목적도 없는 Hedda는 장군인 아버지와 살았던 세계를 동경하며 현재 세계에 동화하지 못하고 아버지의 총으로 자살한다.

결론적으로 현대 드라마나 페미니스트 드라마에서는 부재 인물인 남성의 역할이 부정적이며 여성 인물들에게 고통과 슬픔을 제공하고 여성 인물들의 정체성 추구, 자아 인식을 방해하는 것으로 그려지는 것이 특징이라고 할 수 있다.

셋째, 페미니스트 드라마는 여성 간의 유대, 다시 말해 일종의 자매애를 다룬다. 이 자매애는 급진적 페미니즘의 특징 중의 하나라고 할 수 있다. 자매애는 여성이 남성의 부차적인 존재라는 생각을 떨쳐 버리고 주체적인 존재로 서게 해주며, 남성들에게 억압당한다는 점에서 같은 처지에 놓인 여성들이 대동단결하는 출발점이자 방식을 뜻한다(한국여성연구소 47).

앞에서 언급된 바와 같이 자매애는 의식의 고양이 의미하는 여성의 유대감이다. 이것은 종속적인 위치에 처한 여성들이 받는 고통을 해소하기 위하여 여성만의 모임을 만들어 서로 고통을 나누고 해결책을 모색하도록 하는 노력인 것이다.

이러한 여성들의 권리를 찾도록 도와준 여성들, 그녀들의 유대감, 즉 일종의 자매애를 잘 다룬 대표적인 페미니스트 드라마는 Beth Henley의 *Crimes of the Heart*라고 할 수 있다. 이 작품에서 Meg는 가부장제에 의해 고통받는 Lenny와 Babe에게 자아를 인식하도록 도와주고, 그 고통에서 벗어날 수 있도록 용기를 준다. Meg는 Lenny가 자신의 삶을 주체적으로 살아가도록 격려하고, Babe가 언니들의 사랑과 유대에 힘입어 자살하지 않고 자신의 삶을 주도해 나가기로 결심하도록 만든다. 이 자매들의 유대감은 다른 작품보다 더 강하게 드러난다고 할 수 있다.

반면에 Marsha Norman의 *Getting Out*에 등장하는 Ruby는 친언니는 아니지만 Arlie의 변신을 도와주는 긍정적인 인물이고, *Third and Oak* 의 Alberta와 Deedee는 서로에 대해 전혀 모르는 사이지만 대화를 통해 서로에게 도움을 주는 유대감을 보여준다. 이와 같은 자매애에 대해서는 본론에서 구체적으로 분석하고자 한다.

넷째, 페미니스트 드라마는 집단 대본과 즉흥연기를 사용한다 (Helene Keyssar 5-6). 이것은 세 번째 특징인 자매애의 영향으로, 더 나은 작품을 만들기 위해 서로 도움을 주는 데서 연유하였다. 페미니스트 드라마에서 개인적 경험을 소재로 사용하면 몇몇 극작가만이 경험한 한정된 소재로 축소될 수 있는 위험이 있으므로, 이러한 위험에서 벗어나기 위해 페미니스트 극단은 대본을 쓰는 작업에 모든 사람을 참여시킴으로써 대본을 완성시켰다.

이들은 모녀관계, 낙태, 여성의 일과 기타 여성들의 문제에 대해 토론을 하였다. 토론을 거친 후 대본이 완성되는 이러한 연극을 Honor Moore는 '합창극(choral plays)'이라고 부르는데(Helene Keyssar 6) 이것은 한 사람의 여성 주인공보다는 여성 집단에 초점을 맞춘 연극이라고 할 수 있다.

극단들은 토론한 주제를 가지고 게임과 즉흥연기를 하는 데 많은 시간을 보낸다. 그러므로 작가와 연기자들은 자전적인 경향을 숨기는 것이 아니라, 여성의 개인적인 경험을 드러낸다. 이러한 소재를 사용한 페미니스트 드라마를 Sue-Ellen Case는 다음과 같이 평하였다.

> 나는 주관적인 목소리를 사용하는 페미니스트 작가들이 그들의 작품에서 개인적인 경험의 층을 폭로하고, 심지어 그들의 담론에서

잠재의식에 대하여 관심을 돌리는 방식을 또한 높이 평가한다.

I also admire the way in which feminist authors who use the subjective voice in their work, expose the layers of personal experience, and even draw attention to the subconscious slips in their discourse. (Sue-Ellen Case 3)

Sue-Ellen Case는 페미니스트 작가가 개인적인 경험을 표현할 뿐만 아니라, 여성이 타자로서 존재해 온 그들의 담론 속에서 잠재의식까지도 끌어내어 표현할 수 있다는 것에 대해 높이 평가한다. 이것은 작품을 쓰는 과정에서 여성들이 협동 작업으로 다양한 의견을 반영할 수 있기 때문에 이 작품은 더 나은 작품으로 평가받게 되는 것이다. 이러한 협동 작업을 햣한 미국 작가로는 Susan Miller, Megan Terry 그리고 Myrna Lamb 등이 있다.

미국에서 수전 밀러, 메건 테리, 머어나 램 등이 그랬듯이 영국에 서는 팸 젬스, 미셸린 원더, 카릴 처칠 등이 이러한 방식으로 작업 을 해 왔다.

Pam Gems, Michelene Wandor and Caryl Churchill have all worked in this way in Britain, as have Susan Miller, Megan Terry and Myrna Lamb among others in the United States. (Helene Keyssar 7)

이 대열에 Marsha Norman도 포함되어 있는데 그녀는 모든 작품을 협동 작업으로 한 것은 아니고, *'night, Mother*의 대본을 쓸 때 결말 부분의 대사를 배우와 의논하여 마무리 지었다. Marsha Norman은 배우 Anne Pitoniak와 Kathy Bates를 자기 아파트로 불러 대본을 읽어 달라는 부탁을 하고 그녀들의 반응을 통해 등장인물의 숙명적인 종말을 결정하고 가을에 New York의 Circle Repertory Company에서 강독회를 가져 이 작품을 잘 다듬고 제작을 결정하였다(Mel Gussow 22-36).

이와 같이 협동 작업을 통해 나온 대본은 한 작가의 편견적인 관점보다는 여러 사람의 다양한 관점을 포용하기 때문에 관객으로 하여금 친밀감을 느끼게 하고, 수정되는 대본으로 배우는 즉흥연기를 요구받는 경우도 발생하는 것이다. 이것은 정해진 배우 역할만을 강요받던 기존연극과는 다른 매우 혁신적인 기법으로 한 인물이 여러 역할을 맡기도 하고 여성과 남성의 역할을 바꾸어 하기도 한다.

다섯째, 페미니스트 드라마는 모녀관계를 다룬다. 이러한 '모녀관계'라는 주제는 기존 문학 전통에서 거의 배제되어 왔고 1960년대 후반에 이르러서야 다루어졌음을 다음 Helene Keyssar의 설명에서 알 수 있다.

> 이들 대부분의 극단들은 비슷한 과정을 밟았다. 즉, 그룹 전체가 그들 자신이 살아온 삶의 경험을 토론하는 가운데 한 가지 주제나 관련된 일련의 모티프─모녀관계, 낙태, 그리고 여성의 일 등은 자주 다루어지는 주제에 속했다─에 도달하게 되고, 그리고 나면 더 작은 그룹이 작품의 구조를 완전히 세우게 된다.

> Most of these companies followed a similar process: out of discussions of their own life-experiences, the group would arrive at a theme or set of related motifs ─ mother-daughter relationships, abortion and work were among those frequently pursued ─ and then a smaller group would work out a structure for the show. (Helene Keyssar 5-6)

이와 같이 페미니스트 극단들은 토론을 거쳐 공동으로 창조된 작품을 미국에서 공연하였고, 이 극단들은 모녀관계를 포함한 여러 주제를 다루어 왔는데, Adriene Rich는 이 모녀관계가 기존 문학 전통에서 배제되어 왔음을 다음과 같이 설명한다.

> 어머니와 딸 사이의 이와 같은 — 근본적이고, 왜곡되고, 오용된 — 정
> 신의 집중은 아직 글로 표현되지 않고 있는 대단한 이야기라고 할
> 수 있다. 생물학적으로 닮은 두 몸, 그중 하나는 다른 하나의 몸속
> 의 양수라는 축복 속에 놓여 있었고, 다른 하나는 생명을 탄생시키
> 기 위하여 산고를 치렀던 이 두 몸 사이에 흐르는 에너지보다 더
> 큰 책임의 반향은 인간 본성에서 아마 달리 없을 것이다. 가장 심
> 오한 상호관계와 가장 마음 아픈 소원한 관계를 드러내는 소재가
> 여기에 있다. ······ 그러나 이러한 관계는 가부장제의 연보에서 최
> 소화되고 사소한 일로 치부되어 왔다. 신학적 교리, 예술, 사회학
> 혹은 심리분석 이론에서 어머니와 아들은 영원하며 결정적인 한
> 쌍으로 나타난다. 신학, 예술, 사회 이론이 아들들에 의해 이뤄진
> 것이라는 점을 생각해볼 때, 전혀 놀라운 일이 아니다. 대개 여성
> 들 사이의 강렬한 관계와 마찬가지로, 어머니와 딸 사이의 관계 또
> 한 남성들에게 크게 위협적인 것이었다.

This cathexis between mother and daughter-essential, distorted, misused-is the great unwritten story. Probably there is nothing in human nature more resonant with charges than the flow of energy between two biologically alike bodies, one of which has lain in amniotic bliss inside the other, one of which has labored to give birth to the other. The materials are here for the deepest mutuality and the most painful estrangement. ······ Yet this relationship has been minimized and trivialized in the annals of patriarchy. Whether in theological doctrine or art or sociology or psychoanalytic theory, it is the mother and son who appear as the eternal, determinative dyad. Small wonder, since theology, art, and social theory have been produced by sons, Like intense relationships between women in general, the relationship between mother and daughter has been profoundly threatening to men. (Adriene Rich 225-226)

Adriene Rich의 설명처럼 모녀관계에 대한 이야기가 매우 중요한 것
인데 이것은 가부장제로 인해 평가절하되어 왔다. 고대의 문헌에는

딸이라는 존재가 거의 없었으며 딸을 무(無)로 취급한 사실을 다음의
설명에서 알 수 있다.

> 딸들은 침묵에 의해서 무(無)로 취급받았고, 그리고 모든 곳에서 딸
> 이 주 희생자가 되는 영아 살해에 의해 무(無)로 돌아갔다. "심지어
> 부자도 딸을 버린다." 로이드 드마우스는 고대에서 중세에 이르는
> 남녀 성비의 통계적 불균형은 여아를 살해하는 관행의 결과라고
> 주장한다. 딸들은 아버지에 의해서뿐만 아니라 어머니에 의해서도
> 죽음을 당했다.

> Daughters have been nullified by silence, but also by infanticide, of which
> they have everywhere been the primary victims. "Even a rich man always
> exposes a daughter." Lloyd deMause suggests that the statistical imbalance
> of males over females from antiquity into the Middle Ages resulted from
> the routine practice of killing off female infants. Daughters were destroyed
> not only by their fathers, but by their mothers. (Adrienne Rich 226)

그 당시에 어머니도 딸을 살해하는 관행에 참여하였기 때문에 모
성이라는 것은 찾아볼 수가 없는 것이다.

모성에 대해 페미니스트들은 생물학적, 심리학적, 그리고 사회학적
연구를 하였는데, 그들에 의하면 '모성'은 산업혁명이 시작된 18세기
말부터 19세기 초반에 나타났다고 한다. 산업화를 거치면서 남성이
집 밖으로 일을 하러 가게 되자, 여성은 가정의 필요한 존재가 되었
고, 그 결과 어머니는 자녀에게 가장 중요한 사람이 되고, 가정관리와
자녀 양육 모두가 여성의 책임이 되었다. 결국 사회는 모성을 강조하
는 경향을 강하게 드러내게 된 것이다.

모성, 모녀관계를 다루는 데 있어서는 긍정적인 경향과 부정적인
경향의 두 가지가 있다. Adrienne Rich가 주장하는 긍정적인 모녀관계

는 Demeter와 Persephone의 희랍신화에서 볼 수 있다. Demeter의 딸 Persephone이 Pluto에게 강간을 당하고 유괴되었을 때, Demeter는 지상에 곡식이 자라지 못하게 함으로써 딸을 잃은 복수를 하고 그녀의 딸이 귀환하자 땅에 생명력과 비옥함을 제공하였다는 것이다. 이것을 통해 우리는 모녀의 강한 유대감을 볼 수 있다(Adrienne Rich 238).

반면에 Marsha Norman은 *Getting Out*에서 부정적인 모녀관계를 보여준다. Arlie의 어머니는 딸이 아버지로부터 강간을 당했다는 사실을 알면서도 그냥 무시해 버리고, 가석방되어 돌아온 딸을 따뜻하게 맞아주기는커녕 그녀의 외모와 행동을 계속 비난하며 냉대한다. 그러나 모녀관계의 두 가지 경향은 우리로 하여금 진정한 모녀관계가 무엇인지를 보여주는 긍정적인 역할을 한다.

Norman의 다른 작품 *'night, Mother*는 중점적으로 모녀관계만을 다루는데, 그 속에서 여주인공 Jessie가 정체성을 추구해 나가는 과정을 보여준다. Jessie의 어머니 Thelma는 Jessie를 자신의 소유물로 간주하였다가 Jessie의 죽음을 통해 자신이 딸을 소유할 수 없다는 사실을 자각하게 되고 딸을 당당한 인격체로 인정하게 되며, 용서를 구한다.

우리는 이 작품을 통해 '모성'에 대해 생각하는 기회를 가지게 되는데, 우리나라에서도 1997년 7월 5일 모성에 대하여 뜨겁게 논쟁을 벌인 일이 있었다. 모성을 가치 있는 것으로 보는 김태현 교수의 견해에 따르면, 모성이 강요된 것이 아니라 자발적으로 선택한 것일 때 모성을 통해 얻을 수 있는 생명에 대한 신비한 체험, 정서적 기쁨, 고단하고 경쟁적인 일터에서 돌아와 느끼는 편안함 등은 한 인간의 발전과 성숙을 가져오고 더욱이 혼자서 몸도 제대로 못 가누고, 먹는 것조차 스스로 해결할 수 없는 미성숙한 작은 생명을 지극한 모성으

로 어엿한 사회구성원으로 길러내는 것은 사회발전의 원동력이 된다
는 것이다. 또한 그녀는 부성도 모성과 같은 비중으로 자녀 양육과
교육에 있어서의 책임과 중요성이 강조되는 사회 관념이 정착되어야
한다고 주장한다(「중앙일보」, 1997. 7. 5.).

반면에 손덕수 교수는 모성을 여성 차별의 교묘한 도구로 간주한
다. 구체적으로 직업과 수입에 의해 인간의 값이 매겨지는 자본주의
사회에서 주부와 모성은 '직업'도 '수입'도 없는 빈곤과 억압의 상징
에 지나지 않는다. 왜냐하면 1년 동안 4인 가족을 책임지는 주부는
보통 2천 시간의 살림노동을 수행하면서도 주부는 '아무 일도 안 하
고 집에서 논다'는 평가를 받기 때문이다. 그녀는 한마디로 모성은
희생과 사랑의 이름으로 포장된 억압이라고 주장한다(「중앙일보」,
1997. 7. 5.).

이들의 논쟁을 통해 우리는 '모성'의 양면성을 인식하게 되고, Marsha
Norman의 작품에서는 고대, 중세와 같이 딸을 의도적으로 살해한 잔
인한 어머니상과 달리 딸의 자살 선언에 죄의식을 가지며 대화를 통
해 어머니가 딸을 소유물로 생각한 것을 반성하며 딸을 이해하지만
안타깝게도 결국 딸을 잃는 어머니상을 볼 수 있다. 또한 그녀의 작
품은 가부장제로 인해 어머니만이 양육 책임을 떠맡게 되는 불균형
적인 부모상도 나타낸다고 할 수 있다. 그러나 우리는 부성의 부재를
기억해야 할 것이며, 자녀 양육과 교육에 있어서 아버지와 어머니의
역할이 모두 중요하다는 것을 인식하는 사회 분위기이어야만 모녀관
계의 유대감도 회복될 것이다.

여섯째, 페미니스트 드라마는 이름 붙이기의 문제를 다룬다. 언어
의 성차별주의를 연구하는 작업 속에 포함되어 있는 한 가지 특수한

문제는 이름 붙이기이다. Cheris Kramarae는 언어의 성차별주의를 논하면서 "영어의 어휘 목록은 남성성을 찬미하고, 여성성을 무시하고 하찮게 여기거나 가치를 떨어뜨리기 위해서 조직된 구조이다(English lexicon is a structure organized to glorify maleness and ignore, trivialize or derogate femaleness) (재인용 Toril Moi 156)"라고 규정한다.

Toril Moi는 이러한 언어의 성차별주의의 문제를 다음과 같이 본다.

> 성차별주의의 문제는 양성 사이의 권력관계의 문제이다. 물론 이런 권력 투쟁이 가부장제하에서 모든 담론의 맥락의 일부를 이루게 될 것이다.
>
> The question of sexism is a question of the power relationship between the sexes, and this power struggle will of course be part of the context of all utterances under patriarchy. (Toril Moi 157)

이 문제는 지배 권력 집단이 피지배 집단을 지배하려는 권력의 문제이다. 페미니스트들은 '세계에 이름을 붙일 수 있는 권력을 가진 사람들은 현실에 영향력을 행사할 수 있는 지위에 있는 사람들(those who have the power to name the world are in a position to influence reality) (Cheris Kramarae 165)'이라고 주장하는데 이런 사람들이 바로 남성들이다. 그들의 권력으로 권력이 약한 여성들의 이름이 명명되어 왔다. 이에 페미니스트들이 싸움을 시작해서 많은 사람들로 하여금 '그(he)', '인간(man)' 따위의 총칭어를 더 이상 마음 편하게 사용하지 못하도록 하였으며, '의장(chairman)', '대변인(spokesman)' 같은 말의 사용도 문제 삼았고, 옳은 소리를 하는 여성을 마녀로 부르고 부당한 대우를 했던 남성들에게 반기를 들었다.

그리하여 미국에서는 결혼여부에 의해 여성을 분리시키는 호칭인 Miss와 Mrs의 구분을 없애고 Ms라는 단일 여성호칭을 개발하였고 성편견 불식을 위한 심리학 교재를 출판하는 작업을 계속하고 있다. 반면에 우리나라에서는 1997년이 되어서야 국내 최초의 성차별적인 언어사용 연구에 대한 보고서가 나왔다. 이 보고서에 따르면 우리말과 글에 있어서 성차별적 언어사용은 남성이 중심이자 기준으로 상정됨에 따라 여성은 부족하고 불완전한 이차적 존재로 비유되며 성에 따른 사회적 역할에 대한 정형화한 이미지가 표출되고 여성 비하, 경시가 가십화한 표현으로 나타나는 특성을 보이고 있다고 한다. 이러한 지속적인 언어폭력으로 인해 여성들은 결과적으로 비하의식을 갖게 되고 조용히 남성의 뒷전에서 좋은 여자가 되기 위해 노력하며 언어표현에 자신이 없어져 분명치 않은 표현으로 얼버무리는 결과를 빚는다는 것이다.

예를 들어 보면, 여성 비하, 경멸, 모욕적인 지칭이나 표현으로 '계집애', '가시내' 등이 있다. 또한 '여자는 암만 그래도 소용없어', '여자라 속이 좁아' 등은 여성의 능력을 불신하고 여성의 열등성을 강조하는 표현이며 여성의 무능력, 경제적 열등감을 조장하는 표현으로 '솥뚜껑 운전수', '무식하다', '먹통이다', '네가 돈 벌어 본 적 있어' 등은 남편들이 아내에게 흔히 쓰는 표현인 것이다. 이러한 표현은 여성에게 열등감을 조장시키는 것이다(「문화일보」, 1997. 2. 12.).

이와 같이 인간은 언어에 따라, 그리고 타인이 불러주는 이름에 따라 역할과 행동이 달라진다. 예를 들어, *Getting Out*에 나오는 교도소장은 Arlie의 이름을 부르지 않고 피고인이라고 부른다. 교도소장이 피고인이라고 부르는 이유는 그녀가 형벌을 받은 사람으로 분류되기 때문이다. 또 다른 예를 보면 다른 사람들이 그녀를 Arlie라고 부를 때에 그녀가 과거의 아픈 추억을 떠올리며 난폭해지는 반면에, Arlene이라고 불릴 때에 그녀는 유순해진다. 이 작품에서 한 사람의 자아를 Arlie, Arlene으로 부르는 장치는 매우 중요하다. 왜냐하면 인간은 자신의 이름에 따라 경험과 기회, 명예를 가지게 되기 때문이다. 그러므로 Arlie라는 이름의 자아는 범죄자로서 지나간 과거의 자아로 존재하는 것이고, Arlene이라는 이름의 자아는 가석방되어 새로운 마음으로 살아가려는 현재의 자아로 존재하는 것이다. Arlene이라는 이름을 지어준 인물은 목사로서 그는 그녀를 범죄자로 여기는 세상 사람들의 인식에서 벗어나게끔 도와주고, 새로운 이름으로 정상적인 사회인으로 다시 태어나 새로운 삶을 획득하도록 도와주는 역할을 한다. 새로운 이름을 가진 그녀는 평상시 욕을 했지만, 목사에게는 욕하지 않고 평범하고 정중한 말을 사용한다. 이러한 그녀의 태도에서 우리는 정체성을 가진 이름이 얼마나 중요한지를 알 수 있다.

또 다른 예로 다음과 같은 장면을 들 수 있다. Arlie가 탈옥하고 싶은 욕망으로 감방에 불을 냈을 때, 교도관은 저질의 욕을 한다.

교도관(에반스): 자 …… (*마트리스 밑의 라이터를 발견한다.*) 그건 전혀 어려운 일이 아니군. 술래잡기 놀이에 대해 모르니, 알리? 무엇인가 감출 때는, 재미있게 찾을 수 있는 곳에 감추라고. (*일어서서 문으로 간다.*) 미친년, 우린 너 같은 쌍년을 구해주지 않을 거야.

Guard(EVANS): Aw now …… (*Finding the lighter under the mattress*) That wasn't hard at all. Don't you know 'bout hide an seek, Arlie, girl? Gonna hide somethin', hide it where it's fun to find it. (*Standing up, going to the door*) Crazy fuckin' someday-we-ain't-gonna-come-save-you-bitch![4]

교도관은 그녀가 불낸 이유를 묻지도 않고, 화재의 원인인 라이터만 찾는 데 관심을 보이며, 그녀를 무시하는 속어를 사용한다. 또한 그는 그녀를 구해주지 않겠다며 자신의 힘을 과시한다. 이러한 교도관의 폭력은 Arlie에게 가해지는 정신적인 폭력에 해당된다고 볼 수 있다.

위에서 살펴본 바와 같이 이름 붙이기의 문제는 중요하다. 왜냐하면 계속적인 남성의 언어폭력으로 성차별을 조장하고, 이로 인해 여성들은 자신의 존재를 무가치하게 간주하며 모든 일에 자신감을 상실하게 되기 때문이다. 또한 심한 자신감 상실로 자아마저 상실할 수 있기 때문에 자아와 동일시되는 이름은 매우 중요하다고 할 수 있다.

일곱째, 페미니스트 드라마는 여주인공의 변신과정을 그린다. 변신기법은 Open Theatre에 의해 시작되었으나 Megan Terry가 사용함으로써 페미니스트 드라마에 큰 영향을 끼쳤다. Open Theatre가 주장하는 '변신'의 개념을 살펴보면 다음과 같다.

> 변신의 대상은 사람, 동물 또는 물체, 상황, 목표 또는 시간과 공간 등이었다. 변화들은 거의 전이과정 없이 급속하게 일어났다. 따라서 리얼리티는 고정된 것이 아니라 항상 변화하는 것으로 취급되었고 개성과 역할도 앞뒤의 내용에 따라 끊임없이 수정되는 상태로서 다루어졌다. 오픈 씨어터의 배우들은 성격창조의 보조수단으로서 분장이나 의상을 사용하지 않았기 때문에 이 변신을 전달함에 있어서 순전히 즉흥연기와 행위에 의존하였다. 예를 들어 Van Itallie의 「뱀」(1969)에서는 같은 배우가 행렬을 구경하는 군중의 일원에서 자객, 뱀 또는 나무의 한 부분, 구혼자, 아이, 자기 자신 등등으로 빠른 속도로 변해갔다.

The transformations might involve persons, animals or objects, situations,

---

4) Marsha Norman, Getting Out, Four Plays Marsha Norman(New York: Theatre Communication Group, 1988), p.12. 앞으로 이 작품의 인용은 페이지 수만을 달 것임.

objectives, or time and place. The changes occurred rapidly with little transition; thus reality was treated not as fixed but as ever changing, and personality and role as states that constantly alter according to context. Since the actors in the Open Theatre did not use makeup or costume as aids in characterization, they had to convey these transformations entirely through improvisation and acting. For example, in Van Itallie's *The Serpent*(1969) the same actor passed rapidly from being a member in the crowd watching a parade, to an assassin, to part of a serpent or tree, to a suitor, to a child, to himself, and so on. (Oscar G. Brockett 465–466)

이와 같이 '변신'이라는 기법은 끊임없이 변하는 리얼리티에 관심을 두어 연기자가 여러 신분의 역할을 맡아 연기하는 것을 뜻한다. 이러한 '변신' 기법을 사용한 대표적인 작가로 Megan Terry를 꼽을 수 있는데 그녀는 변신 기법에 영향을 준 가장 큰 요소가 아이들의 역할 놀이(role-playing)라고 주장한다. 그녀는 동화 속에서 공주의 키스로 개구리가 멋진 왕자로 바뀌고, 빗자루가 카펫, 배, 총, 마녀로 변하는 것을 보고 이러한 '역할 변신' 놀이의 과정이 성인들의 수준에서도 가능하다고 판단하였다. 또한 그녀는 필자와의 인터뷰에서 "변신의 개념을 아이들의 소꿉놀이에서 찾았다"고 주장하였다.[5] 한 명의 어린이가 어머니 역할을 하고, 다른 어린이는 아버지 역할을 하다가, 역할을 바꾸게 되면 두 어린이의 말과 행동이 변하는 것과 마찬가지로 페미니스트 드라마에서 여주인공은 그 역할에 따라 변신한다는 것이다.

이것은 배우에게 고정된 역할만을 부여한 기존의 드라마와는 달리 페미니스트 드라마에서는 그러한 고정관념을 탈피시켜 한 명의 배우가 여러 역할을 맡아 연기할 수도 있고 타인의 입장을 이해할 수 있

---

5) 필자가 1995년 11월 4일 예술의 전당 서예관 세미나룸에서 개최된 아시아-태평양 지역 여성연극 국제학술회의에서 Megan Terry와 인터뷰를 한 것임.

는 기회를 제공한다는 점에서 페미니스트 드라마가 혁신적임을 보여주는 것이다.

이제 Megan Terry의 「비에트 락」(*Viet Rock*)에서 '변신' 기법이 얼마나 구체적으로 잘 나타나 있는지를 살펴보겠다. *Viet Rock*은 전쟁 일반의 어리석음에 대한 것으로서, 이 작품의 이슈는 인간성, 사랑, 증오, 명예, 애국심, 그리고 죽음 등이다. 이 작품의 변신은 두 가지 기본 유형으로 나뉘는데 첫 장면에서는 남자들이 즉시 여자가 되고 여자들은 어머니가 되며 어머니들은 아기들의 옷을 벗기고 함께 노는데 어느 순간에 한 남성 연기자가 일어나면 즉시 상사가 되어 다른 사내들을 차렷 시킨다. 또한 그들은 군 입대 전에 신체검사를 받는 것이고 이때 여자들은 검사를 맡은 군의관들이 된다. 변신의 두 번째 유형은 상원의 청문회에서 사용된다. 즉, 상원의원들의 수효는 변하지 않는데 그들을 연기하는 배우들이 끊임없이 바뀐다. 이뿐만 아니라 같은 배우가 서로 상반되는 견해를 가진 다른 증인들을 연기하기도 한다. 이러한 형태의 변신이 갖는 목적은 관심의 초점을 사상에 두고자 하는 것이고 그 사상을 발설하는 사람에 두지 않고자 하는 데 있다.

이 경우에는 누가 말하느냐에 상관없이, 똑같은 정당화, 반대의견, 장광설, 그리고 엉뚱한 말들이 말해지리라는 것을 시사하기 위해서 변신이 사용된다. 이러한 변신을 통해서 작품이 암시하는 바는 인생이라는 것이 모순과 잠재력을 잃어버렸거나 되찾은 기회들로 짜여 있다는 것이다(Oscar G. Brockett 468).

이와 같이 Megan Terry는 등장인물 수를 적게 하고, 배역의 수를 많이 사용하며, 신분을 끊임없이 바꾸는 방법으로 변신 기법을 사용한 것이다. 이것은 배우들의 연기에 의존함을 보여주는 것이고, 한 개인의 행동보다는 대표적인 인물의 행동을 보여주는 데 초점을 둔 것이라고 할 수 있다.

Helene Keyssar는 이와 같은 변신 기법을 페미니스트 드라마의 특징이라고 다음과 같이 주장한다.

> 전통적으로 연극은 이처럼 우리로 하여금 우리 자신을 더 잘 알고 우리의 역사를 탐색하고, 우리가 '실제로' 누구인가를 우리 자신과 남에게 밝히도록 종용해 왔다. 그러나 페미니스트 드라마에서 자극은 자아 인식이나 '진정한' 자아의 폭로가 아니라 다른 사람의 인식과 그에 따른 자아와 세계의 변신을 향한 것이다. 페미니스트 드라마의 중심에 서 있는 여성인물은 우리 앞에서 어떤 때는 서서히, 어떤 경우에는 급격히 변화한다.

> Drama has thus traditionally urged us to know ourselves better, to search our histories and to reveal to ourselves and others who we 'really' are. In feminist drama, however, the impetus is not towards self-recognition and revelation of a 'true' self but towards recognition of others and a concomitant transformation of the self and the world. The female characters who are at the centre of feminist drama change in front of our eyes, sometimes gradually and sometimes suddenly. (Helene Keyssar xiv)

Aristotle은 희랍 비극에 대한 고찰에서 연극이 관객에게 감동을 주는 것은 자신에 대해 알게 되는 인물, 그리고 그의 자아 인식의 순간이 남에게 알려지는 인물을 저시하는 데에 있다고 주장했다. Sophocles의 「오이디푸스 왕」(*Oedipus the King*)에서 Oedipus는 어머니의 남편이 되어 있는 것을 스스로의 의지의 힘으로 폭로하고 파멸한다. 그는 지나친 자만심이라는 비극적 결함을 지니고 있다. Oedipus는 제1에피소드에서 Laius를 살해하고 제3에피소드에서는 그의 부모에 대한 비밀을 알게 되고 신탁의 진실을 발견하며 자신이 어머니와 결혼했음을

발견하고 절망하며 역겨움을 느낀다. 그는 진실을 알게 되자 Jocasta
의 브로치로 자신의 눈을 계속 찌른다. 자신을 인식하게 된 Oedipus는
다음과 같이 말한다.

> 오이디푸스: 친구들이여, 이러한 나의 비참하고도 비참한 고통을
> 가져온 신 아폴로, 아폴로 신이었다.; 그러나 내 눈을 멀게 한 손은
> 바로 내 손이었고 나를 불쌍하게 만들었다.
>
> Oedipus: Apollo, friends, Apollo was he that brought these my woes to
> pass, these my miserable, miserable woes; but the hand that struck the
> eyes was none but mine, wretched that I am. (Sophocles 569)

Oedipus는 자기 손에 죽은 사람이 바로 자기의 아버지이자 선왕인
Laius인 줄은 꿈에도 모르고 그 원인을 찾다가 자기의 정체가 의심스
럽게 되자, 당황하기 시작하지만 그의 비극적 결함으로 파국을 맞이
하게 되며 자신의 눈이 멀게 된 것이 바로 자신에게 있다는 사실을
깨닫게 된다. 이와 같이 희랍비극에서는 자신을 인식하는 인물을 관
객 앞에 보여 준다.

반면에 페미니스트 드라마에서는 끊임없이 변화가능하고 다양한
자아를 가진 인물이 등장하여 관객들에게 변신하는 모습을 보여 준
다. 이것은 자아에 대한 관객들의 고정관념이 얼마나 허구적인가 하
는 것을 보여주는 것이다. *Getting Out*에서는 과거의 자아와 현재의 자
아로 분열된 자아가 표현되는데 과거의 자아가 현재의 자아로 변신
하게 되고, 후에 통합된 자아로 변신되는 것을 볼 수 있다. 실제로는
한 명의 인물을 두 사람이 맡게 되어 Arlie의 대화가 끝나면 곧 이어
Arlene의 대화가 나온다.

한마디로, Sophocles는 인물 설정을 심리적인 동기 파악과 원인 결과의 연결에 초점을 맞추었으나, 페미니스트 극작가는 등장인물이 다른 등장인물로 어떤 이유 없이 변신하는 것에 초점을 맞추었다고 할 수 있다.

여덟째, 페미니스트 드라마는 여성의 공간이라고 간주되어 온 부엌과 거실을 배경으로 삼는다. 부엌과 거실에서 여성 주인공들은 가부장제가 여성의 역할로 규정한 '여성의 일'을 행한다(이형식 역 219). 이러한 배경은 Marsha Norman의 작품에서도 찾아볼 수 있는데 Janet Brown과 Catherine Barnes Stevenson이 *Getting Out*과 *'night, Mother*의 배경에 대해 다음과 같이 설명하고 있다.

> 이러한 주변부에 있는 여성들은 여성들의 문화를 상기시키는 가정 실내 배경에 거주한다. 극의 무대 업무는 크게 가사 활동으로 이루어지고 있다.
>
> These marginal women inhabit domestic interior settings, redolent of women's culture. The stage business of the plays consists largely of housekeeping activities. (Janet Brown & Catherine Barnes Stevenson 185)

이와 같이 Marsha Norman의 작품에서 극은 부엌과 거실에서 진행되며 사회에서 여성 문화로 간주하는 청소나 장보기, 요리, 음식 섭취에 대한 활동으로 가득하다. *Getting Out*에서 Arlene의 어머니는 출옥한 딸의 아파트를 방문하여 세탁바구니 안에 들고 온 세탁용 용액, 수건, 살충제 등을 꺼내고 물건을 정리하고, 살충제를 뿌리며 비질을 한다. 한편 Ruby는 싱크대 고치는 일을 도와주고 새로운 삶을 어떻게 살아가야 하는지 Arlene에게 충고를 해준다. 더 나아가 Ruby는 Arlene이 어디에 가고 싶고 무엇을 먹어야 되는지에 대해 통제할 수 있는 기회를 제공한다. 이러한 극의 행동은 모두 부엌이나 거실에서 일어난다. 특히 여주인공이 부엌에서 행하는 식료품 정리와 요리는 중요한 의미를 지닌다. 왜냐하면 음식은 자신감을 찾아가는 Arlene의 행동을 상징하기 때문이다.

반면 Arlie의 어린 시절에는 음식이 폭력과 성에 관련된 가부장적 통제의 형태로 나타난다(When Arlie was a child, food was a form of patriarchal control associated with violence and sex.)(Janet Brown & Catherine Barnes Stevenson 189). 어머니가 딸이 너무 말랐다고 비난하고 먹게 하기 위해서 남편이 말한 것처럼 딸을 때려야겠다고 결심하는 것은 남편을 맹목적으로 추종하는 태도를 반영한 것이고, 남편이 사용하는 폭력을 딸의 음식물 섭취를 통제하는 도구로 사용하고 있음을 보여 준다. 이에 대해 Lynda Hart는 Marsha Norman의 극에서는 여주인공이 가부장제의 폭력에 대한 투쟁의 무기로 음식을 거부하고 있다고 주장한다(이형식 역 219). 이 단식은 보통 여성이 사용하는 항거의 한 방법이다. 예를 들어 보면, *Getting Out*에서 Arlie가 감옥에 있을 때 음식이 든 접시를 던질 정도로 음식을 거부하는데 이러한 거부는 교도관을 힘들게 만드는 것으로 사용한다는 것이다. 이 점에 대해 Lynda Hart는 다음과 같이 설명하고 있다.

> 알리는 음식을 거부함으로써 교도관을 더 힘들게 노력하도록 만드는 무기로서 이 방법을 사용함으로써 관심을 얻는 것을 배운다.
>
> Arlie learned to gain attention by rejecting food and using it as a weapon to make the guards work harder. (Lynda Hart 71)

Lynda Hart의 설명처럼 Arlie는 음식을 거부함으로써 자신을 통제하는 교도관에게 저항하는 것이고, 그 저항의 의도는 그녀가 자신의 몸을 마르게 함으로써 교도관이 자신에게 성욕을 덜 느끼도록 하고자 하는 열망에서 초래된 것이다.

*'night, Mother*는 어머니가 찬장에서 컵케이크를 꺼내려고 애쓰는 부엌에서 시작된다. 또한 극은 거실에서도 진행되는데, 거실에는 여러 가지 잡지와 뜨개질 견본책자, 재떨이, 사탕접시 등이 어지럽게 널려 있다. 이러한 소도구들은 평범한 가정에서 흔히 볼 수 있는 사실적인 것들이다. 이러한 배경 속에서 Jessie는 어머니가 필요로 하는 물품들, 사탕 등을 채워 넣고 어머니가 손수 해주는 코코아를 원한다. 코코아를 만드는 과정도 부엌에서 진행되며 어머니와 딸은 끊임없이 대화를 나눈다. Jessie는 코코아에 marshmallow를 넣지 말아 달라고 하지만 어머니는 자기 멋대로 marshmallow를 세 개 정도 넣는다. 이것은 딸을 분리된 성인으로 보지 않고 딸에 대하여 자신의 권위를 주장하는 어머니의 태도를 보여 주는 행위이다.

모녀는 끊임없이 대화를 하면서 집안일을 처리하는데 구체적으로 Jessie는 싱크대에서 어머니가 찾기 쉽도록 그릇들을 챙겨 놓고, 수저를 정리하고, 냉장고 안을 청소한다. 이제 Jessie는 소파를 씌우고, 세탁물을 정리하고 소파에 앉아서 자신의 물건을 가족에게 나누어 주라고 어머니에게 상세하게 부탁의 말을 한다.

이와 같이 극의 진행이 부엌이나 거실에서 이루어지는 것은 관객에게 일상생활을 하는 장소처럼 편안하고 평범하게 느끼게 하는 효과를 가져 온다고 할 수 있다. 이러한 평범한 배경은 좀 더 세부적인 묘사로 인해 관객들을 극적 세계로 끌어들여 극적 경험을 공유하게 만들 수 있도록 하는데, Helene Keyssar는 페미니스트 드라마에서 플롯보다는 세부 묘사와 분위기의 창조가 더욱 중요하다고 설명한다 (Helene Keyssar 2).

페미니스트 드라마의 이와 같은 특징들은 Marsha Norman의 작품에서 잘 드러나고 있는데, *Getting Out*에서는 이러한 특징들 중 특히 여주인공의 변신이라는 특징이 두드러져서 여주인공이 어떻게 자아를 찾아가며, *'night, Mother*에서는 특히 모녀관계 속에서 여주인공이 어떻게 자아를 찾아가는지에 대해 살펴보고, *Third and Oak*에서는 특히 여성관계, 여성의 유대감을 통해 여주인공들이 어떻게 자아를 찾아나가는지에 대해 살펴볼 것이다.

또한 Marsha Norman이 전달하고자 하는 주제를 자유주의 페미니즘과 급진적 페미니즘에 맞추어 살펴볼 것이다. 필자는 그녀의 작품들에서 여성도 동등한 인간이라는 명제를 지닌 자유주의 페미니즘의 맥락에 맞추어서 남성은 지배, 여성은 종속이라는 관계를 벗어나서 당당하고 자립적인 자아를 가진 여성의 모습을 찾고자 한다.

그리고 여성의 자아 찾기에 방해가 된 원인을 급진적 페미니즘에서 찾아보고, 급진적 페미니즘이 주장하는 여성 억압의 뿌리를 가부장제로 인식하며, 이것의 극복 방안으로 자매애, 즉 여성 간의 유대감을 제시하고자 한다. 이 여성 간의 유대감은 Marsha Norman의 작품에서 중요한 특징 중의 하나로서 등장인물 여성들이 자신의 자아를 찾아가는 데 가장 큰 역할을 하며, 여성이 남성의 부차적인 존재라는 생각을 떨쳐 버리고 주체적인 존재로 서게 해준다. 이것은 또한 남성들에게 억압당한다는 점에서 같은 처지에 놓인 여성들이 단결할 수 있는 하나의 방식이라고 할 수 있다.

Chapter 03

Getting Out :
변신과정을 통한 自我 찾기

Marsha Norman의 첫 번째 희곡인 *Getting Out*은 1977
년 11월 Theatre of Louisville에서 초연된 후, 1978년 L.A.와 New York에
서 공연되었고, 1979년 Off Broadway에서 8개월 동안 공연되었다. 이
작품은 1977년 대서양 운송노선이 주최하는 미 희곡 콘테스트의 공동
수상작이 되었고, 그 이후 수많은 다른 상을 받게 되었으며, Newsday
Oppenhein Award와 비평가 협회가 수여하는 John Gassner Playwriting
Medallion을 받았다. American Theater Critics Association은 이 작품이
1977~1978년 기간에 뉴욕 외곽 지역에서 상연된 작품 중 뛰어난 새로
운 극작품이라고 찬사를 보냈다. 그리고 Burns Mantle Theater Yearbook
은 이 작품을 뉴욕 공연물 중에서 가장 훌륭한 희곡 중의 하나라고 극
찬하였다.

이와 같은 극찬의 대상이 될 공연 중의 하나는 Phoenix Theatre에서
의 공연이다. 이 공연은 Jon Jory의 감독하에 Pamela Reed가 Arlie 배역
을 담당하고 Susan Kingsley가 Arlene, Madeleine Thornton Sherwood가 어
머니, Joan Pape가 Ruby 배역을 담당하였다. John Simon은 이 공연에
대해 다음과 같이 평한다.

이 작품(*Getting Out*)은 엄밀히 호감을 주지 못하는 사람들을 그린 어렵고 사실적인 극이지만, 야비하고 곰곰이 생각하게 하는 것들이 성실함과 인간애, 그리고 거의 시에 가까운 광채를 띠는, 활기차고 신선하며 예리한 필치로 쓰였다.

It is a spiny, realistic play about not exactly prepossessing people, but it is written with such a brisk, fresh, penetrating touch that sordid, brooding things take on the glow of honesty, humanity, very nearly poetry. (재인용 Catharine Hughes 112)

또 다른 비평가 Terry Curtis Fox는 이 극에 대해 평한다.

이 대본은 지성으로 마음을 울적하게 한다. …… 「변신」은 감정적이고 교훈적인 것을 어렵게 피한 꽤 잘 만들어진 극이다. …… 나는 또한 작품이 다소 지루하다고 여겼다. 순수한 언어 구사력에서 유쾌함도 없고 무대에 올리기 위한 작업을 창조하는 데에도 즐거움을 찾아볼 수가 없다.

This script is weighed down with intelligence …… *Getting Out* is a pretty well-made play which manages to avoid both the sentimental and the sententious …… I also found it rather boring. There's no exhilaration in sheer verbal power, no joy about creating a work for the stage. (재인용 Catharine Hughes 112)

「버라이어티」(*Variety*)에서는 Norman의 이 작품이 훌륭하며, 인물들이 아름답게 묘사되었고, 무대에서 동시에 공존하는 과거와 현재의 균형은 지적인 글의 본보기라고 논평하고 있다(재인용 Catharine Hughes 112).
David Savran은 이 극의 구조에 대해 설명한다.

이 작품 「변신」은 사실적인 극적 구성과 인물 발전을 사용하며 잘 짜인 극이라는 관습에 단단히 뿌리박혀 있는 대단히 잘 구성된 작품이다.

> It(*Getting Out*) is highly structured work, firmly rooted in the conventions
> of the well-made play, using realistic dramatic texture and character develo-
> pment. (David Savran 179)

David Savran의 설명처럼 Marsha Norman은 여주인공의 정신적인 세부사항, 다시 말해 여주인공의 좌절, 고통, 슬픔, 분노, 자책감, 굴욕감, 수치 그리고 희망 등을 사실적으로 묘사하고, 여주인공이 자신의 정체성을 찾기 위해 투쟁하는 상황을 분명히 제시하고 1막 무대장치를 통해 여주인공의 삶을 청중이 예견할 수 있도록 치밀하게 작품을 구성하였다.

Marsha Norman은 1987년 한 인터뷰에서 자신의 극 구조에 대한 설명을 다음과 같이 하고 있다.

> 무모하게 전통적이다. 나는 구조에 관해서는 순수주의자이다. 연극은 마치 비행기를 타는 것과 같다. 당신은 표를 사고 그 표가 당신을 데리고 가는 곳에 도착해야 한다. …… 연극에서 처음 8분 동안에 당신은 청중으로 하여금 무엇이 문제이며, 이것이 누구에 관한 것이고 그들은 언제 집에 갈 수 있는지를 알려 주게 된다.

> Wildly traditional. I'm a purist about structure. Plays are like plane rides.
> You buy the ticket and you have to get where the ticket takes you. ……
> In plays you have eight minutes at the beginning in which to let the
> audience know what's at a stake, who this is about and when they can go
> home. (David Savran 182-183)

Marsha Norman이 자신이 극의 구조에 대해 매우 전통적인 태도를 갖고 있다고 밝혔듯이, 그녀는 앞으로 있을 사건들에 대한 치밀한 준비, 계속적이며 집중적인 서스펜스, 그리고 논리적 해결을 사용한다. 그녀가 연극을 비행기 탑승에 비유하듯이 그녀는 모든 일들이 순차적으로, 논리적으로 해결되도록 작품을 구성하고 있는 것이다.

또한 그녀는 융통성 있는 사실주의(flexible realism)를 사용해서 가부장제 사회에서 억압을 받는 평범한 여주인공과 정체성, 자주성, 변신 그리고 여성 간의 유대를 묘사한다(Patricia R. Schroeder 108). 그녀는 평범한 인물과 무대장치를 사실적으로 그리는 사실주의와 인간의 분열된 자아를 변신의 과정을 통해 하나의 자아로 통합되는 과정을 무대 위에서 보여 주는 표현주의를 혼합하여 이 극을 완성한 것이다. 이 작품은 특히 주제 면에서 개인의 내부세계를 묘사하고, 언어가 단절된 상태에서 한 순간에 여러 장면이 동시에 나타나는 삽화적 구성을 한 점에서 표현주의 극의 특징을 잘 사용하였다고 할 수 있다.

이 극의 소재는 Central State Hospital에서 알았던 정서 장애가 심한 소녀이다. Norman은 사람을 다치게 하고 살인죄로 연방교도소에 수감된 소녀에 대한 기억과 수감자들과의 인터뷰를 토대로 하여 *Getting Out*을 완성하였다. 이 작품은 Norman이 Jon Jory가 권한 소재, 다시 말해 백인학생들과 흑인학생들이 자연스럽게 어울릴 수 있는 버스통학을 주제로 한 희곡 대신에 쓴 작품으로 그녀의 경험을 충분히 반영한 작품이다.

필자는 이 작품을 과거의 자아와 현재의 자아라는 이중적 자아의 설정을 혁신적으로 사용하고 등장인물이 자신의 결합된 자아를 찾아가는 점에서 높이 평가한다. 왜냐하면 Marsha Norman은 한 등장인물의 파편화된 자아를 Arlie와 Arlene이라는 이름으로 보여주고, Arlie와 Arlene의 대사가 연결되지는 않지만, Arlie는 Arlie의 자아를, Arlene은

Arlene의 자아를 보여 주는 대사를 계속함으로써 Arlie와 Arlene의 자아 대조를 잘 나타내주고, 극의 결말에서는 하나의 자아로 결합하는 모습을 잘 보여주기 때문이다. 과거의 Arlie와 현재의 Arlene이라는 두 개의 분리된 자아에 관한 작가의 말을 인용하면, 어느 의미에서 Arlie는 공포, 곤경, 그리고 심지어는 간단한 단어의 실마리에 의해서도 상기되는, 과거의 그녀 자신이다. 우리는 무대에서 Arlie의 존재를 인식하지 못하고 Arlene의 기억으로만 인식하게 된다. 그 기억은 빈번하게 출몰하며 공격하고 경고한다. 한마디로 Arlie는 예측할 수도 없고 제멋대로인 아이다. Arlie는 개구리를 창문이나 차도에 던져서 개구리의 내장이 터지는 것을 보고 웃고 즐기는 잔인한 성격의 소유자로 우리는 다음과 같은 대사를 통해 그러한 그녀의 성격을 엿볼 수 있다.

알리: 자. 조그마한 꼬마 다이가 있었지. …… 어쨌든 그 아이의 아빠는 낚시질하러 갈 때마다, 아이에게 개구리 몇 마리를 가져다주지. …… 그리고 우리들이 그 개구리들을 보려고 그곳에 가려고 하면 그 아이는 자기 어머니에게 밖으로 나와서 우리들을 쫓아내라고 소리 지르기 시작했어. 정말 더러운 자식이었어. …… 우리들은 그 개구리들을 사방으로 풀어줄 생각을 하고 있었지. 그러나 그 개구리들이 뛰어오르기 시작했을 때 우리는 그것들이 뛰어오르고 싶어 한다는 것을 알게 되었어. 그래서 현관 앞에다 그 개구리 모두를 꺼내놓고 한 마리씩 거리로 던졌지. (웃음) 지나가는 차에 부딪친 개구리들도 있었지만 대부분의 개구리들은 아시다시피, 차에 치여 으깨어졌지. 우리 등 뒤로, 그리고 우리 다리 밑으로 얼마나 멀리 그 개구리들을 던질 수 있는지 보는 것은 유쾌한 일이었어. (손뼉을 치며) 그 개구리들이 공중으로 날아가 누군가의 차 창문이나 그 주변에 부딪혀 모두 갈라 터지는 것을 보는 것은 정말 즐거운 일이었어. …… 우리는 웃느라고 거의 죽을 지경이었지. …… 내 평생 하루 동안에 그렇게 재미가 좋았던 적이 없었어.

Arlie: So, there was this little kid. ······ Anyhow, ever time his daddy went fishin', he'd bring this kid back some frogs. ······ An we'd try to go over an see'em but he'd start screamin' to his mother to come out an git rid of us. Real snotty like. ······ We was plannin' to let'em go all over the place, but when they started jumpin' an all, we just figured they was askin' for it. So, we taken 'em out front to the porch an we throwed'em, one at a time, into the street. (*Laughs*) Some of'em hit cars goin' by but most of 'em jus' got squashed, you know, runned over? It was great, seein' how far we could throw 'em, over back of our backs an under our legs an God, it was really fun watchin' 'em fly through the air then *splat*(*Claps hands*) all over somebody's car window or somethin'. ······ We 'bout killed ourselves laughin'. ······ I never had so much fun in one day in my whole life. (7)

Arlie는 이와 같이 생명을 소중히 여기지 않고, 개구리에게 고통을 주는 것을 즐기는 일종의 가학증 증세를 보이고 있다. Gretchen Cline은 이 장면에 대해 다음과 같이 설명한다.

> 알리가 개구리의 사지를 절단하는 이야기는 어린 시절 타인으로부터 분리되고 굴욕감을 경험하는 과정과 마음을 닫는 과정을 표현한다. 그녀의 분리 과정에는 굴욕감, 수치, 그리고 부러움을 둘러싸고 그녀의 정신을 구축하는 것이 포함된다.

> Arlie's story about the mutilation of the frogs represents the process of her early experience of separation and humiliation from an Other, and her early crypting. Her process of separation involved a structuring of her psyche around humiliation, shame, and envy. (Linda Ginter Brown 8)

Gretchen Cline의 설명처럼 이러한 행위는 Arlie의 정신분열을 드러내는 것이다. 그녀는 자신의 부모로부터 충분한 사랑을 받지 못하였기 때문에 부모와의 유대감이 없고 세상 사람들과 어울리지 못하고 소외되는 마음을 공격적인 형태로 표현한 것이다.

그녀의 이러한 공격적인 형태는 후에 그녀를 매춘, 위조지폐 제조, 도둑질 그리고 살인으로 이끈다. 그녀는 아버지로부터 강간당하고 그 후 남성들로부터 성적인 착취를 당해 정서적으로 안정되지 못하며 이러한 그녀의 상태는 마치 사지가 잘린 개구리와 같은 처지인 셈이다. 결론적으로 Arlie가 개구리에게 폭력을 가하고 즐기듯이 세상 사람들은 범죄를 저지른 죄인인 그녀를 지켜보기만 했을 뿐 진정으로 이해하지 못하고 따뜻하게 감싸주지 못하며 이용만 하려는 것이다. Arlie는 이러한 과정을 통해서 굴욕감과 수치를 느끼고 자신의 정체성을 찾아 다시 새로운 인물로 탄생하게 된다. 범죄를 저지르기 전 Arlie가 문제아였음은 교장선생님의 말씀을 통해 알 수 있다.

> 교장: 결국 네 어머니가 옳았어. 어머니께서는 너를 특수학교에 넣자고 말씀하셨어. (*재빨리*) 아냐, 어머님이 말씀하신 것은 어딘가에 너를 격리시킨다는 것이었어. 나는 말했지. 네가 너무 어려서 안 된다고. 그런데 내가 틀렸구나. 나는 여기서 400명의 다른 아이들을 돌보아야 해. 그런데 내가 여기서 무슨 일을 해 온 줄 아니? 네가 싸우는 것을 말리고, 네가 무단결석하는 것을 감독하고 네가 목욕탕 벽에 낙서한 것을 지웠지. 자, 나는 충분히 할 만큼 했어. 네가 이제 선택을 해야 돼. 네가 정규학교에서 나가길 너무도 원하니 넌 학교에서 쫓겨나게 될 거다.

> Principal: Your mother was right after all. She said put you in a special school. (*Quickly*) No, what she said was put you away somewhere and I said, no, she's too young, well I was wrong. I have four hundred other children to take care of here and what have I been doing? Breaking up your fights, talking to your truant officer and washing your writing off the bathroom wall. Well, I've had enough. You've made your choice. You want out of regular school and you're going to get out of regular school. (18)

Arlie는 친구들과 싸우고 목욕탕 벽에 낙서를 하고 무단결석을 하는 등 규칙에 어긋나는 면을 보여 정규학교에서 쫓겨나야 하는 처지가 된다. Arlie는 수업이 끝나지도 않았는데 집으로 가려다가 교장선생님에게 붙잡히고, 교장선생님은 Arlie를 달래는 방법으로 땅콩버터와 칠리를 점심에 먹을 수 있다고 말한다. 그러나 Arlie는 배고프지 않다며 이러한 제의를 거부한다. Arlie의 음식 거부는 규칙을 강요하는 학교체제에 대한 반발이고, 사람을 불신하는 태도를 반영하는 것이다. Arlie는 돈을 훔쳐 달아나다가 교장선생님께 들켜 학교에서 퇴학당하는 처지에 놓이게 된다. 위 대사를 통해 우리는 학교나 가정 모두가 Arlie를 더 이상 받아들이지 못하고 타인과의 격리를 결정하기 때문에 Arlie가 더 이상 설 곳이 없음을 알게 된다.

반면에 Arlene은 가석방된 후 작가의 말처럼 의심이 많고, 조심성이 있고 항상 움츠러드는 면이 엿보이지만 2막에서 그녀는 자신의 일, 직업을 찾으려 하고, 일을 할 수 있다는 자신감을 가지며, 매춘을 조장하는 과거의 공범자 Carl의 제안을 거절하는 Arlene으로 변모해 가서 극의 마지막에 과거의 Arlie와 현재의 Arlene이 하나의 자아로 통합된다.

Arlene과 같은 성격의 소유자가 억압의 세계에 살고 있음을 단적으로 보여 주는 것은 제1막의 무대장치이다.

> 이 극은 켄터키 주, 루이빌의 황폐한 도심지역에 있는 방 한 개짜리 초라한 아파트를 무대로 한다. ……
> 더러운 커튼이 하나뿐인 창문 바깥에 있는 창살을 가리고 있다. 벽장 하나와 욕실로 통하는 문 하나가 있다. 아파트의 문은 홀로 통한다.

이러한 무대 장치는 사실적이나 과거와 현재가 연관되어 있으며,
Arlie의 감옥 속의 생활과 가석방된 후의 아파트에서의 생활은 여전히
억압된 세상임을 강조하여 보여 준다. 그녀는 가석방되었음에도 불구
하고 권위의 상징인 법과 남성들에 의해 여전히 그녀의 자유를 통제
받아야 한다. 우리는 교도소장의 목소리를 통해 그녀의 이름이 피고
인으로 불리고 그녀의 정체성이 법이라는 제도와 권력에 의해 지배
받고 있음을 알 수 있다.

교도소장의 목소리는 그녀가 자유를 얻었지만 여전히 켄터키 주 가석방 담당 공무원의 보호와 감시를 받아야 한다는 것을 알린다. 이러한 보호와 감시로부터 벗어나고자 하는 그녀의 자유에 대한 갈망은 Bennie와의 다음 대화를 통해 나타난다.

> 베니: …… 알린, 이 트렁크 어디에 두고 싶니?
> 알린: 아무 데나 상관없어요. …… (*창문 근처의 한곳을 가리킨다.*)
> …… 이 창살들은 무엇이지요?
> 베니: …… 너도 알다시피 그것들은 도둑을 막기 위한 것이겠지.
> ……
> 알린: 나는 창살들이 거기 있는 게 싫어. 그것들을 뽑아 버리라고요.
> 베니: 너는 이곳을 부숴 버릴 수 없어, 알린. 집주인이 그걸 좋아하
> 지 않을 거야.
> ……
> 알린: 어떤 집주인도 내게 무엇을 해라 하고 명령하지 못하게 하겠
> 어요.

> Bennie: …… Arlene, I said, where do you want this trunk?
> Arlene: I don't care. …… (*Points to a spot near the window*) …… What's
> these bars doin' here?
> Bennie: …… I think they're to keep out burglars, you know.
> ……
> Arlene: I don't want them there. Pull them out.
> Bennie: You can't go tearin' up the place, Arlene. *Landlord wouldn't like it.*
> ……
> Arlene: I ain't gonna let no landlord tell me what to do. (9-10)

트렁크를 창문 근처에 두고 싶어 하는 Arlene의 행동을 통해 좁고 갇힌 아파트에서 유일하게 세상과 통하는 창문을 자유로 간주하는 그녀의 마음을 알 수 있다. 그러나 그 창문에는 창살이 있다. 그 사실을 알게 된 Arlene은 창살을 억압과 구속으로 느끼기 때문에 창살을

제거하고 싶어 하는 것이고, 이 창살은 앞으로 자신의 자아를 찾아 나가는 과정 속에서 방해 요소가 많다는 것을 암시하고 있는 것이다.

또한 감옥에서 선택의 자유가 배제되었듯이 가출옥 후 아파트에서도 Arlene에게는 선택의 자유란 없다. Arlene은 자신이 사는 아파트 창문 창살 하나 마음대로 제거할 수 없고 집주인이 말하는 대로 해야 한다. 그러나 극이 진행됨에 따라 그녀는 이러한 불편한 삶에서 벗어나 어떤 일이라도 자신이 선택하고 결정할 수 있는 권리를 가지게 되며 타인으로부터 지배받지 않고 독립된 자신의 자아를 추구해 나간다.

그녀는 5명의 등장인물−Bennie, 목사, 어머니, Carl, Ruby−을 만나서 대화를 나누고 자신의 자아를 찾게 된다. 이 외에 또 하나의 등장인물인 아버지는 무대에 등장하지 않고 모녀의 대화 속에서만 등장하는데, 그의 부정적인 역할은 후에 어머니에 대한 설명 부분에서 언급된다. 5명의 등장인물 중 목사와 Ruby만이 그녀의 변모를 도와주는 역할을 하고 Bennie, 어머니, 그리고 Carl은 Arlene의 자아 찾기를 방해하는 인물일 뿐이다. 이 점에 대해 Schroeder는 다음과 같이 평한다.

> 그녀의 아파트에 오는 방문객은 모두 알린에게 그녀가 받은 억압의 역사와 그녀의 행동에 가해지는 현재의 제약을 상기시켜 준다.
>
> Each visitor to her apartment reminds Arlene of her history of oppression and of the present restrictions to her behavior. (Schroeder 107)

Schroeder의 논평처럼 Arlene에게 억압의 경험을 상기시키는 방문객은 Bennie, 어머니, 그리고 Carl인데 그들과 나누는 대화를 통해 그녀가 얼마나 고통받았는지를 알 수 있다. 그러나 그녀의 아파트에 오는

3명의 방문객 이외에 또 한 명의 방문객 Ruby는 유일하게 Arlene에게 정신적 위로를 해준다. 방문객은 아니지만 그녀를 도덕적으로 선도해 주는 역할을 하는 등장인물로 목사가 있다. Arlene은 이러한 등장인물 들을 만나면서 과거의 자아에서 벗어나 새로운 자아를 찾아 나아가 게 되는데 그들과 나누는 대화를 통해 그녀가 어떠한 영향을 받아 독 립적인 존재로 서는지 그 과정을 살펴보겠다.

첫 번째 등장하는 Bennie는 50대의 Alabama 교도소 교도관으로 가 석방된 Arlene을 그녀의 아파트까지 차로 태워다 주는 친절을 베푸는 인물이다. 그러나 그가 베푸는 친절이 기사도 정신을 드러내는 것 같 지만, 그는 Arlene을 강간하려는 의도를 가진 비열한 인물이다. 그는 그녀를 진심으로 보살피는 것이 아니라, 감시자 역할을 하는데 그녀 를 돌보아 줄 사람으로는 8년 동안 감옥에서 생활한 그녀를 지켜보았 던 자신밖에 없다고 주장하는 것이다.

> 베니: 너를 돌보아 줄 사람은 아무도 없어.
> 알린: …… 내 자신은 내가 돌볼 수 있어요 오랫동안 그렇게 해 왔어요
> 베니: 물론 그랬겠지. 그것도 감옥 속에 갇힌 채 말이지. 애, 알리야.
> 알린(*주위를 빙빙 돈다*): **소녀 알리는 감옥소에 그 자신을 가두었 고 알린은 석방된 거예요.** 이젠 됐나요?
> 베니: 이봐, 우리가 감옥 얘기는 더 이상 하지 말자고 한 건 알아.
>   그러나 나는 너를 오랜 시간 동안 돌보아 왔어. 8년 동안 네
>   가 저녁 식사하는 것을 지켜보았다고. 내가 그런 짓에 익숙
>   해 있다는 것을 너도 알지?
> 알린: 곧 당신은 그런 일에 익숙지 않게 될 거예요.
> 베니: 그러면 왜 나에게 여기까지 차로 데려다 달라고 부탁했지?
> 알린: 지금은 부탁하지 않았어요. 그건 온통 당신의 바람이었죠.
> 베니: 그렇다면 너 어떻게 할 셈이었니? 버스를 타고, 어떤 군인을
>   선택해 또 다른 곤경 속으로 너 자신을 몰아넣으려고 했니?

Bennie: Nobody to take care of you.

Arlene: …… I kin take care of myself. I been doin' it long enough.

Bennie: Sure you have, an you landed yourself in prison doin' it, Arlie girl.

Arlene(*Wheels around*): **Arlie girl landed herself in prison. Arlene is out**, okay?

Bennie: Hey, now, I know we said we wasn't gonna say nuthin' about that, but I been lookin' after you for a long time. I been watchin' you eat you dinner for eight years now. I got used to it, you know?

Arlene: Well, you kin jus' git unused to it.

Bennie: Then why'd you ask me to drive you all the way up here?

Arlene: I didn't, now. That was all your big ideal.

Bennie: And what were you gonna do? Ride the bus, pick up some soldier, git yourself in another mess of trouble? (8)

Arlene과 함께 살 계획을 가지고 있는 Bennie는 그녀 자신을 돌볼 수 있다는 Arlene의 자신감을 무시하고 그녀가 군인과 좋지 않은 관계를 가질 것이라며 부정적인 시각으로 반문한다. 반면에 Arlene은 과거의 자아 Arlie는 감옥에 두었고 자신은 석방되었다고 말할 정도로 과거와 현재를 분리하고 싶어 한다. 그러나 Bennie는 더 나아가 Arlene이 가석방될 때 교도소장으로부터 받은 20달러를 마약 밀매꾼에게 주지 않기를 바란다고 말할 정도로 그녀를 그녀의 과거와 연관시킨다. 이러한 Bennie의 말은 Arlene에게 과거의 나쁜 기억과 그녀가 저질렀던 죄를 계속 상기시킨다. 더욱 그녀를 괴롭히는 것은 Bennie가 자신과 동거하자고 제안하며 더 나아가 그녀를 강제로 겁탈하려고 하는 것이다. 그녀는 자신의 과거를 상기시켜주는 Bennie가 그녀 주위를 배회한다는 것이 싫다며 그를 거절하고 때린다. 마침내 그녀는 다음과 같이 소리친다.

알린(*소리친다*): 당신을 죽일 거야, 불쾌한 녀석 같으니!
싸움은 계속된다, 베니는 침대 위에서 …… 꼼짝을 못하고 있다. 알린은 겁에 질렸고 고통스러워한다.
베니: 정말이야? 늙은 베니를 죽일 거야? …… 그 택시운전사를 죽인 것처럼 이 늙은 베니를 죽일 거야?

Arlene(*Screaming*): I'll kill you, you creep!
The struggle continues, Bennie pinning …… over her on the bed. Arlene is terrified and in pain.
Bennie: You will? You'll kill ol' Bennie …… kill ol' Bennie like you done that cab driver? (32)

Bennie는 Arlene을 자기 뜻대로 겁탈하기 위해 택시운전사를 살인한 나쁜 기억을 그녀에게 상기시켜 고통을 주며, Arlene은 자신을 강제로 강간하려는 Bennie를 죽이고 싶은 극단적인 충동을 느낀다. 그녀가 괴로워하면서 Bennie에게 그의 아내 Dorrie를 이렇게 강간했느냐고 질문하자, 그는 이것을 강간이라고 생각하느냐고 반문한다. 1막이 끝날 때 Bennie는 그녀를 강간하려는 행동을 멈추고 자신을 강간범이라고 부르지 말라고 말한 뒤, 그녀의 이야기를 듣는다.

알린: 나는 알리가 아니에요.
그가 옷을 입고 있을 때 알린은 침대에 그대로 있다.
베니: 그래, 아닌 것 같군.
알린(*조용하게, 그리고 고통스럽게*): 알리라면 당신을 죽일 수도 있었어요.

Arlene: And I ain't Arlie.
Arlene remains on the bed as he continues dressing.
Bennie: No I guess you ain't.
Arlene(*Quietly and painfully*): Arlie coulda killed you. (33)

그녀는 자신이 더 이상 Arlie가 아니라고 말할 정도로 사악했던 과거의 자아를 혐오한다. 또한 그녀는 자신이 Arlie였다면 Bennie의 행동을 참지 못하고 살인할 수도 있다고 절규한다. 변모한 Arlene은 자신을 함부로 대하는 Bennie에게 화가 나지만 자신의 행동을 통제할 수 있을 정도로 자제력을 갖기 된 것이다.

이와 같이 변모한 그녀를 성적인 대상으로만 쳐다보는 Bennie의 태도는 "이 연극에서 남성의 응시는 제도적 권력의 응시라고 할 수 있고, 알린을 지배하는 응시이다(In this play, the gaze of men is the gaze of institutional power, a gaze that subjects Arlene)(Jenny S. Spencer 155)"라고 주장하는 Jenny S. Spencer의 말처럼 제도적 권력의 응시라고 볼 수 있다. Bennie는 죄수를 감시하는 교도관이면서 남성이다. 그는 그녀를 인격적으로 대우하지 않고 그녀를 지배하려는 인물에 불과하다. 그는 여성이란 길들여진 동물처럼 주인의 지배를 받아야 한다고 생각한다. 그가 지배적인 입장을 취하는 구체적인 예를 들어보면 2막에서 동료 Evans와 나누는 대화이다.

베니: 그 애같이 어린애를? 다른 애들처럼 그 애를 대해야지. 넌 베티리키에게 밀키웨이 초콜릿을 주고 네 속옷 빨래를 시켰지. 넌 후랭크 힐에게 루실 스미스와 샤워할 시간을 따로 주고 네 의자를 고치게 했지. 그러니 알리에지 껌 하나를 주고 얌전히 굴게 해봐. 그렇지만 그 애가 좋아하는 걸을 주어야겠지.
교도관(에반스): 너 그 살쾡이와 잠자리를 하려는 거야?
베니(*알리의 감방으로 걷기 시작한다.*): 지켜봐. (*그가 다가갈 때 알리는 조용히, 그러나 열심히, 지켜보고 있다.*) 자, (*특별히 어느 누구에게가 아니라*) 내 주머니 속의 쥬시 프루트 껌이 어디 있나? 여기 어딘가에 있을걸. (*그의 호주머니에서 껌 하나를 꺼내 알리의 손이 닿을 수 있는 곳에 던진다.*) 자―(*실망하는 체하며*) 난 이미 씹어버

렸는데? (*알리가 손을 뻗어 집는다.*) 아, (*이제 그녀를 내려다보며*)
어때, 얘야?
알리: 좋아요.

Bennie: Outta a little thing like her? Gotta do her like all the rest. You
got your shorts washed by givin' Betty Ricky Milky Ways. You git your
chairs fixed givin' Frankie Hill extra time in the shower with Lucille
Smith. An you git ol' Arlie girl to behave herself with a stick of gum.
Gotta have her brand, though.
Guard(Evans): You screwin' that wildcat?
Bennie(*Starts walk to Arlie's cell*): Watch. (*Arlie is silent as he approaches,
but is watching intently*) Now, (*To nobody in particular*) where was that
piece of Juicy Fruit I had in this pocket. Gotta be here somewhere. (*Takes
a piece of gum out of his pocket and drops it within Arlie's reach*) Well,
(*Feigning disappointment*) I guess I already chewed it. (*Arlie reaches for the
gum and gets it*) Oh, (*Looking down at her now*) how's it goin', kid?
Arlie: Okay. (37-38)

위의 대사에서 볼 수 있듯이 교도관은 음식물을 선택해서 먹을 수
없는 여자 죄수들에게 음식물 제공을 미끼로 자신의 일을 시키며 그
녀들을 마치 하인 다루듯이 통제한다. 구체적으로 Bennie는 Arlie를 유
순하게 하는 방법―껌을 주는 행위―을 다른 교도관에게 알려 준다.
Bennie는 자신이 알려 준 방법을 과시하듯이 직접 해 보인다. 그는 껌
을 직접 주지 않고 호주머니에서 꺼내 Arlie의 손이 닿을 수 있는 곳
에 던진다. 그는 마치 동물에게 먹이를 주듯이 Arlie를 대한다. 그의
이러한 행위는 비인간적이지만 음식을 거부하던 Arlie가 손을 뻗어서
라도 껌을 주워서 씹으며 만족해한다. 왜냐하면 음식을 거부하던 그
녀가 자유가 없는 교도소 생활에 안주하여 음식물의 섭취를 받아들
이기 때문이다. Linda Ginter Brown은 음식물을 통한 이러한 은유는 정

신적 추구를 반영하는 것이라고 설명한다.

> 21세기의 언저리에 자리한 여성들은 '영혼 속의 구멍'을 고치기를
> 갈망한다. 프로이드가 단정하였듯이 그들은 오이디푸스 위기를 해
> 결하기 위해서가 아니라 오히려 그들의 진정한 자아를 발견하기
> 위해 싸워야 한다. 산산조각 나고 혼란해진 그들은 놓친 조각들을
> 찾는다. Humpty Dumpty(한 번 넘어지면 일어서지 못하는 사람)처
> 럼 그들은 벽으로부터 떨어져서 그들 자신을 다시 세울 수 없게 된
> 다. 정신적으로 그들은 응집된 자아를 갈망한다. 음식 은유는 그러
> 한 정신적 추구를 반영하는 것이다.

> Perched on the edge of the twenty-first century, women hunger to heal
> that "hole in the soul." They fight not to fix their Oedipal crisis, as Freud
> posited, but rather to find their true selves. Fragmented and confused,
> they search for the missing piece. Like Humpty Dumpty they have fallen
> from the wall and cannot put themselves together. Psychically, they long
> for a cohesive self. Food metaphors depicted in women's writing reflect
> that psychic search. (141)

이처럼 21세기가 시작되는 언저리에 걸터앉은 여성들은 진정한 자
아를 찾기 위해 투쟁하는데, 이 과정에서 음식물은 인간에게 육체적
자양분을 제공할 뿐만 아니라 정신적 추구를 상징하는 것이기도 하
다. 음식물과 정신적 추구와의 관계를 설명하면, 인간이 삶에 대한 애
착이 있으면 음식물을 섭취하지만, 삶에 대한 애착이 없고 정신적으
로 고통스러우면 음식물을 거부한다는 것이다.

Marsha Norman은 음식물에 대하여 이러한 은유를 많이 사용하고
있다. 감옥에서 Arlie는 거의 배고픔을 느끼지 못하고, 음식이 든 접시
를 집어 던질 정도로 음식을 거부한다. 반면에 Bennie는 가석방된
Arlene을 데려다 주면서 내내 자신은 배가 고프고 그녀가 먹어야 한다

고 주장한다. 그는 닭고기를 사 오겠다며 왕성한 식욕을 보이는데 Arlene은 배고픔을 느끼지 못할 정도로 식욕이 없다. 왜냐하면 그녀는 어린 시절 아버지에게 강간당한 경험으로 Bennie의 흑심을 미리 파악하고 저녁을 이렇게 늦게 먹으면 배가 아플 것이라며 음식을 거부한다. 음식을 거부하는 Arlene의 말에도 불구하고, Bennie는 닭고기를 사러 나가겠다며 그녀에게 목욕이나 하라고 제안하고, 양배추샐러드나 감자샐러드를 먹겠느냐고 묻는다. Arlene은 마지못해 양배추를 사오라고 한다.

여기서 우리는 Bennie가 산성 식품인 닭고기를 선호하는 반면에 Arlene은 알칼리성 식품인 양배추를 선호하고 있다는 것을 알 수 있다. 닭고기는 열량이 높아 인간으로 하여금 육체적인 힘을 발생하도록 해주고 이러한 육체적인 힘은 성욕과 관계가 있으며 양배추는 비타민이 함유되어 인간의 정신을 맑게 해주는 역할을 하는 것이다. 이와 같이 Arlene이 음식을 결정하는 것은 그녀가 자신의 육체를 통제하고 자신의 행동을 조절할 수 있는 능력을 가지게 되었다는 것을 보여주는 것이다. 반면에 Bennie의 음식물 제공은 Arlene을 성적으로 착취하기 위한 준비 단계에 불과하다.

그러므로 Arlene이 Bennie가 사온 닭고기를 먹게 되면, 그녀는 그 대가로 그와 잠자리를 같이 해야 한다. 이 장면을 Lynda Hart는 설명한다.

이 위기의 장면, 즉 음식의 소비에 수반되는 Bennie의 의도된 강간은 Arlene의 자주성―그녀의 육체에 대한 통치권―에 중심이 되는 문제를 뚜렷하게 폭로한다.

This critical scene, the consumption of the food followed by Bennie's

attempted rape, brings forth clearly the issue central to Arlene's autonomy–
sovereignty over her body. (Lynda Hart 72)

이와 같은 위기의 순간에 Arlene은 샤워를 하라는 Bennie의 강요를
거부함으로써 자주성을 가지게 된다고 할 수 있다. 이 점에 대해 Lynda
Hart는 음식과 정신적 갈망의 연관성을 설명한다.

> 음식이 성욕보다는 더 기본적인 것이기 때문에 알린은 이러한 선
> 택을 고려하지만 음식을 취득하고 준비하며 소비하고 거부하는 명
> 백한 세부 사항에서 나타나는 그녀의 상징적 기아감, 즉 힘과 자유,
> 그리고 통제에 대한 갈망은 이들 두 남성(베니와 칼)이 제공하는
> 거짓된 안전과 기만하는 편안함보다 우선한다.

> Since food is even more fundamental than sexuality, Arlene considers these
> options, but her figurative starvation, a hunger for power, freedom and control,
> manifested in explicit details of the acquisition, preparation, consumption and
> rejection of food, takes precedence over the beguiling ease and false security
> these two men(Bennie and Carl) offer. (Lynda Hart 71)

음식은 Arlene 자신의 자아를 찾아가는 데 있어서 상징적으로 보이
는 하나의 방법이다. 왜냐하면 그녀는 음식을 선택할 수 있는 자유가
없던 감옥에서 교도관이 제공하는 음식을 섭취하거나 거부해서 자신
을 통제하는 법과 규칙을 따르거나 따르지 않았고, 감옥에서 벗어난
사회에서 Bennie가 베풀어 주는 가장된 친절을 인식하고 음식을 확실
히 거부하거나 선택하기 때문이다. 1막에서 Arlene은 타인이 사다 준
음식물을 제공받다가 2막에서는 새로운 삶을 살기 위해 자발적으로
음식물을 사 가지고 온다. 이제 Arlene은 어떤 일이든 자신이 결정하
겠다는 의지를 가진 인물로 변모해가는 것이다. 들고 온 식료품 봉지

가 찢어지자, Arlene은 화가 나서 오이 피클을 찢어서 한 조각 먹는다. 오이 피클을 잘라 접시에 놓고 먹는 것이 아니라, 찢어 먹는 그녀의 행위는 그녀 자신의 불만, 분노를 상징하는 것으로 볼 수 있다.

또한 Arlene이 바닥에 떨어진 식료품을 깨끗이 치우는 행동은 무슨 일이든지 새로 시작할 수 있다고 느끼는 자신감으로 간주할 수 있다. 왜냐하면 과거 그녀의 삶은 떨어진 식료품처럼 엉망이었지만, 현재의 삶은 식료품을 깨끗이 정리하듯이 바르다는 것을 나타내 주기 때문이다.

두 번째 등장하는 목사는 그녀의 감방을 방문한 방문객으로서, 그의 역할은 Arlene의 1차적 변신을 도와주는 것에 있다. 그는 Arlie라는 이름 대신 Arlene이라는 이름으로 그녀를 불러준다. 처음으로 그녀는 목사 덕분에 인격을 갖춘 개인으로서의 이름을 갖게 된 것이다. 목사는 그녀에게 Arlie가 가증스러운 그녀의 자아이고 그녀 자신에게 상처를 입힌다고 말했다.

> 알린: 목사님께서는 내게 말씀하셨어요. …… 알리는 나의 가증스러운 자아이고 내게 상처를 입힌다고 말씀하셨지. 하나님께서 알리를 데려갈 어떤 길을 발견하실 거라고 …… 그리고 하나님의 뜻으로 내가 온순해질 수 있고, 온순한 자는 조용하고 선량한 자며 그들이 원하는 것은 무엇이든 얻어질 수 있다고 말씀하셨지. …… 난 그 말을 잊었는데 …… 그들이 땅을 얻는다고.
>
> Arlene: This chaplain said I had …… said Arlie was my hateful self and she was hurtin' me and God would find some way to take her away …… and it was God's will so I could be the meek, them that's quiet and good an git whatever they want …… I forgit that word …… they git the earth. (52)

이와 같은 Arlene의 대사는 Ruby를 편안한 언니로 생각해 자신의 과거를 털어놓는 고백적인 형식을 가진 그녀의 솔직한 마음을 담은 것으로 목사의 영향을 보여주는 것이다. 목사는 하나님의 뜻으로 온순해질 수 있다고 Arlie-Arlene을 설득한다. 그 후 목사는 교도관에게 예수의 그림을 그녀에게 전해 달라고 부탁하고 전근을 간다. 그녀는 목사를 기다리다가 자살이라는 방법을 택함으로써 과거의 잔인하고 난폭한 자아를 버리고자 한 것이다.

그녀의 자살 시도는 그녀가 자신의 죄에 대하여 죄책감과 수치심을 인식했기 때문이다. 그녀가 사는 문화권에서는 남성은 지배하고 여성은 순종하는 것으로 간주되어서 Arlie-Arlene이 남성을 부러움의 대상으로 생각했기 때문에 도덕을 중시하는 목사를 무조건 따르다가 그가 사라지자, 그녀는 자살이라는 극단적인 방법을 시도한 것이다. 이것은 Arlie-Arlene이 나약한 자아를 지니고 있다는 것을 보여주는 증거이기도 하다. 여기서 그녀는 목사로 인해 Arlie, Arlene이라는 이름만 가지게 된 것이지 Arlene이라는 독립적인 자아를 가진 상태는 아니라고 볼 수 있다.

Arlie는 목사의 영향으로 자신의 죄를 깨닫고 자살로써 속죄하고 싶었던 것이다. 이것은 Arlie가 정신적으로 의존하던 대상을 잃는 상실감에서 벗어나지 못하는 불완전한 자아를 가진 인물임을 보여주는 것이다. Gretchen Cline은 목사의 역할에 대하여 다음과 같이 부정적으로 평가한다.

> 그러므로 목사는 은유적으로 강간을 범한다. 그리고 더 중요한 것은 이 강간이 어린아이로서 아버지에게 당했던 강간의 고통을 덜어 주어서 그녀를 편안하게 해준다는 것이다. Arlene이 받는 정신적 강간은 남성 지배와 분개를 지지하는 그녀의 상징적 속죄양을 나타낸다.

The priest, therefore, commit, a metaphorical rape, and more importantly, this rape is a reliving of the rape she suffered as a young child by her father. Arlene's psychological rape represents her symbolic scapegoating, which upholds male domination and resentment. (재인용 Linda Ginter Brown 14)

목사는 Arlie가 자신의 죄를 인식하는 데 긍정적 역할을 한다. 그러나 자살이라는 방법을 통해 속죄하려고 할 정도로 몰아간 목사의 도덕적 선도는 일종의 정신적 강간으로 간주할 수 있다. 왜냐하면 종교는 여성의 행동 범위를 규정하고 남성은 필연적 존재로, 여성은 부차적인 존재로 간주하였기 때문이다. 중세에 토마스 아퀴나스는 이브가 뱀한테 먼저 유혹받은 것을 들어 남자는 이성이 강하고 여성은 육체적이고 성적이어서 남성에게 복종해야 한다고 주장했다.

이러한 주장은 여성은 남성과 종속 관계임을 뒷받침해주는 것이고, 목사로 하여금 Arlie를 무의식적으로 세뇌시킨 것이다. 이러한 세뇌를 받은 Arlie가 생명을 포기할 만큼 죄책감과 굴욕감을 느끼는 것은 남성이 만들어 놓은 도덕적 가치, 규범에 철저히 지배된다는 것을 뜻한다. 남성들로부터 통제된 삶을 살아온 Arlie는 범행을 저지른 원인이 바로 남성들의 성적 착취 때문이지만 목사는 성적 착취를 행한 남성들을 벌주거나 설교하는 것이 아니라 Arlie를 유순한 인물로 변모시키는 역할을 담당할 뿐이다. 또한 목사가 남에게 의존하지 않고 혼자 힘으로 어떤 일이라도 처리해 나갈 수 있는 자주성을 Arlie에게 제공하지 못한 점에서는 부정적인 역할을 한 것으로 볼 수 있다.

이 사건 이후 그녀는 기숙사를 깨끗이 관리하고, 뜨개질을 시작했고, 모범수로 변모하게 되는데 그녀의 이러한 변모는 Arlene의 다음

대사에서 파악할 수 있다.

알린: 저는 먹거나 천장만 바라보았지요. 제 눈엔 눈물이 고였지만
금방 말라 버렸어요. 눈물은 흘러나오지 않았어요. 전혀요. 그리고
곧 전 몸이 나았어요. 직원들은 제가 변한 것을 알고 스웨터를 짤
실을 제게 주었어요. 제가 새 스커트를 얼마나 입고 싶었는지. 때
때로 껌도 씹게 해주었죠. 사람들은 제가 기숙사 관리할 때가 제일
깨끗하다고 말했죠. (*아주 자랑스럽게*) 그리고 나서 전 모범수 숙
소에 있었어요. 아무도 더 이상 저를 놀리지 못했어요. 전혀요. 전
이전처럼 미치지도 않았어요. 전혀요. 전 그저 제 일을 했고 뜨개
질을 했지요. …… 그리고 전 그 일, 지난 일을 생각하지 않아요.
…… (*이제 자제력을 잃고*) 여기서 사람들이 저를 계속 알리라고
부를 때를 제외하고는요. …… (*'알리'라고 말할 때 고통스러워한
다.*) 전 그 짓을 하려는 뜻은 아니었어요. 제가 했던 짓 말이에요.

Arlene: I'd be eatin' or jus' lookin' at the ceiling an git a tear in my eye,
but it'd jus'dry up, you know, it didn't run out or nuthin'. An then
pretty soon, I's well, an officers was sayin' they's seein' such a change in
me an givin' me yarn to knit sweaters an how'd I like to have a new
skirt to wear an sometimes lettin' me chew gum. They said things ain't
never been as clean as when I's doin' the housekeepin' at the dorm. (*So
proud*) An then I got in the honor cottage an nobody was foolin' with me
no more or nuthin'. An I didn't git mad like before or nuthin'. I jus'
done my work an knit …… an I don't think about it, what happened,
'cept …… (*Now losing control*) people here keep callin' me Arlie an ……
(*Has trouble saying "Arlie"*) I didn't mean to do it, what I done. (53)

개구리를 던져 죽일 정도로 잔인했던 Arlie가 이와 같이 눈물이 고
일 정도로 죄를 뉘우치는 인물로 변모한 것이다. 직원들은 Arlie의 변
모를 알고, 때때로 껌을 씹을 수 있는 자유와 뜨개질에 필요한 실을
제공해주는데, 이것은 그녀의 정체성 회복에 도움을 주는 것이다. 왜
냐하면 껌은 그녀에게 정신적 스트레스를 해소시켜 주는 한 방편이

고, 뜨개질은 감옥에서 지루한 시간을 보내는 한 방법이 되며, 무엇인가를 만들어낼 수 있다는 자신감을 주고, 잡념을 해소시켜 주며 일 자체의 즐거움을 주는 역할을 하기 때문이다. 또한 그녀는 타인으로부터 이용만 당해 오다가 처음으로 그녀 자신을 생각해주는 친절을 받고 모범적인 인물로 변모하는 것이다.

이 작품에서 Arlie가 Arlene으로 변모된 후 일을 찾지만 구체적으로 어떤 일을 찾아 생활해 나가는지에 대한 언급은 없다. 다만 이 작품을 제작한 영화에서는 Arlene이 여러 가지 기술이 없기 때문에 직업을 찾는 데 어려움을 겪다가 뜨개질을 가르치는 선생으로 취직이 된다. 뜨개질이 작품 속에 삽입된 것은 실제 Norman이 스웨터를 짜면서 글을 쓰는 작업을 병행하였기 때문에 지극히 자연스러운 일이라고 볼 수 있다. 그녀의 작업하는 모습을 Mel Gussow는 다음과 같이 묘사한다.

동시에 노먼은 개인용 컴퓨터로 모든 작업을 하고 있는데, 이 컴퓨터는 그녀에게 있어서 예술의 동반자이자, 그녀의 희곡작품을 영원히 보존해주는 보관자이다. …… 그녀가 작업 결과에 만족했을 때는 새벽 2시 30분이었다. 프린터가 찌리릭, 찌리릭 소리를 내며 깨끗한 극본을 출력하는 동안 노먼은 뒤로 물러나 앉아 뜨개질감을 들고 요즈음 새로 짜기 시작한 빨간 스웨터를 한 올 한 올 짜 나갔다. 기술적인 것(컴퓨터 작업)과 손으로 짠 수직물(뜨개질)의 병립이야말로 작업하는 이 예술가의 전형적인 모습이다.

At the same time, Miss Norman is committed to her personal computer. It is her companion in art and the keeper of her plays in perpetuity. …… It was 2: 30 in the morning by the time she was satisfied with the result, and as the printer clattered out a clean copy of the play, Miss Norman set back and took up her knitting, adding inches to her new red sweater. The juxtaposition of the technological(personal computer) and the homespun(knitting) is a quintessential picture of this artist at work. (33)

Mel Gussow의 지적처럼 Marsha Norman은 일과 가사를 잘 병행한 작가였다. 그러므로 Marsha Norman은 여주인공 Arlie를 자아를 찾아나가는 과정에서 자신의 일을 중시하고 아들 Joey에 대한 모성이 강한 여성으로 묘사하는 반면에, 자식들을 제대로 보살펴 주지 못하고 택시 기사 일과 매춘을 하는 Arlie의 어머니를 대조적으로 보여주며, 일과 가사라는 문제를 어떻게 풀어가야 하는 것인지를 간접적으로 보여주는 것이다.

결론적으로 목사는 Arlene을 유순하고 모범적인 인물로 변모시키는 데 도움을 주기는 했지만, 그녀가 타인에게 의존하지 않고 자립성이 강한, 완전한 정체성을 지닌 인물로 변모하는 데 도움을 준 것은 아니다. 그러므로 Marsha Norman이 주장하는 독립적인 자아 추구 면에서는 부정적인 역할을 한 인물이라고 볼 수 있다.

세 번째로 등장하는 어머니는 Arlene에게 고통스러운 기억을 상기시켜 주는 역할을 한다. 다음과 같은 무대지문에서 Arlene의 고통이 얼마나 심각한 것인지를 예견할 수 있다.

어머니의 목소리: 알리? 애, 알리야, 거기 있니?
알린은 목욕실에서 걸어 나온다. 그녀는 문을 쳐다보면서 가만히 서 있다. 알리는 동시에 노크소리를 듣고 아파트로 미끄러지듯 들어가서 침대로 간다. 베개를 두 다리 사이에 끼고 알린이 트렁크에서 꺼낸 노란색 장난감 곰을 안고 있다. 노크소리가 점점 커진다.

Mother's voice: Arlie? Arlie girl you in there?
Arlene walks out of the bathroom. She stands still, looking at the door. Arlie hears the knock at the same time and slips into the apartment and over to the bed, putting the pillow between her legs and holding the yellow teddy bear Arlene has unpacked. The knocking gets louder. (14)

이와 같이 Arlene은 그녀의 방문을 반기지 않는다. 또한 Arlie도 노크소리를 듣고 문을 열지 않으며 장난감 곰을 껴안는다. 왜냐하면 그녀는 정서적으로 불안하기 때문이다. 여기서 노크소리는 Arlene에게 과거의 기억을 상기시켜 주는 역할을 한다. 어머니의 목소리는 Arlie의 존재를 상기시키고 Arlie는 어머니에게 다리를 다쳐 일어날 수가 없다고 말하는데 이것은 Arlie에게 아버지로부터 당한 강간에 대한 기억의 실마리를 서서히 제공하는 것이다.

어머니는 택시기사의 제복을 입고 딸의 아파트를 방문한다. 어머니는 가석방된 딸에게 음식을 만들어 주거나 기뻐해주지 않으며, 딸이 어머니를 껴안으려고 하자, 가만히 서 있기만 하는 냉랭한 태도를 보인다. 어머니가 딸을 위해 가져온 것은 오로지 청소 도구뿐인데, 이것은 딸의 죄를 없애려는 일종의 상징적 시도인 것이다. 이러한 모녀 관계에 대해 Helene Keyssar는 다음과 같이 설명한다.

> 알리―알린의 삶에서 해결되지 않는 상징적 감옥 중의 하나는 알린의 출옥 직후 알린을 찾아오는 어머니와의 관계이다. 택시운전수인 어머니는 어색하게 딸을 돌보아 주려고 애쓴다. …… 그녀는 알린의 외모와 행동을 반복하여 비판함으로써 이러한 행동을 부정하고 만다. 어머니는 아직까지 '가증스러운 자식'으로 여기는 딸에 대한 의무감에서 찾아왔던 것이며 알린이 필요로 하는 것―새사람이 되려는 그녀의 몸부림을 지지해주며 포용해주는 것―을 알 수도 없고 그것을 줄 수도 없다.

> One of the unresolved symbolic prisons of Arlie-Arlene's life is her relationship with her mother who visits her shortly after Arlene's prison release. Mother, a cab driver, tries awkwardly to nurture her daughter …… She negates these gestures, however, with repeated criticisms of Arlene's appearance and behaviour. Mother has come out of duty to the

daughter she still sees as a 'hateful brat', and she can neither see nor give
what Arlene needs — an embrace and support for her struggle to change.
(164)

이 상징적 감옥은 모녀가 진실하게 사실대로 대화하는 것이 불가
능하고, 어머니가 감옥에서 가석방되어 온 딸을 받아들이지 못하며,
피상적이고 형식적인 청소를 도와줄 뿐 새사람이 되려는 그녀의 몸
부림을 지지해주지 못하고, 그녀를 이해하지도 못하기 때문에 억압적
인 마음의 감옥으로 존재한다. 더 나아가 어머니는 딸을 가족의 일원
으로 전혀 받아들이려고 하지도 않는다.

어머니가 딸이 아버지로부터 강간당한 사실을 묵인하고 남편과 고
통스러운 삶을 살면서 남편을 옹호하는 입장을 취하는 부정적인 인
물이라는 것은 다음과 같은 모녀의 대화 속에서 알 수 있다.

> 어머니(*트렁크 위에 세탁바구니를 놓는다*): 내가 보기에 하나도 살
> 이 찌지 않은 것 같구나. …… 네 아빠가 말한 것처럼 너를 때려야
> 겠구나. 먹게 하기 위해서 말이야.
> 알리: 엄마, 아무도 제게 그런 짓을 하지 못해요. (*고통스럽게 반항
> 한다*) 안 돼요! 안 돼요!
> 어머니: 너의 아빠는 그래드 비열한 인간은 아니었어.
> 알리: 내 자전거 …… (*재빠르게*) 내 자전거 때문에 내가 다쳤어요.
> 앉은자리에서 부딪쳤어요.
> 어머니: 네가 아플 때 아빠가 너에게 준 그 까만 추잉껌을 기억하니?
> 알린: 나는 아버지가 어머니를 때린 것을 기억해요.
> 어머니: 그래. (*자랑스럽게*) 그리고 아버지는 몇 번이나 정말로 미
> 안해했지. (*벽장 안을 들여다본다*) 굉장히 더럽구나. 저런! (*벽장문
> 을 쾅 닫는다. 알린은 그 소리에 달려든다*) 나는 네게 온갖 것을
> 갖다 주었어. …… 내겐 아이가 여럿 있었지.

Mother(*Putting the laundry basket on the trunk*): Didn't fatten you up none,

I see. ⋯⋯ Shouda beat you like your daddy said. Make you eat.
Arlie: Nobody done this to me, Mama. (*Protesting, in pain*) No! No!
Mother: He weren't a mean man, though, your daddy.
Arlie: Was ⋯⋯ (*Quickly*) my bike. My bike hurt me. The seat bumped me.
Mother: You remember that black chewing gum he got you when you was sick?
Arlene: I remember he beat up on you.
Mother: Yeah, (*Proudly*) and he was real sorry a coupla times. (*Looking in the closet*) Filthy dirty. Hey! (*Slamming the closet door. Arlene jumps at the noise*) I brung you all kinda stuff. ⋯⋯ Some kids I got. (15)

어머니가 가석방되어 사회로 돌아온 딸의 외모를 비난하는데 여기서 Arlene은 자신이 강간당한 사실을 상기하게 된다. 그러나 그녀는 이 사실을 어머니에게 털어놓지 못할 정도로 어머니에 대한 신뢰가 없고 어머니와 진정한 대화를 나누어 본 경험도 없다. 또한 딸이 자전거에 다쳤다고 말했을 때, 어머니는 딸의 상처를 보자고 말하지는 않고, 엉뚱하게 아버지가 딸에게 준 껌을 상기시킨다. 여기서 껌은 아버지가 딸을 통제하는 수단으로 사용되었음을 알 수 있다. 그는 딸의 고통을 껌으로 대체시킨 것이다. 어머니는 딸에게 모든 것을 다 주었다고 말하지만, 어머니는 딸을 아버지로부터 보호하지 못하고 물질적인 것만 딸에게 제공했을 뿐 사랑을 제대로 주지 못했기 때문에 그것은 어머니의 착각에 불과하다.

올바른 어머니의 역할이란 Arlene으로 하여금 감옥에서 느꼈던 소외, 절망감, 굴욕감, 그리고 수치 등을 벗어던지는 데 도움을 주고 격려해주며 가족 일원들과 만나게 해주어서 사랑으로 아픈 상처를 치료받게 해주어야 하는 데 있다. 어머니는 Arlene으로 하여금 우선 그녀 자신의 정체성을 회복하는 데 도움을 주고, 새로운 삶을 살 수 있도록 용기와 자신감을 주어야 한다. 그러나 어머니는 Arlene이 아들 Joey에게 느끼는 모정조차도 차단하는 역할을 한다. 이러한 어머니와는 대조적으로 Arlie가 아들 Joey를 생각하는 모성애가 대단하다는 것을 다음 Arlie의 대사에서 알 수 있다.

> 알리(*감방에서 베개를 들고 노래한다.*): 잘 자라, 자장자장 …… 너 자라서 무엇이 될 거니, 귀여운 아가야? 의사가 될래? …… 의사는 되지 마라. …… 목사가 돼. …… 목사도 되지 마라 …… 학교에 다녀서 좋은 것을 배워라. …… 사람들은 어린아이에게 야비하지. 그러니 너는 여기에 나와 함께 있어야 해. 그래서 어느 누구도 너를 데려가 울리지도, 네게 손가락 하나도 대지 못하게 할 거야. (*악의에 차서*) 나는 똥 쌀 만큼 그들을 패주겠어. 그들이 네 흉만 봐도 난 그들을 죽일 거야.

> Arlene(*In the cell, holding a pillow and singing*): Rock-a-bye baby, …… What you gonna be when you grow up, pretty boy baby? You gonna be a doctor? …… no, don't be no doctor …… be a preacher …… no, don't be no preacher neither …… go to school an learn good …… People is mean to babies, so you stay right here with me so nobody kin git you an make you cry an they lay one finger on you (*Hostile*) an I'll beat the screamin' shit right out of'em. They even blow on you an I'll kill'em. (30)

잔인했던 Arlie도 새로운 생명인 아들을 사랑스럽게 느끼고 보호하려는 마음이 강하다. 그녀는 아들이 태어나기 전에도 자신을 낙태시키려는 사람들로부터 아기를 보호하기 위해 애썼고, 아기의 탄생 후 그들로부터 아기를 빼앗기고 미칠 것 같은 상태로 있다가 감옥에서 나갈 수만 있다면 아기를 찾을 수 있다는 희망으로 감옥 생활을 버텨 나간다. 이 점은 Arlie가 감옥에서 가석방되어 새로운 Arlene으로 변모하려는 가장 중요한 이유 중의 하나라고 할 수 있다.

이와는 달리 딸에 대하여 사랑이 부족한 어머니는 손자 Joey에 대해서도 여전히 애정이 없음을 다음의 대화에서 알 수 있다.

> 어머니: 셜리가 많은 기저귀를 빨고 싶지 않았기 때문이지. 셜리는 내 자식들 중 유일하게 말끔한 아이거든. 어쨌든, 사회교육상담원이 조이를 길러줄 집을 구하게 될 때까지 그 애를 거기다 둔 것뿐이야.
> 알린: 그러나 나는 그 애를 볼 수 있었어요.
> 어머니: 그 애가 가족의 일원이 된다는 것은 문제였어. 그 애는 셜리건 너건, 누구의 말도 들으려고 하지 않았을 거야.
> 알린: 그렇지만 나는 그 애 엄마예요.
> 어머니: 자, 너는 이제 그 애를 걱정할 필요가 없어. 애가 없으면 걱정도 없단다.

> Mother: 'Cause Shirley never was crazy about washin' more diapers. She's the only smart kid I got. Anyway, social worker put him there till she could find him a foster home.
> Arlene: But I couda seen him.
> Mother: Thatta been trouble, him bein' in the family. Kid wouldn't have known who to listen to, Shirley or you.
> Arlene: But I'm his mother.
> Mother: See, now you don't have to be worryin' about him. No kids, no worryin'. (16)

어머니는 할머니로서 Joey를 사랑으로 보살펴 주거나 가족의 일원으로 받아들이지 않고 그를 키워줄 양부모를 구할 때까지 Joey를 Arlie의 자매 Shirley에게 잠깐 맡기는 역할을 했을 뿐이다. 또한 어머니는 Arlene에게 아이가 없으면 걱정도 없다며, 아이를 축복으로 간주하지 않고, 귀찮은 존재, 짐처럼 취급한다. 어머니는 손자를 키워 보지도 않고 그 아이가 누구의 말도 들으려고 하지 않을 것이라고 단정 지어 말하는데, 이것은 그 아이가 전과자인 생모 Arlene을 닮아 제멋대로이기 때문에 통제할 수 없다는 어머니의 속마음을 드러내는 것이다. 손자가 양부모 밑에서 자라도록 매정하게 대하는 어머니의 태도로 Arlene은 새로운 삶을 살아갈 희망마저 잃을 지경에 이른다.

어머니가 손자를 양육할 책임을 회피한 이유는 그녀 스스로 아이에 대한 사랑이 부족하고, 경제적 책임을 담당해야 하는 상황에 처했기 때문이다. 어머니는 남편이 6~7년 동안 택시기사의 일을 하지 못한 실업 상태였기 때문에 남편 대신 택시를 몰았고, 많은 자식을 부양하기 위해서 매춘도 하였다. 어머니는 매춘 행위를 하는 동안 Arlie를 차 안에 둔 적도 있었다. 이러한 부정적인 행동을 한 어머니는 다음과 같이 자기변명에 급급하고 Arlene은 실상을 알면서도 어머니의 말씀을 고분고분하게 받아들인다.

> 어머니(*일어선다*): 너 내가 내 자식을 그렇게 쓰레기 같은 곳에 데려갈 수 있다고 생각하니?
> 알린: 어머니께서는 들어가셨어요.
> 어머니: 그곳에는 전혀 해되는 일이 없었어. (*살충약을 찾기 위해 저쪽으로 걸어간다*.) 너도 알겠지만 내가 그렇게 형편없는 사람은 아니었거든.
> 알린: 어머니는 예뻤어요.
> 어머니(*바닥에 살충약을 뿌리기 시작한다*.): 너도 더 좋게 보일 수 있어. 머리 좀 어떻게 해보아라. 네가 좀 더 멋지게 보였다면 그렇게 많은 어려움을 겪지는 않았을 거라고 나는 늘 생각했지.

> Mother(*Standing up*): Think I'd take a child of mine into a dump like that?
> Arlene: You went in.

Mother: Weren't no harm in it. (*Walking over for the bug spray*) I didn't always look so bad, you know.
Arlene: You was pretty.
Mother(*Begging to spray the floor*): You could look better'n you do. Do somethin' with your hair. I always thought if you'd looked better you wouldn't have got in so much trouble. (18)

어머니는 이와 같이 자신의 매춘을 속이고 딸에게 겉치장을 멋있게 하라고 충고한다. 어머니의 의식 속에는 남자의 마음에 들기 위해 여성은 치장을 해야 한다는 사고방식이 뿌리박혀 있는데 이것은 어머니가 가부장제 사회의 지배와 통제를 무의식적으로 수용하고 있음을 드러내 주는 것이다. 이러한 어머니의 사고방식은 딸이 외모 콤플렉스에 빠지도록 분위기를 조장하고 있는 것이다. 어머니는 인격적인 함양에 도움이 되게 딸을 교육시키는 것이 아니라, 외양적인 아름다움만을 강조하는 것이다.

외모 콤플렉스를 무의식적으로 수용한 Arlene은 어머니가 안 계신 동안 더 낫게 보이려고 립스틱과 거울을 꺼내 자신을 들여다보며, 자신이 말랐고 자신의 머리카락이 가늘다고 낙담한다. 결국 어머니는 딸에게 실망감만을 주었을 뿐이다.

어머니가 외모 콤플렉스를 조장하기 때문에 딸은 의욕을 상실하고 만다. 구체적으로 Arlene이 일자리에 관해 이야기할 때, 어머니는 요리사 일을 하겠다는 딸의 말을 듣더니 비웃고 어린 시절 딸이 아버지에게 심한 장난을 해서 그 일로 아버지로부터 많이 맞았던 일을 상기시킨다. Arlie는 아버지의 폭력에 고통스러워했을 뿐만 아니라 아버지가 어머니를 때린 것을 성인이 되어서도 기억할 정도이다. 그녀는 일방적으로 아버지에게 맞았을 뿐 대항하지도 못했기 때문에 아버지에 대한 적개심이 강하다.

Arlene은 자신에게 용기와 격려를 주지 않고 과거의 고통스러운 기억을 상기시키는 어머니임에도 불구하고 과거에 어머니를 옹호했던 사실을 기억한다.

알리(*더 화가 난다*): 어머니는 밤에 운전하셔. 왜냐면 사람들이 차가 필요하기 때문이지. 사람들은 아픈 친구들을 보러 가지, 아니면 차는 고장이 났고 일터로 가야 되는데 …… 어느 누구도 나의 엄마를 매춘부라고 부르진 못해!

Arlie(*More angry*): She drives at night 'cause people needs rides at night. People goin' to see their friends that are sick, or people's cars broken down an they gotta get to work at the …… Nobody calls my mama a whore! (20)

Arlie는 어머니를 변호하며 다른 사람이 어머니를 나쁘게 이야기하는 것을 용납 못한다. 그녀가 매춘을 하는 어머니가 죽어 가고 있다고 동정심을 보이는 데 반해서 어머니는 자식들이 모두 문제아라며 다음과 같이 한탄을 한다.

어머니: 언제부터? (*알린은 뒤로 물러난다*) 나는 미움에 차 있지 않은데 어떻게 그렇게 미움에 찬 자식들을 많이 갖게 되었을까? (*더욱 열심히 쓴다*) 말 못하는 불쌍한 패트, 가발을 훔쳤지. 태어난 날부터 괴롭히는 캔디, 늙은 맥을 식료품점에서 때려눕힌 피트, 걸스카우트의 과자처럼 마약을 파는 준, 그리고 너 …… 그 전부를 기억할 수 없는 것을 하나님께 감사해.

Mother: Since when? (*Arlene backs off*) I ain't hateful, how come I got so many hateful kids? (*Sweeping harder now*) People dumb-as-hell Pat, stealin' them wigs, Candy screwin' since day one, Pete cuttin' up ol' Mac down

at the grocery, June sellin' dope like it was Girl Scout cookies, and you
······ thank God I can't remember it all (20)

어머니는 자식들에게 충분한 사랑을 베풀지도 않으면서 자식들이 미움에 차 있다고 한탄하며, 자식의 이름을 다 기억하지 못할 정도로 무관심하다. 또한 어머니는 자식들이 모두 문제아이고, 소년원 아이들에게 필요한 것은 훈련과 힘든 일이라고 설교한다. 소년원 아이들에게 필요한 것은 지속적인 관심과 사랑인데, 어머니는 그 점을 깨닫지 못하고 아이들에게 훈련과 힘든 일이 필요하다고 주장하는 무지한 인물이다. 이와 같이 무지한 어머니에 대해 화도 나지만 동정심도 생기는 이유는 위에서 살펴본 바와 같이 신체적으로 이상이 있거나 사회에서 문제를 일으키는 불량한 자식들 때문에 그녀가 고통스러운 삶을 영위해 왔기 때문이다.

이와 같은 상황에 처한 어머니는 자식에 대한 믿음도 없다. 어머니는 Bennie가 아파트에 두고 간 모자를 보고 자신의 딸을 창녀로 간주하여 버린다.

> 어머니: 이거 누구 모자니? 어서 얘기해라. 이거 누구 모자지?
> 알린: 베니의 것이에요.
> 어머니: 베니가 누구냐?
> 알린: 파인리지에서부터 나를 차로 데려다 준 사람이에요. 교도관이지요.
> 어머니: ······ 너 그 빌어먹을 교도관과 배가 맞았구나! ······
> 알린: 그는 단지 여기까지 나를 데려다 주었을 뿐이에요. 그게 전부예요.
> ······
> 어머니: 그러면 너는 그에게 어떻게 갚을 거니? 응? 말해 보아라.
> 알린: 나는 더 이상 그런 짓은 안 할 거예요.

어머니: 그래, 너는 하지 않을 테지. 나는 네 엄마다. 나는 네가 무
슨 일을 할지 안다.
알린: 하지 않을 거라고 말했어요.

Mother: Whose hat is this? You tell me right now, whose hat is this?
Arlene: It's Bennie's.
Mother: And who's Bennie?
Arlene: Guy drove me home from Pine Ridge. A guard.
Mother: …… You been screwin' a goddamn guard. ……
Arlene: He's jus' drove me up here, that's all.
……
Mother: And how're you gonna pay him? Huh? Tell me that.
Arlene: I ain't like that no more.
Mother: Oh you ain't. I'm your mother. I know what you'll do.
Arlene: I tell you I ain't. (23-24)

이와 같이 어머니는 앞으로 벌어질 일에 대해 다 아는 듯이 딸이
매춘할 것이라고 확신하고 진실을 말하는 딸을 무시해 버린다. Arlene
이 Bennie가 남자 친구가 아니라고 말하자, 어머니는 딸이 거짓말을
한다고 다그치며 다음과 같이 딸에 대한 불신을 나타낸다.

어머니: 너는 고맙다는 말도 없이 내 침대 시트를 가졌어. 아무 일
도 없었다는 듯이 너는 소고기볶음 요리를 얻으러 우리 집에 오겠
다고 슬그머니 암시를 했어. 그리고는 네 침대 밑에 망할 놈의 그
교도관 녀석을 줄곧 감추고 있었지. (분노한다.) 그렇지?
……
어머니: 넌 내 도움이 더 필요하지 않을 거야.
……
어머니: …… 여태껏 네가 일을 저지르면 널 빼내준 게 바로 나야.
나는 너에게 찻주전자를 갖다 주었어. 네가 사는 곳도 닦아주고,
나에게 말할 때는 그런 것들을 기억해라.
……
어머니: …… 너는 조금도 변하지 않았구나.

알린: 여전히 미운 새끼죠, 그렇죠?
어머니: …… 이전과 같은 미운 새끼라고. 옳아.
알린(*어머니에게 달려간다.*): 엄마 ……
어머니: 나를 건드리지 마라.

Mother: You took my spread without even sayin' thank you. You're hintin' at comin' to my house for pot roast just like nuthin' ever happened, an all the time you're hidin' a goddamn guard under your bed. (*Furious*) Uh-huh.
……
Mother: You ain't got no need for me.
……
Mother: …… I'm the one took you back after all you done them years. I brung you that teapot. I scrubbed your place. You remember that when you talk to me.
……
Mother: …… You ain't changed a bit.
Arlene: Same hateful brat, right?
Mother: …… Same hateful brat. Right.
Arlene(*Rushing toward her*): Mama ……
Mother: Don't you touch me. (24-25)

어머니는 계속해서 딸과 Bennie의 관계를 의심하고, 화를 내며, 딸이 자신의 도움을 필요로 하지 않을 거라고 단정 지으면서 자신이 딸에게 해준 피상적인 일만 나열한다. 또한 어머니는 새롭게 변모한 Arlene을 인정하려고 하지 않으며, 그녀를 미운 오리새끼 취급을 한다. 이와 같이 어머니에게 제대로 평가받지 못하는 Arlene은 어머니에게 사랑받고 인정받고 싶어서 어머니에게로 다가가지만, 어머니는 자신을 만지지도 말라며 딸을 거부한다. 한마디로 Arlene은 사랑에 굶주린 인물이고, 어머니는 딸에게 최소한의 사랑조차 베풀지 않는 매정한 인물이라고 할 수 있다.

어머니가 떠난 뒤 Arlene은 소년 죄수인 Ronnie와의 사건을 상기하는데, 그것은 소년원에서 Ronnie가 Arlie에게 남자 친구가 생겼다고 놀리면서 Arlie의 목걸이를 가지고 도망치다가 자신의 바지 밑으로 목걸이를 떨어뜨리자 그녀가 그를 공격한 사건이다. 당시 Arlie가 Ronnie를 죽이고 싶은 욕망을 가졌듯이 현재의 Arlene도 어머니를 죽이고 싶은 충동을 느낀다.

> 알린(*냉정하게, 악의에 차서*): 안 돼, 알리. 어머니를 건드리지 마. 너는 엄마의 목을 자를지도 모르니까.

> Arlene(*Cold and hostile*): No, don't touch Mama, Arlie. 'Cause you might slit Mama's throat. (25)

Arlene이 극도로 화가 나서 어머니를 죽이고 싶은 충동을 가지게 된 것은 자신을 믿지 않는다는 것에 대하여 배반감과 실망감을 느꼈기 때문이다. 이 단계에서 Arlene의 마음속에는 여전히 과거의 자아 Arlie가 살아 있어서 그녀는 어머니를 죽이고 싶을 정도로 미워한다. Linda Ginter Brown이 논평한 바와 같이 우리는 이러한 모녀관계를 가부장적 가족 구조의 희생물로 볼 수 있다.

> 우리는 어머니와 딸 두 사람 모두 어머니에게 양육자라는 주요한 역할을 제공하는 가부장적 가족 구조의 희생자로서 볼 수 있다. 왜냐하면 사회가 어머니에게 아이의 양육에 대하여 혼자만의 책임을 부여하기 때문에, 어머니는 아이의 마음속에서 전능한 존재가 된다. 만일 어머니가 그렇게 강력하다면 어머니가 중재하여 아버지 / 범죄자와의 근친상간적 폭력을 멈추게 해야 한다고 아이는 논리적으로 생각해본다.

We can see both mother and daughter as victims of a patriarchal family
structure which gives the primary role of nurturer to the mother. Because
society gives her the sole responsibility of child-rearing, she becomes all
powerful in the child's mind. If she is so powerful, a child's reasoning says
she ought to be able to intervene and stop the incestuous assaults from
the father /perpetrator. (71)

Arlie의 어머니는 실업자인 남편 대신 경제적 책임을 지고 일을 하
는 바람에 제대로 자식을 양육하지 못하며, Arlie가 학교에서 문제를
일으키거나 소년원에 들어가면, 아버지가 문제를 해결하는 것이 아니
라 어머니가 피상적으로 해결한다. 또한 어머니는 딸을 아버지나 그
이외의 남성들의 폭력과 성적 착취로부터 보호해주지 못하고 오히려
자신의 남편을 옹호하기 때문에 딸 Arlie는 여러 범죄를 저질러 가부
장제 사회에 도전하고 복수하는 것이다. Arlie의 행동이 올바른 것은
아니지만 그녀의 잘못된 행동에 원인을 제공해준 남성들이 지탄을
받거나 처벌받지 않았기 때문에 그녀는 가부장제 사회의 희생양이라
고 볼 수 있다.

Morgan이 가부장제 사회가 어떻게 발달되었는지에 대해 '고대 사
회'에서 밝혔는데 그것은 다음과 같이 요약될 수 있다. 가부장제란
'아버지만의 지배'라는 헬라어에 어원을 두고 있고, 구체적으로 계급
을 초월한 남성, 그중에서도 연장자의 지배 체제라고 할 수 있으며,
가족은 무차별 성교의 원시 상태에서 푸날루아 가족(Punaluan Family)[6]
형태로 모계만 인정되었다. 그 후 한 남자와 한 여자가 사는 대우혼
가족의 단계로 발달하였는데, 남자의 외도는 남성의 권리로 인정되고

---

6) Punaluan Family는 친밀한 동반자 혹은 배우자의 의미로 다수의 친자매 혹은 방계 자매들이 남편을 공유
   하는 형태(재인용 여성을 위한 모임 209).

여성의 외도는 엄격히 통제되었다. 그 후 동물을 사육하면서 식량을 얻고, 생산력의 발달로 생긴 잉여 생산은 사유재산을 축척하는 계기가 되어, 부를 소유한 남성은 자신의 부를 상속할 확실한 자식을 원하게 되었는데 이러한 욕망이 부권의 기초가 되어 강력한 가부장제가 발달되었고 성별에 따른 역할 분담이 이루어져 남녀차별이 생겨났다. 또한 그 당시에는 부족 간에 전쟁이 많았고 전쟁은 많은 남자를 필요로 하기 때문에 여자보다 남자가 더 가치 있다고 여기게 되었다(여성을 위한 모임 208-209).

이러한 경향은 인간으로 하여금 사회에서의 역할을 남성이 담당해야 하고 가정에서의 역할을 여성이 담당해야 한다는 상식을 만들어서 남성은 여성을 보살펴 주고 이끌어 주며 여성은 남성에게 복종해야 한다는 지배와 종속의 관계를 만들어낸 것이다.

우리는 이러한 경향을 보면서 남성을 중시하는 풍조가 현재까지 뿌리박혀 내려옴을 느낄 수 있고, 이러한 풍조가 *Getting Out*에서 여전히 자리 잡고 있음을 알 수 있다. 이 작품에서 Arlie의 어머니도 매춘을 하였고, Arlie 또한 아버지로부터 당한 일종의 폭력－근친상간으로 매춘과 범죄를 저지르게 되었으며, Arlie는 아버지로부터, Arlie의 어머니는 남편으로부터 구타를 당해 왔지만, 이 모녀는 저항조차 하지 않고 살아왔다. 또한 Arlie의 어머니는 자식을 전혀 책임지지 않고 가족에게 폭력을 행사해 온 남편을 끝까지 옹호하는 입장을 취하는데, 이것은 남성을 중시하는 지배적인 사고에 기인한다.

어머니는 Ruddick이 주장하는 보호적 사랑(preservative love)과 주의 깊은 사랑(attentive love)에 실패한 인물이라고 할 수 있다. 여기서 보호적 사랑이란 자기가 낳은 존재나 책임져야 할 생명을 보호하기 위하여 헌신하며, 그의 생존 기회를 증진시키려는 행동이다. 보호적 사랑은 어머니의 느낌이 긍정적인가 부정적인가라는 두 가지 면보다는 아이에 대한 의무와 헌신 그리고 아이와의 일체감과 더 관련이 있다. 반면에 주의 깊은 사랑은 아이가 무엇을 경험하고 있으며 성장을 촉진하는 최상의 도움은 무엇인지를 이해하려고 인내하는 감정이입적 사랑이다. 이 주의 깊은 사랑은 자세히 지켜보는 것을 요구하지만 지나치게 가까이 있어서는 안 된다. 여기서 이상적인 어머니란 보호적 사랑과 주의 깊은 사랑을 잘 조정하도록 노력하는 인물이라고 할 수 있다(최연실 외 134-136).

Ruddick의 견해에 따르면, Arlene의 어머니는 외부의 위험으로부터 딸을 보호해주지도 못하고 딸에 대한 강한 애착도, 주의 깊게 지켜보는 사랑도 없기 때문에 딸의 육체적·정신적 성장에 도움을 주지 못하는 인물에 불과하다.

네 번째 등장하는 인물은 Carl이다. 그는 20대 후반의 남자 친구로 여러 가지 범죄를 Arlie와 함께 저지른 공범으로, 그녀가 낳은 아들 Joey의 아버지이기도 하다. 그는 과거를 잊고 자신의 일을 가지며 살겠다는 Arlene을 비웃고 같이 일하자고 제안한다.

> 칼(*욕실 문을 통해 그녀가 들을 수 있도록 충분히 큰 소리로 말한다*): 시간이 없어. (*그녀의 지갑을 열고는 트렁크를 뒤적인다*) 내일이라고 말하러 왔어. 우리는 뉴욕의 거리에 발을 내딛기로 했어. (*그녀가 기뻐할 것처럼*) 더 이상 이 바보같이 쓸모없는 남부 녀석들과는 놀지 않을 거야. 우리는 대도시로 갈 거야, 예쁜이. 너에게 빨간 전등갓과 빨간색 짧은 속옷을 몇 벌 사줄 거야. 그러면 우리가 시내에서 히트치기 전에 단골들이 죽 늘어설 거야. 하룻밤에 네 남자와 상대하면 돼. 어떻게 생각해?

Carl(*Talking loud enough for her to hear him through the door*): Ain't got the time. (*Opens her purse, then searches the trunk*) Jus' come by to tell you it's tomorrow. We be takin' our feet to the New York street. (*As though she will be pleased*) No more fuckin' around with these jiveass southern turkeys. We're goin' to the big city, baby. Get you some red shades and some red shorts an' the johns be linin' up fore we hit down. Four tricks a night. How's that sound? (26)

그는 그녀에게 매춘에 필요한 빨간 전등갓과 빨간색 속옷을 사주겠다고 유혹한다. 그러나 그녀는 일을 할 것이라며 그의 유혹을 단호하게 거절한다.

알린(*계략이 있는 것처럼 지적한다.*): 칼! 나는 그 멋쟁이와 가지 않을 거예요. 그가 무서워요.
칼: 거기에 가면 단골손님들의 돈을 모을 수 있기 때문이지. 그게 이유지.
알리: 나는 이제 포주가 필요하지 않아요.
알린(*매우 강하게*): 나는 일을 할 거예요.
……
알리: 당신은 늘 나를 그 허튼소리 하는 늙은이들에게 보냈어요.
칼: 이봐, 너는 두 가지 일을 할 수 있어.
……
알리: 그들은 나를 침대로 데려가려고 해요.
알린: 진짜 일 말이에요.

Arlene(Pointing as if there is a trick waiting): Carl, I ain't goin' with that dude, he's weird.
Carl: 'Cause we gotta go collect the johns' money, that's "how come"
Arlie: I don't need you pimpin' for me.
Arlene(*Very strong*): I'm gonna work.
……
Arlie: You always sendin' me to them ol' droolers ……
Carl: You kin do two things, girl

......
Arlie: They tyin' me to the bed!
Arlene: I mean real work. (27)

　Arlene이 원하는 일은 강도, 매춘 등과 같은 나쁜 일이 아니라 진정으로 땀을 흘려 정당한 대가를 받을 수 있는 일이다. 일에 대한 이와 같은 견해는 여주인공 자신의 자아를 추구하는 과정에서 자아실현을 위한 하나의 방법이라고 할 수 있다. 그녀의 일을 인정하지 않는 Carl은 Arlene을 성적 대상으로 보는 Bennie보다도 더 악한 인물이라고 할 수 있는데, 그 이유는 그가 그녀를 매춘부로 다시 전락시켜 돈을 벌려는 속셈을 가지고 있기 때문이다. 그는 Arlene과 대화하면서 그녀에게 매춘으로 모욕감을 느끼며 거의 죽을 뻔했던 과거의 기억을 상기시킨다. 또한 그는 과거의 Arlie의 죄를 들춰내서 자신이 포주였던 시절 Arlie를 쉽게 통제하고 조정했던 것처럼 현재 변모한 Arlene도 다시 지배할 수 있다는 의도를 보인다.

칼: 너 잊고 있구나. 우리는 그 모든 것을 오락실에서 텔레비전으로 보았어. 레이크우드인지 하는 데서 너 탈옥했지. 마비 상태의 발작을 일으킨 것으로 위장하고 넌 그 교도관을 그의 열쇠고리로 반쯤 죽을 지경으로 때렸지. 와! 그리고는 넌 계속 흥청댔지. ...... 현금을 얻기 위해 그 주유소에 멈추어서는 펌프로 휘발유를 넣는 그 늙은 놈을 납치하려고 했지.
알리: 그래.
칼: 그리고 택시운전사가 욕실에서 나와 너에게 못된 짓을 하고자 할 때 그의 권총으로 그를 쏘았지. (*상상으로 권총을 발사한다.*) 이봐, 그건 잘한 일이었어. (*그녀에게 가서 팔로 그녀를 에워싼다.*)
알린: 그 권총 ...... 그것이 폭발했어요, 칼.
칼(*그의 애정을 더욱 강하게 느끼며*): 그게 바로 권총이 하는 일이지. 아가씨, 폭발한다고.

Carl: You forget, we seen it all on TV in the day room, you bustin' outta Lakewood like that. Fakin' that palsy fit, then beatin' that guard half to death with his own key ring. Whoo-ee! Then that spree you went on …… stoppin' at that fillin' station for some cash, then kidnappin' the old dude pumpin' the gas.
Arlene: Yeah.
Carl: Then that cab driver comes outta the bathroom an tries to mess with you and you shoots him with his own piece. (*Fires an imaginary pistol*) That there's nice work, mama. (*Going over to her, putting his arms around her*)
Arlene: That gun …… it went off, Carl.
Carl(*Getting more determined with his affection*): That's what guns do, doll. They go off. (27-28)

　이들의 대화 속에서 Arlie의 죄명을 알 수 있고, Arlie가 타인－남성 때문에 우발적으로 살인을 저질렀다는 것을 알 수 있다. 그녀는 아버지에게 당한 강간의 경험 때문에 자신을 강간하려는 택시운전사를 총으로 쏜 것이다. Carl은 그녀의 범행을 비난하지 않고 잘한 일이라고 말하는데 그 이유는 그가 그녀가 범죄자였음을 상기시켜 그녀를 매춘 사업에 이용하려는 속셈을 가지고 있기 때문이다. 그녀에게 남성은 따뜻한 사랑을 주는 대상이 아니라, 그녀 자신을 성적 욕망의 대상으로만 간주하는 악한에 불과하다.

　이와 같은 속셈을 지닌 Carl은 2막에서 Arlene의 아파트를 다시 방문하여 대도시로 가서 매춘을 하자고 Arlene을 설득한다.

　칼: 하룻밤도 안 걸리지. 아마 두 시간 정도. 자, 똑같이 염병할 75불 지폐야. 넌 그 돈을 벌기 위해 일주일 내내, 혹은 두 시간 일할 수 있어. 네가 날 위해 하룻밤에 두 시간 일하면 일주일에 얼마나 벌지? …… 75 곱하기 2는 150이지. 150 곱하기 3은 450. 너 여기서

는 일주일에 75불 벌지. 나랑 가면 일주일에 450불 벌어. 자, 알리, 450불은 75불보다 큰돈이야. 너 여기서 하루에 8시간 일하면 두 손은 쭈글쭈글해지고 발은 통통 부어. …… 너랑 나랑 집에 가서 하룻밤 두 시간 일하면 아침 내내 자고 낮에는 속눈썹도 사고 향수도 발라볼 수 있어. 집에 가자. 그러면 어떤 녀석이 문을 열면서 네게 "안녕하세요, 홀즈클로 양. 지금 멋진 밤이지 않소?"라고 말할 거야.

Carl: Less than a night. Two hours maybe. Now, it's the same fuckin' seventy-five bills. You can either work all week for it or make it in two hours. You work two hours a night for me an how much you got in a week? …… Two seventy-five's is a hundred and fifty. Three hundred-and-fifties is four hundred and fifty. You stay here you git seventy-five a week. You come with me an you git four hundred and fifty a week. Now, four hundred and fifty, Arlie, is more than seventy-five. You stay here you gotta work eight hours a day and your hands git wrinkled and your feet swell up. …… You come home with me you work two hours a night an you kin sleep all mornin' an spend the day buyin' eyelashes and tryin' out perfume. Come home, have some guy openin' the door for you sayin', "Good evenin', Miss Holsclaw, nice night now ain't it?" (48-49)

Carl은 Arlene에게 매춘을 하면 적은 시간에 많은 돈을 벌 수 있다고 계산까지 하면서 설득한다. 그는 Arlene이 접시닦이를 1주일 정도 하면 75불 정도만 벌 수 있다며 일의 보람이나 가치를 중시해서 말하는 것이 아니라 오로지 돈의 양만 따진다. 그러나 Arlene은 올바르지 않은 방법으로 돈을 벌고 싶지 않다며 거절한다. 2막에서 Arlene은 자신의 일을 중시하며, 부정적인 방법으로 돈 버는 것을 거절할 수 있을 정도로 새로운 정체성을 가진 인물로 변하게 되는 것이다.

Carl이 Arlene의 새로운 정체성 추구를 방해하는 부정적인 인물인 반면에 Ruby는 Arlene을 Carl로부터 보호해주고 그녀로 하여금 새로운 정체성을 찾을 수 있도록 도와주는 역할을 한다.

다섯 번째로 등장하는 Ruby는 Arlene의 정체성 추구 과정에서 가장 큰 역할을 담당한다고 할 수 있다. Ruby는 과거에 범죄자였으나 현재는 식당차의 요리사로 열심히 살아나가는 인물이다. Ruby는 Arlene이 거주하는 아파트 위층에 사는 이웃으로서 그녀와 인사를 하고 대화를 나눈다. 그녀는 Arlene에게 자신의 전화를 사용하라는 호의를 베풀며 Arlene의 자매인 Candy에 대한 이야기를 한다. 대화 중에 Arlene은 자신이 살인자였다는 말을 하게 되는데 이때 Ruby는 이 세상에는 Arlene보다 더 나쁜 여자들도 있다고 위로의 말을 해준다.

> 알린: 내가 살인자였다고 말했나요?
> 루비: 이 세상의 가장 비열하고 음란한 여자보다 더하다고 했지.
> 난 너보다 더 나쁜 여자들을 많이 봤어.
> ……
> 루비: 자, 넌 이제 극복했어. 감옥에서 나왔으니, 넌…….
> 알린: 당신은 날 시작하게 할 수 없어요.
> 루비(*그녀의 어조를 깨닫고*): 옳아, 미안하군.
> 알린: 괜찮아요.
> 루비: 전과자가 제일 나빠. 미안해.
>
> Arlene: She tell you I was a killer?
> Ruby: More like the meanest bitch that ever walked. I seen lots worse than you.
> ……
> Ruby: Well, you jus' gotta git over it. Bein' out, you gotta—
> Arlene: Don't you start in on me.
> Ruby(*Realizing her tone*): Right, sorry.
> Arlene: It's okay.
> Ruby: Ex-cons is the worst. I'm sorry. (41-42)

Ruby가 Arlene의 출옥에 대하여 긍정적인 태도를 보이지만, Arlene

자신은 전과자로서 새로운 인생을 다시 시작할 수 없다고 비관한다. Ruby는 Arlene에게 그녀의 아픈 과거를 상기시킨 점에 대해 사과할 정도로 이해심이 깊은 인물이다.

Ruby는 자신이 하고 있는 일에 대해 다음과 같이 이야기한다.

> 루비: 난 기름의 여왕이지. 가장 맛좋은 프렌치프라이를 만들지.
> 알린: 돈 많이 버셨나요?
> 루비: 돈 버는 방법은 확실히 알지. 난 돈 벌려고 감옥으로 다시는 가지 않을 거야. 말하자면 감옥 안에서 먹기보다 밖에서 요리하는 것이 낫다는 거지.
>
> Ruby: I am the Queen of Grease. Make the finest french fries you ever did see.
> Arlene: You make a lot of money?
> Ruby: I sure know how to. But I ain't about to go back inside for doin'it. Cookin' out's better'n eatin'in, I say. (42)

Ruby의 직업은 요리사인데, 그녀는 자신을 기름의 여왕이라고 말할 정도로 현재 직업에 대단한 자부심을 가지고 있다. 또한 그녀는 다시는 죄를 범하지 않겠다는 결심을 말하기도 한다.

Ruby는 Arlene의 싱크대 수리를 도와주려고 하며, 그녀에게 접시 닦는 일을 해보겠느냐는 제안도 한다. 그러나 Arlene은 타자나 키펀치와 같은 전문적인 능력도 없으면서 급료를 많이 주는 직장을 원하고, Ruby는 전문적인 능력이 없는 전과자들은 보통 요리사 일이나 청소 일을 한다며 Arlene에게 접시닦이를 구하는 집의 전화번호를 적극적으로 알려 주고 Arlene이 혼자 설 수 있도록 도와준다. 이러한 도움을 방해하는 것은 Carl의 방문이다. 그가 Arlene에게 계속 같이 가자고 유혹하자, Ruby는 Arlene 옆에서 그녀를 지켜 준다. Carl이 떠나고 Arlie는 그녀의 기억 속에 잠깐 스치는 성경 구절을 읽는다.

> 알리(*작은 성경책을 읽는다. 아니, 읽으려고 애쓴다.*): 왜냐하면 하나님이 그의 성자들을 저버리지 않기 때문이니라. 그러나 악의 씨는 죽게 하리라.

> Arlie(*Reading, or trying to, from a small Testament*): For the Lord forsaketh not his saints, but the seed of the wicked shall be cut off. (50)

그녀는 고통에서 벗어나려고 감옥에서 성경을 읽으면서 위안을 얻었는데, 이것은 Marsha Norman의 견해를 반영한 것이다. 그녀는 기독교 집안 출신으로 그녀의 집안에서 가장 중히 여기는 책이 성경이기 때문이다. 성경에 나오는 악의 씨로부터 Arlene을 구해주는 역할은 Ruby가 한다. Arlene이 누구든 믿을 수 없다면서 Carl에 대해서 이야기하자, Ruby는 그가 이야기했을 것을 예상해서 답변해 버린다. Ruby는 Arlene이 어디를 가고 무엇을 먹을 것인지에 대한 결정을 할 수 있는 기회를 Arlene에게 알려 주는 반면에 Arlene은 자신이 아무 일도 할 수 없다면서 자신의 무능력을 비관한다.

> 루비: 넌 언제나 아프다고 전화하고 …… 집에 있을 수 있어. 피자를 시켜 먹고 텔레비전에서 조니 카슨 쇼를 보거나 …… 또는 프레스턴 거리로 버스를 타고 가서 볼링을 할 수도 있지.
> 알린(*점점 화가 나서*): 내가 무슨 일을 할 거냐고요? 제가 할 줄 아는 일이 없어서 봉급이 괜찮은 곳에서 일할 수 없겠지요. …… 그게 어떤 종류의 삶이죠?
> 루비: 그건 밖에 있지.

Ruby: You kin always call in sick ⋯⋯ stay home, send out for pizza an watch your Johnny Carson on TV ⋯⋯ or git a bus way out Preston Street an go bowlin'.
Arlene(*Anger building*): What am I gonna do? I can't git no work that will pay good 'cause I can't do nuthin'. ⋯⋯ What kind of life is that?
Ruby: It's outside. (51)

Arlene은 자신이 능력이 없어서 월급이 좋은 곳에서 일할 수 없으며, 남의 집에 식사 초대도 받지 못할 것이고, 무엇이든지 할 수 없다고 비관한다. 반면에 Ruby는 'outside'를 강조하는데, 이것은 감옥 밖의 생활을 상징한다. Ruby는 자유가 있는 밖의 생활, 즉 새로운 삶을 어떻게 살아야 하는지에 대하여 Arlene에게 소박하게 충고한다. Arlene이 계속해서 비관하며 '빈민굴'이라는 말을 발설하게 되자 Ruby는 정신적 타격을 받으며 말한다.

루비(*'빈민굴'이라는 말에 크게 타격을 받는다*): 저, 넌 네 '빈민굴' 집세를 내기 위해 접시닦이를 할 수도 있고, 또 10불짜리 침대 시트를 사기 위해 네 다리를 벌릴 수도 있어.
알린(*적의 없이*): 제가 당신을 들먹거릴 필요는 없겠죠.
루비: 그리고 난 빈민굴에 살지는 않아.
알린(*루비가 상처받았다는 것을 느끼고*): 저, 제가 잘못했어요. 전 그저 ⋯⋯ 제 생각은 ⋯⋯ (*점점 더 당황한다.*)
루비(*알린의 말을 끝맺는다.*): ⋯⋯ 달라질 거야. 저, 그렇지는 않을 거야. 그리고 네가 그걸 더 빨리 믿으면 믿을수록 넌 더 나아질 거야.

Ruby(*Word 'slum' hits hard*): Well, you can wash dishes to pay the rent on your 'slum', or you can spread your legs for any shit that's got the ten dollars.
Arlene(*Not hostile*): I don't need you agitatin' me.
Ruby: An I don't live in no slum.
Arlene(*Sensing Ruby's hurt*): Well, I'm sorry ⋯⋯ it's just ⋯⋯ I thought

...... (*Increasingly upset*)

Ruby(*Finishing her sentence*): ...... it was gonna be different. Well, it ain't. And the sooner you believe it, the better off you'll be. (52)

Ruby는 자신이 빈민굴에 살고 있지 않다고 주장하며, Arlene에게 적은 월급이지만 정당한 일을 가지면, 생활이 나아질 것이라는 희망을 준다. 이 단계에서 Arlene은 타인에게 자신이 상처를 준 것을 사과할 수 있을 정도로 자신의 잘못을 빨리 인정한다. Helene Keyssar는 Ruby의 역할에 대해 다음과 같이 언급한다.

> 루비는 남성들이 사용하는 모든 술수들을 알고 그들의 유혹으로부터 알린-알리를 보호한다. 이와 똑같이 중요한 점은 루비가 외로움의 공포와 천한 직업에서 오는 좌절을 안다는 것이다. 그녀는 가진 기술이나 자산이 별로 없으면서도 살아남아서 남에게 보답으로 후원할 수 있는 여성의 긍정적인 모델 역할을 한다.

> Ruby knows all the line men use and protects Arlene-Arlie from their seduction. Equally important, Ruby knows the terror of solitude and the frustration of menial jobs: she serves as a positive model of a woman with few skills or resources who can survive and offer support to another with recompense. (164)

Arlene과 Ruby의 관계에는 믿음이 서서히 존재하게 되는데 이에 대해 Leslie Kane은 다음과 같이 언급한다.

> 루비는 알린이 생존해 갈 수 있는 그녀 자신의 길을 발견하는 데 도움이 될 만한 우정과 행동의 본보기를 제공한다. 비록 알린이 아직 자유에 대한 그녀의 환상을 포기할 준비가 되어 있지 않을지라도, 루비는 그녀에게 이 위기를 헤쳐 나갈 수 있는 충고를 한다. 알린이 '밖에' 있게 될 것이 얼마나 어려운가를 더 빨리 받아들이면

들일수록 그녀는 더욱더 나은 상태가 될 것이다. 노먼의 극들에서 나오는 많은 고백 중 첫째인 이러한 확신은 두 여인 간의 신뢰를 확립해준다.

Ruby offers friendship and an example of behavior that may help Arlene find her own path to survival. Although Arlene is not yet ready to relinquish her illusions about freedom, Ruby gives her the advice that may pull her through this crisis: the sooner Arlene accepts how difficult it will be to be 'outside', the better off she will be. This confidence, the first of many confessions in Norman's plays, establishes trust between two women. (261)

Ruby는 Arlene으로 하여금 자신의 길을 찾을 수 있도록 도움이 될 만한 우정과 행동의 본보기를 제공한다. 그녀는 마치 언니처럼 Arlene 에게 진심 어린 충고를 해주고, Arlene은 Ruby를 언니처럼 편안하게 느끼고 자매애를 느껴 마침내는 자신의 가슴 아픈 과거를 다음과 같이 고백한다.

알린: 그들은 내게 말했어요. …… 내가 나가면 만사 끝나는 거라고 요. …… 그들은 목사님이 전근 가신 후 말했어요. …… 난 그때까지 왜 목사님이 더 이상 오시지 않는지 몰랐어요. …… 그들이 내게 말 했지요. 사흘 밤 동안 하나님께서 오셔서 알리를 죽여 달라고 소리 쳤대요. 그들은 내게 약을 주고 내가 나아졌다고 생각했대요. …… 그러자 그날 밤 그 일이 일어났어요. 교도관이 점호하러 기숙사에 왔었지요. …… 그리고 그들은 아무 소리도 듣지 못했대요. 단지 그 들은 내가 있는 곳으로 돌아왔고 나는 거기 서서 그들더러 와서 보 라고 했대요. 저는 정말 조용히 그들에게 말했대요. 그러나 제 셔 츠는 온통 피투성이였고 제가 포크를 손안에 꽉 잡고 있었대요. …… 그 포크는, 그들이 말하기를 도리스가 부엌에서 훔쳐서 제게 주었다는군요. 그래서 저는 제 자신을 죽이려고 했고 그녀를 괴롭 히는 일을 그만두게 하려고 했지요. …… 그래서 제 몸 곳곳에 제가 찌른 구멍이 있는 거지요. 알리가 죽은 것은 그 애가 제게 한 짓 때 문이라고 말했대요. 알리는 죽었고 그건 하나님의 뜻이라고. ……

전 비명을 지르지 않았어요. 전 그저 그 이야기를 거듭해서 말했대요. …… 알리는 죽었다. 알리는 죽었다고요. …… 그들은 제 손에서 그 포크를 뺏을 수가 없었대요. …… 제가 진료소에서 깨어날 …… 때까지요. 제가 거의 죽을 뻔했다고 그들은 말했어요.

Arlene: They tol'me …… after I's out an it was all over …… they said after the chaplain got transferred …… I didn't know why he didn't come no more till after …… they said it was three whole nights at first, me screamin' to God to come git Arlie an kill her. They give me this medicine an thought I's better …… then that night it happened, the officer was in the dorm doin' count …… an they didn't hear nuthin' but they come back out where I was an I'm standin' there tellin'em to come see, real quiet I'm tellin'em, but there's all this blood all over my shirt an I got this fork I'm holdin' real tight in my hand …… this fork, they said Doris stole it from the kitchen an give it to me so I'd kill myself and shut up botherin' her …… an there's all these holes all over me where I been stabbin' myself an I'm sayin' Arlie is dead for what she done to me, Arlie is dead an it's God's will …… I didn't scream it, I was jus' sayin' it over and over …… Arlie is dead, Arlie is dead … they couldn't git that fork outta my hand till …… I woke up in the infirmary an they said I almost died. (53)

Arlene은 식사할 때 필요한 도구인 포크로 자살하려고 시도했는데, Lynda Hart는 이 포크를 다음과 같은 상징으로 간주한다.

그녀가 사용하는 도구는 적절하게 포크이고, 생명을 유지하는 도구에서 자기 파괴의 무기로의 풍자적인 변형을 강화시키는 상징이다.

The instrument she uses is, appropriately, a fork, an emblem that reinforces the ironic transformation of life-sustaining tools to self-destructive weapons. (Lynda Hart 73)

Arlie는 음식을 거부함으로써 타인들의 억압, 통제를 벗어나려고 몸부림치며, 이 몸부림은 마침내 음식을 섭취할 때 필요한 도구인 포크를 자신을 자해하는 무기로 사용할 때 극에 달한다. Arlene의 솔직한 고백을 들은 Ruby는 자신이 Arlene의 마음의 상처를 건드린 것 같아 미안하다고 사과한다.

알린: …… (알리라고 말할 때 고통스러워한다.) 저는 그 짓을 하려는 뜻은 아니었어요. 제가 했던 짓 말이에요.
루비: 오, 애야. ……
알린: 제가했지요. …… (아주 어렵게 말한다.) 제 말뜻은 알리는 아주 비열한 애였다고요. 그러나 전 했지요. …… (아주 재빨리) 전 제가 무엇을 …… 모르겠어요.
……
알린은 완전히 압도되어 비명을 지르고, 울부짖으며, 루비의 무릎에 넘어진다.
알린(자신의 실종된 자아에 슬픔을 느끼며): 알리!
루비는 알린의 등과 머리를 쓰다듬으며 그녀가 알고 있는 바대로 진정 상태가 오기를 기다린다.
루비(마침내, 그러나 매우 조용히): 넌 아직도 할 수 있을 거야. …… (어떻게 말해야 할지 생각하느라고 말을 멈춘다.) …… 넌 가버린 사람들을 여전히 사랑할 수 있단다.
루비는 계속 알린의 손을 부드럽게 쥐고 어린애를 안은 것처럼 그녀를 흔들어 준다.

Arlie: …… (*Has trouble saying 'Arlie'*) I didn't mean to do it, what I done ……
Ruby: Oh, honey ……
Arlie: I did …… (*This is very difficult*) I mean, Arlie was a pretty mean kid, but I did …… (*Very quickly*) I didn't know what I ……
Arlene breaks down completely, screaming, crying, falling over into Ruby's lap.
Arlene(*Giving for this lost self*): Arlie!
Ruby rubs her back, her hair, waiting for the calm she knows will come.
Ruby(*Finally, but very quickly*): You can still …… (*Stops to think of how to say it*) …… you can still love people that's gone.

Arlene이 자신이 비열한 아이였다고 자책하자, Ruby는 Arlene의 등과 머리를 쓰다듬으면서 그녀의 고통스러운 마음을 진정시켜주고 그녀에게 무엇인가를 할 수 있다는 자신감을 불어넣어 준다. Ruby의 역할은 모든 것을 수용할 수 있는 어머니의 역할과 같은 것이다. 그녀가 Arlene에게 보여주는 이해와 사랑은 마치 자매애와 같다고 할 수 있다.

Ruby는 Arlene에게 모든 것이 잘 될 것이라고 안심시켜서 그녀가 긍정적 사고와 자신감을 가질 수 있도록 도와주고, Arlene을 찾아온 Bennie로부터 Arlene을 보호한다. 우리는 Bennie의 대사 속에서 Alabama 주로 돌아가지 않고, Arlene 옆에 계속 있겠다고 버티는 그의 부정적인 의도를 알 수 있다. 그러나 Ruby는 Bennie의 도움을 거절해 버린다. Bennie가 Arlene에게 자신이 머무는 모텔의 전화번호를 주고 떠난 후 Arlene은 Carl이 준 성냥갑을 Bennie가 준 전화번호가 적힌 종이로 감싼다. Arlene의 이러한 행동은 모든 유혹으로부터 벗어나겠다는 그녀의 강한 결심을 의미해주고 있다. Arlene의 처신을 지켜본 Ruby는 그녀의 결심을 더 확고히 해주기 위해 자신이 겪었던 일을 고백한다.

루비: 팁을 잘 주는 녀석들에게 우리 집 성냥갑에 자기 집 전화번호를 적어서 주는 웨이트리스가 있었지. 그런데, 어느 날 밤 한 자그마한 늙은 녀석이 그녀에게 전화 걸어 와서 하는 말이 자기가 박물관에서 일하며 돈은 없지만 빅토리아 여왕시대 모자를 갖고 있다고 했어. 그래서 그녀는 그가 정말 안됐다고 생각하고 그 자그마한 레이스 달린 낡은 모자를 대가로 그와 잠자리를 했지. 그래서 그녀는 다음날 그 모자를 박물관으로 돌려주러 갔어. 보상 같은 것을 받을 거라고 생각하면서 말이야. 그런데 그들이 어떤 짓을 했는지 알아? (*잠시 멈춘다.*) 그녀에게 무료 회원증을 주겠다고 했지. 그

녀에게 너무도 고맙다고 말하면서, …… 그저 줄곧 그녀를 오도 가
도 못하게 하고 …… 기다리게 한 거야. 왜냐하면 그들이 경찰에 신
고했기 때문이지.

Ruby: We had this waitress put her phone number in matchbooks, giv'em
to guys left her nice tips. Anyway, one night this little ol' guy calls her
and comes over and says he works at this museum an he don't have any
money but he's got this hat belonged to Queen Victoria. An she felt real
sorry for him so she screwed him for this little ol' lacy hat. Then she
takes the hat back the next day to the museum thinkin' she'll git a
reward or somethin' an you know what they done? (*Pause*) Give her a free
membership. Tellin' her thanks so much an we're so grateful …… an all
the time jus' stallin' …… waiting 'cause they called the police. (55)

위의 대사에서 알 수 있듯이 Ruby도 과거 주 형무소에서 형기를 마친
전과자인 것이다. Ruby는 자신의 아픈 경험을 말해 줌으로써 Arlene에
게 다시는 남성들의 유혹에 빠져 희생되지 말라는 간절한 마음을 나
타내고자 한 것이다. 이제 Arlene은 성냥갑을 찢어서 쓰레기통에 던진
다. Arlene은 유혹을 뿌리칠 수 있을 정도로 강한 정체성을 가진 인물
로 변모한 것이다.

Ruby는 Arlene으로의 변신에 가장 결정적인 역할을 하고, Arlene으
로 하여금 저주스럽고 사악한 Arlie를 이해하고 인정하도록 만들어 주
는데, 우리는 극의 마지막 장면에서 두 개의 분리된 자아 Arlie-Arlene
이 화해하게 되는 것을 볼 수 있다.

알리: 이봐! 너 우리가 경찰관 놀이하던 때 기억하니? 준이 나를 엄
마 벽장에 가두어두고 수영 갔을 때 말이야? 그래서 난 귀를 간질
이는 옷들을 둘러보고 서 있다가 거기서 빠져나가려고 문 쪽으로
요란한 소리를 내며 돌진했지. 그곳은 아주 어두웠어. 그래서 결국

(*아주 의기양양해서*) 난 돌아다니다가 엄마 구두에 모두 오줌을 쌌
지. 그럴 때 엄마가 집에 오셔서 벽장으로 들어오시려고 하셨지.
준만이 열쇠를 갖고 있었기 때문에 엄마는 "거기 누구 있니?"라고
말씀하셨지. 난 "저예요" 하고 말씀드렸어. 그랬더니 엄마가 "너 거
기서 무엇 하니?" 하시겠지. 난 낄낄대고 웃기 시작했고 엄마는 문
을 잡아당기면서 소리치기 시작했지. "알리, 너 거기서 무얼 하고
있니?" (*크게 웃는다.*)

Arlie: Hey! You 'member that time we was playin' policeman an June
locked me up in Mama's closet an then took off swimmin'? An I stood
around with them dresses itchin' my ears an crashin' into that door tryin'
to git outta there? It was dark in there. So, finally, (*Very proud*) I went
around an peed in all Mama's shoes. But then she come home an tried to
git in the closet only June taken the key so she said, "Who's in there?"
an I said, "It's me!" and she said, "What you doin' in there?" an I
started gigglin' an she started pullin' on the door an yellin', "Arlie, what
you doin' in there? (*Big laugh*)(56)

2막 마지막 부분에서 Bennie와 Carl의 유혹을 거절할 수 있을 정도
로 혼자서 결정할 수 있는 능력을 회복한 Arlene은 새로운 정체성을
획득하였기 때문에 Ruby와 카드놀이를 할 수 있다면서 약간 웃는다.
이러한 여유를 지닌 Arlene은 과거에 자신을 괴롭힌 과거의 자아 Arlie
에 대한 기억을 고통 없이 기억해낸다. 어렸을 때 Arlie와 June이 경찰
관놀이를 하다가 June이 Arlie를 어머니 벽장 속에 가두었던 사건은
Arlie가 경찰, 법, 남성에 의해 지배되고 통제되었던 존재였다는 점을
상징적으로 의미한다. 왜냐하면 June은 동생이지만 남성이고, 법을 수
호하는 경찰관 역할을 맡아 벽장이라는 밀폐된 공간에 그녀를 가두
고, 이 밀폐된 공간은 행동의 자유가 없는 감옥을 상징하기 때문이다.
Gretchen Cline은 이 벽장 사건을 다음과 같이 설명한다.

벽장 속에 감금되어 있다는 것의 상징적 이미지는 또한 그녀를 인
정하지 않게 될 세계, 문화 속에 그녀가 감금되어 있다는 것을 시
사한다.

The symbolic image of being locked in the closet also suggests her being
locked in a culture, a world that will not recognize her. (재인용 Linda
Ginter Brown 21)

이 벽장은 Arlie가 정신적, 육체적으로 갇힌 삶을 살 것을 예고하며,
그러한 삶에서 벗어나려는 Arlie의 몸부림을 어머니가 방해하고 있음
을 상징한다. 그러나 벽장에서 어머니 구두에 소변을 본 Arlie의 행위
는 그녀가 자신을 따뜻하게 보살펴 주지 못한 어머니에 대한 불만족
의 표시일 수도 있다. 또한 Arlie가 경찰, 법, 남성에 의한 지배를 벗어
나 힘을 가진다는 뜻이기도 하다.

이와 같이 힘을 갖게 되는 Arlie의 큰 웃음은 아픈 과거를 극복하고,
여유를 가졌다는 뜻이다. 또한 동시에 Arlie와 Arlene의 마지막 대사는
분열된 두 개의 자아가 합쳐져서 하나의 새로운 자아를 회복했다는
의미도 된다.

> 알리와 알린: 알리, 너 거기서 무엇을 하고 있니?
> 알린(여전히 미소를 띤 채 기억하고 있다. 그녀의 얼굴에만 조명이
> 비치고 무대는 어두워진다.): 에이! 빨리 빨리 말해 버려.

> Arlie and Arlene: Arlie, what you doin' in there?
> Arlene(*Still smiling and remembering, stage dark except for one light on her
> face*): Aw shoot. (56)

이 마지막 대사는 Marsha Norman의 의도를 반영한 것으로 볼 수 있

다. 그녀는 이 장면에서 두 인물이 서로를 인식할 수 있도록 해야 한다고 작가의 말에 덧붙였다(4). 이 점에 대해 Marsha Norman은 *American Drama*에서 자신의 견해를 밝힌다.

> *Getting Out*이 어릴 때의 폭력적인 자아와 현재의 수동적이고 움츠려든 자아를 의도적으로 화해시킨 작품이라는 것이 결코 우연이 아니라는 것을 이제서야 나는 깨닫는다.
>
> I realize now that it's no accident that *Getting Out* is about an attempted reconciliation between an earlier, violent self and a current passive, withdrawn self. (재인용 David Savran 31)

Marsha Norman은 이와 같이 마지막 장면에서 여주인공의 과거의 자아와 현재의 자아를 화해시키고 있다. 결국 Arlene은 과거의 자아를 수용하며 편안해지고 자신에게 무엇을 할 것인지를 질문할 정도로 자주성을 획득한 능동적인 인간이 된 것이다. 이러한 능동적인 인간으로서의 Arlene의 변모에 긍정적인 역할과 부정적인 역할을 한 인물은 위에서 살펴본 다섯 명의 등장인물과 무대에 등장하지 않는 아버지라고 할 수 있다. 특히 이 등장인물들과 연결되는 과거의 자아 Arlie의 삶은 가부장제하에서 그녀가 겪는 성적·경제적 착취의 모습을 사실적으로 보여주며, 현재의 자아와 융합하지 못하는 분열된 모습을 나타내주고 있다. 그러나 Ruby가 보여준 자매애는 Arlie의 분열된 자아를 결합시키는 데 가장 큰 역할을 한 것이다. 이것은 무대에서의 Arlie의 위치를 통해 알 수 있는데, 극의 시작에서 Arlie는 무대 중앙에 겨우 보일 정도로 나타났지만 극의 마지막에서는 무대 가장자리인 좁은 통로에 나타난다는 것이다. 이것은 Arlie를 지배했던 과거의 자아가 힘을 잃었음을 보여주는 것이고, 막이 내리기 직전에 조명이 Arlene에게만 비치는 것은 현재의 자아가 과거의 자아를 극복하고 수용했음을 확인시키는 것으로 볼 수 있다. 결국 Arlie-Arlene는 결합된 자아를 찾은 것이다.

이 점에 관해서 Linda Ginter Brown은 Arlene이 자기인식에 도달한 것이라고 평한다(75). 이제 Arlene은 타인에 의해 통제된 삶을 사는 것이 아니라, 과거의 자아에서 현재의 자아로 변모되어 새로운 자아를 찾은 것이고 가치 없는 존재에서 가치 있고 자신감 있는 존재로 변신한 것이다. 또한 그녀는 위에서 살펴본 바와 같이 자신의 감정을 표시할 수 있는 능동적인 인물로 변모한 것이다.

'night, Mother :
모녀관계를 통한 自我 찾기

Marsha Norman의 '*night, Mother*'는 1982년 겨울 Massachusetts 주 Cambridge에 있는 미국 레퍼토리 극장(American Repertory Theatre)에서의 초연 당시 Robert Brustein이 총 예술감독을 맡았으며 연출은 Tom Moore가, Thelma Cates 역은 Anne Pitoniak 그리고 Jessie Cates 역은 Kathy Bates가 열연했다. 그 후 이 극은 1983년 3월 31일, New York에 있는 John Golden Theatre로 옮겨져 공연되었고, 점차 여러 국가에서 공연되었으며, 23개 언어로 번역되어 출판되었고 영화로도 만들어졌다. 또한 이 작품은 Susan Smith Blackburn상과 Pulitzer상 수상의 영예를 안기도 했다.

그러나 이 작품에 대하여 긍정적인 평만 있는 것이 아니라 부정적인 평도 있다. 먼저 긍정적인 평가를 보면 John Simon은 이 작품의 심리 묘사가 정확하다는 것을 인정하여 매우 감동적인 작품이라고 평하고, Frank Rich는 현대인의 공허한 생활에 대한 진솔한 묘사와 미국인의 비극적 삶의 양태에 이해와 존엄성을 부여한 점에서 Marsha Norman을 높이 평가한다. 그리고 Edwin Wilson은 이 작품이 두 모녀의 일상적인 삶의 모습을 놀라울 정도로 정확히 묘사하고, 죽음이 갑자기 가져다준 진실을 잘 나타내고 있다고 평한다.

반면에 Clive Barnes는 이 작품이 재미도 없고 설득력도 없다고 비난하고 있으며, Douglas Watt는 작품이 낯설고 어쩐지 있을 것 같지 않은 상황을 그리고 있다고 비판하고 Jessie가 진정한 의미의 비극적인 인물이 아니라고 평한다. 이러한 부정적인 평가는 이 작품에 극적인 요소가 부족해서 재미가 없고, 상황 설정이 매우 인위적이라는 그들의 견해를 반영한 것인데 이것은 형식적인 면만을 고려한 것이라고 할 수 있다. 왜냐하면 위대한 작품은 극적인 요소로 재미만을 주기보다는 일상생활 속에서 인간이 느끼지 못한 진실을 깨달을 수 있게 만들어야 한다고 생각하기 때문이다.

이 작품은 일상적인 대사와 평범한 인물을 사용하고 이들의 평범한 생활을 묘사하고 있다. 또한 이러한 평범한 생활 속에서 가족이 서로에 대해 인식하지 못했던 진실을 딸 Jessie의 죽음 앞에서 비로소 깨달을 수 있도록 하였고, 자아를 상실한 Jessie가 죽음을 선택함으로써 자아를 찾게 한 점에서 높이 평가할 수 있다.

이 작품의 주제에 대해 Jenny S. Spencer는 *The Laundromat*의 주제와 같이 설명하고 있다.

> 여성의 정체성과 여성의 자주성에 관한 문제는 Norman이 쓴 자연주의 기법의 두 작품인 *The Laundromat*와 *'night, Mother*에서 더 혼란스럽게 표현되고 있다.
>
> The problems of feminine identity and female autonomy are perhaps more disturbingly represented in Norman's two naturalistic plays *The Laundromat* and *'night, Mother*. (156)

또한 정체성의 성취와 아버지의 관계라는 관점에서 볼 때, Paul Rosefeldt는 'night, Mother에 대해 다음과 같이 논평하고 있다.

Paul Rosefeldt는 이 작품에서 부재중인 아버지의 역할을 부정적으로 본다. 왜냐하면 Jessie의 아버지는 작별인사도 없이 자살해서 딸에게 삶에 대한 애착을 느끼지 못하게 했다. 또한 아버지로부터 유전받은 간질병으로 인해 Jessie가 정상적인 가정생활을 하지 못하여 이혼 상태에까지 이르렀고 생존의 이유를 찾지 못할 정도로 지쳤다. 이로 인해 그녀 자신의 어린 시절 행복했던 자아의 모습을 찾아볼 수 없는 상태이기 때문이다. 다른 남성들도 여주인공의 삶에 부정적인 역할을 하기는 마찬가지이다. Jessie의 남편 Cecil은 결혼 생활의 행복감을 Jessie에게 주지 못하고, 아들 Ricky도 온갖 범죄를 범하는 인물로, 부자 모두 그녀에게 고통을 주고 그녀로 하여금 삶을 포기하고, 파괴하고자 하는 욕구를 가지도록 조장한 부정적인 인물이라고 할 수 있다.

'night, Mother는 모녀관계와 부재 인물인 남성이라는 소재로 여주인공이 자신의 정체성과 자주성을 찾아가는 과정을 그리고 있는 구조적으로 매우 전통적인 기법의 작품이다. Marsha Norman은 이 작품에서 3일치법을 준수하였는데 특히 시간의 통일을 잘 준수하였다. 이 극은 저녁 8시 15분경에 시작되는데 무대상의 시간과 관객들의 현재

시간이 동일하게 흐른다.

> 8시 15분경에 극의 진행이 시작되는데 무대상의 시간은 관객들의
> 현재시간이다. 부엌에 걸린 시계와 거실 탁자 위에 놓인 시계는 따
> 라서 공연 중에 실제로 작동되어야 하며 관객들에게도 잘 보여야
> 한다.

> The time is present, with the action beginning about 8:15. Clocks onstage
> in the kitchen and on a table in the living room should run throughout
> the performance and be visible to the audience.[7]

여기서 시계라는 소품은 사실주의 극의 특징 중의 하나로, 낮 공연
을 제외하고는 관객에게 현실 세계와 극 세계가 동일하다고 여기게
하는 역할을 한다. Robert Brustein은 이 점이 작가의 단순한 극적 기교
처럼 보일지 모르나, 이와 같은 독특한 설정은 폭발할 것 같은 작품
의 농도 및 응축성에 크게 기여하고 있으며, 부분적으로는 이 작품이
갖는 냉혹하고 무자비한 힘을 효과적으로 대변한다고 논평한다(Linda
Ginter Brown 159). 두 여주인공 Thelma Cates와 Jessie Cates 모녀는 시계
가 여러 개 있는 어느 시골집에 살고 있는데, 이것은 이들이 시간에
얽매인 생활을 하고 있고 자살을 결심한 Jessie가 죽기 전에 남은 시간
을 의미 없는 행동들로 보내고 있음을 보여준다. 작가는 무대상의 시
간이 현재의 시간과 동일하게 흐르게 함으로써 관객의 공감도를 더
욱 높여준다.

또한 작품의 배경도 관객이 친숙하게 느끼는 부엌과 거실로 설정
되어 있다. 이 배경은 평범한 인물 Jessie에게 발생하는 극적 행동을

---

7) Marsha Norman, *'night, Mother*(New York: Hill and Wang, 1995), p.4. 앞으로 이 작품의 인용은 페이지
수만을 달 것임.

보여주며, 그녀가 자아를 찾아 나가는 장소로서 관객들의 반응을 이 끌기 위한 것이다. Marsha Norman은 여성 인물이 부엌에서 요리하고 냉장고를 정리하는 모습을 묘사하며, 그녀들이 구체적으로 음식물 이름-스노볼, 허쉬바 초콜릿, 땅콩과자, 코코아, 캐러멜 애플, 라이스 푸딩, 그리고 콘플레이크 등등-을 언급하도록 만든다.

부엌은 전통적으로 여성들의 공간이고, 가족들의 몸에 필요한 영양을 제공하고 가족을 위해 요리하는 어머니의 따뜻한 정을 느낄 수 있는 공간이다. 왜냐하면 어머니는 가족을 위해 음식을 만들고 그 음식을 먹는 가족을 보고 만족하기 때문이다. 또한 부엌은 거실처럼 가족 얼굴을 마주 보고 대화를 나눌 수 있는 기회를 제공하는 장소이기도 하다. Linda Ginter Brown은 부엌에 대해 다음과 같이 평한다.

> 부엌은 집에서 다른 방보다 보통 더 작고 따뜻하고 안전한 장소인 자궁의 기능을 한다. …… Norman은 Thelma가 아주 좋아하는 달콤한 맛의 스노볼을 찾는 장소인 부엌에서 극의 줄거리의 진행을 시작한다. 부엌은 모녀관계를 구하기 위한 투쟁을 시작하는 기지의 구실을 한다.

> The kitchen, usually smaller than the other rooms in the house, functions as a womb-a warm and safe place. …… Norman begins the play's action in the kitchen where Thelma searches for the sugary snowballs she loves so well. The kitchen serves as a base from which to launch the battle to save the mother/daughter relationship. (74)

이와 같이 앞으로 벌어질 극적 행동의 대부분이 이루어지는 부엌은 특히 모녀관계가 잘 드러나는 공간의 역할을 한다. 비평가 Helene Keyssar는 이 작품의 대사와 배경은 불행을 보여주기 위한 것임을 강조한다고 설명한다.

아마도 *'night, Mother*의 연속극 같은 대사와 배경은 보통 여성들의
일상생활이 오늘날 여성의 극적 이미지를 제공하는 데 주된 원천
역할을 하는 텔레비전 드라마에서 보여주는 것보다 훨씬 덜 매력
적이며 훨씬 더 불행하다는 것을 우리가 이해하도록 하기 위한 의
도에서 만들어졌을지도 모른다.

Perhaps the soap-opera dialogue and setting of *'night, Mother* are intended
to make us understand that the daily lives of ordinary women are far less
glamorous and far more unhappy than is revealed in the television drama that
serves as the main contemporary source of dramatic images of women. (165)

이 작품에서 배경은 우리가 등장인물들의 문제를 보다 더 공감할
수 있도록 하기 위해서 더 사실적이 되고 있다. 거실에는 평범한 가
정에서 볼 수 있는 잡지, 뜨개질 견본 책자, 재떨이, 사탕 접시가 놓여
있고, 숄, 테이블보 등이 있다. 부엌에는 찬장이 있어서 그릇과 프라
이팬 등이 실제로 놓여 있다. 부엌과 거실 탁자에는 시계가 하나씩
있다. 이 작품은 이와 같이 사실적인 배경으로 Jessie Cates와 Thelma
Cates의 대화와 행동이 시간의 흐름에 따라 변모해가는 모습을 보여
준다.

30대 후반에서 40대 초반쯤 되어 보이는 여주인공 Jessie Cates는 얼
굴이 창백하고 몸이 불안정해 보이며, 말이 별로 없는 인물로 어느
날 저녁 자신이 자살할 것이라고 어머니에게 선언하면서 극은 전개
된다. 그녀의 어머니 Thelma Cates는 Jessie와 대조적인 인물로 모든 것
이 자기 생각대로 존재한다고 믿으며, 수다스럽고 참견하기를 좋아하
는 인물이다. 이러한 어머니의 성격은 딸의 인생에 계속적으로 간섭

하여 딸의 자아 찾기에 도움을 주지 못한다. 이 두 인물은 모녀관계의 단절을 보여줌으로써 우리에게 모녀간의 유대의 중요성을 인식시켜 준다.

모녀관계의 단절을 고무시키는 데 중요한 역할을 한 인물들은 남성이다. 그들은 Jessie의 아버지, 남편 Cecil, 아들 Ricky, 그리고 오빠 Dawson인데, 이들 중 Jessie와 Thelma의 행동에 가장 큰 영향력을 행사한 인물은 Jessie의 아버지이다. Jenny S. Spencer는 무대에는 등장하지 않고 모녀의 대화 속에만 존재하는 부재 인물 남성에 대해 설명한다.

> 비록 비난할 남성 인물이 없을지라도 Jessie의 절망 상태와 그녀의 자살의 필연성은 대부분의 대화에서 언급되는 부재중인 남성에 의해 주로 정의된다.
>
> Although no single male character is to blame, the hopelessness of Jessie's state and the inevitability of her suicide is defined primarily in terms of the absent men to which most of the dialogue refers. (156)

Jessie의 절망 상태나 불가피한 자살이 모녀의 주요 화제인 부재 인물인 남성에 의해 정의되며, 이 자살을 막을 수 없는 어머니의 무능함은 남성들이 지니고 있는 사고에 의해 두드러지게 보여진다.

이 작품은 Jessie가 자신을 진정으로 이해하지 못하는 어머니와 그녀의 삶을 지치게 만드는 남성들 속에서 극단적인 자살을 선택함으로써 자아를 찾아가는 비극적인 과정을 그린 것이다. 이제 여주인공이 자살을 선택할 수밖에 없었던 상황을 모녀관계와 부재 인물 남성을 통해 고찰해 보고자 한다.

페미니즘 정신분석학에 근거한 모성에 관한 글은 두 가지로 갈라지는데, 하나는 영미 페미니즘이고, 또 하나는 프랑스 페미니즘이다.[8] 우리는 영미 페미니즘에서 가장 영향력 있는 학자로 Dinnerstein과 Nancy Chodorow를 들 수 있다.

> Dinnerstein은 어머니 역할의 수행이 갖는 의미는 남자아이들과 여자아이들로 하여금 여성을 유아기 시절의 어린아이가 갖는 강하고 비이성적인 욕구와 공포를 지닌 계급으로 연상하도록 배우게 한다는 것이다. Nancy Chodorow는 여성들이 어머니가 되기 원하고 그 역할을 성공적으로 수행하기 원하는 순환 사이클을 설명한다. 여성들은 공생적 모성으로서 딸과의 일체감을 유지하는 반면, 아들을 멀리함으로써 그 순환을 영속화하고자 한다(심정순 역, 92).

이와 같이 Dinnerstein은 어릴 때 어머니가 자녀들을 어떻게 양육하는가에 따라 자녀의 성격이 형성된다고 지적하고 있다. 구체적으로 어머니는 아들은 아들답게 논리적으로, 그리고 자신과는 다른 성을 지닌 존재로 키우지만, 딸은 감정적으로 그리고 자기도취적으로 키우기 때문에, 어머니 역할은 기존의 성적 차이를 되풀이한다는 것이다(박찬부・정정호 외 430). 여기서 Dinnerstein이 주장하는 모녀관계는 감정을 중시하는 관계이다.

반면에 Chodorow가 주장하는 초기의 모녀관계는 어머니가 어린 딸

---

8) 영미 페미니즘: 전통적으로 경험주의적 휴머니즘의 전제에 입각한 이론 틀에 서 있다. 고전적 휴머니즘이 주장한 개인은 자율적이고 안정된 주체이다. 통합된 자기정체성을 가진 주체는 세계를 해석하는 단단한 토대가 된다. 영미 페미니스트 비평가들은 일상적으로 경험하는 사회적 존재로서의 여성에 일차적 관심을 갖는다. 프랑스 페미니즘: 데카르트식 의식주체가 얼마나 가부장제의 이데올로기적인 구성물인지 보여줌으로써 그런 자족적인 주체개념을 해체하려 한다. 그들에 의하면 낭만적이고 초월적인 개인을 수립하는 과정에서 자기동일성을 확보하려는 부르주아 개인은 합리적인 의식으로 설명되지 않는 부분을 '여성'이라는 이름으로 배제시켰다. 이 보편적인 개인은 자기 내부에 이미 들어와 있는 비합리성, 감수성, 성욕성 등과 같이 이성과 의식만으로 설명하기 힘든 부분들을 여성적인 것으로 억압한다. 이 동질적인 개인에서 여성은 언제나 비남성이었을 뿐이었다. 서구 역사는 동질적인 개인으로서의 남성이 곧 이성적인 존재이며 이성적 존재가 곧 진리를 추구하는 중심이라는 등식을 만들어 왔다. 서구역사는 이성을 모든 것의 중심에 위치시킨다는 점에서 또한 남근이성중심주의이다. 따라서 프랑스의 해체론적 페미니스트들은 궁극적인 기원이자 초월적인 기표인 남근주체를 서구 형이상학의 전통으로 파악, 그것을 해체하려고 한다(임옥희 외 역 iv).

에 대하여 일체감과 연속성을 경험하고 그러한 감정이 더 오래 지속되다는 것이다. 또한 딸에게서 느끼는 원초적인 동일성과 공생적 관계는 딸을 어머니 자신의 연장이자 분신으로 보는 자기도취적 요소를 유지·강조하는 것이다. 여자아이는 사춘기에 접어들게 되면, 어머니로부터 분리되고자 하는 투쟁을 벌이면서 반면에 어머니와 밀접한 유대감을 느낀다. 반면에 어머니는 "딸을 가까이 데리고 싶은 욕망과 딸을 어른으로 만들고 싶은 욕망을 모두 지닌다."(심정순 97) 이와 같은 Dinnerstein과 Chodorow의 주장에는 각기 차이점이 있지만 이원적 부모 노릇이 여성의 어머니 역할과 관련된 문제점의 해결책이라는 점에서는 공통점이 있다.[9]

이제 필자는 두 작가의 주장이 *'night, Mother*의 Thelma와 Jessie의 관계에서 어떻게 나타나는지 살펴보고, 모녀의 대화를 통해 Jessie가 어떻게 어머니로부터 분리되어 자신의 정체성과 자주성을 찾아가는지 살펴보겠다.

극이 시작되면서 Jessie의 어머니 Thelma는 컵케이크를 꺼내려고 부엌 찬장 앞에서 애를 쓰고 있고 마침내 그녀는 스노볼이 떨어졌음을 알아챈다. 이것은 극 중 내내 Thelma는 음식물을 계속 갈구하듯 생에 대한 애착을 보여주는 반면에 Jessie는 마치 스노볼이 떨어진 것처럼 삶에 대한 애착이 없음을 상징해준다. 그러나 Jessie는 엄마를 위해 스노볼 한 상자를 주문하는데 이것은 모녀관계가 뒤바뀐 것임을 보여주는 예이다. 왜냐하면 Thelma가 보통의 어머니처럼 자식을 위해 음식을 사서 공급하는 것이 아니라 자식이 어머니에게 음식을 공급하

---

9) 남자, 여자가 현재 미개발된 그러한 부분의 정신을 발전시켜서 다음 세대의 자녀들에게 적합한 어머니 노릇을 똑같이 수행할 능력을 갖춘 남자, 여자 어린이들을 허용하는 구조적인 적응이라고 초도로는 믿었다(이소영 역 245).

기 때문이다.

어느 날 저녁 Jessie는 아버지의 권총과 총알을 찾고 자살하겠다는 결심을 어머니에게 알리면서 극이 진전된다. 이때 어머니는 재미있다고 말하다가 농담하지 말라는 반응을 보인다. 그러나 Jessie는 두 세 시간 안에 자살하겠다고 자신의 결심을 다시 말한다. 이에 어머니의 반응은 달라지며 총이 고장 났고 총알이 15년이 되었다는 핑계로 딸의 자살을 만류한다. 그러나 Jessie는 지난주에 오빠 Dawson이 가르쳐 준 가게에서 총알을 구입했다며 이것이 충동적인 자살이 아니라 미리 계획한 것임을 어머니에게 알려 준다. Jessie는 죽기 전에 어머니하고 둘이서만 있고 싶어 하며, 어머니와 죽음에 대해 대화를 나누는데 그것은 긴장과 절망으로 가득 차 있다.

엄마: 자살하려고 하는 것은 아니지, 제시야. 너는 당황하게 하지 않을 거지! (*제시, 미소를 짓거나 조용히 웃는다. 엄마, 다른 방법으로 접근한다.*) 제시야, 사람이란 제 손으로 죽지 못하는 법이야. 아니, 엄마. 백치나 미치광이가 아닌 다음에야 도저히 그럴 수는 없는 거야. 그런데 넌 남들처럼 아무 이상이 없잖아, 제시야. 대체적으로는 말이야. 사람은 누구나 죽기를 두려워하기 마련이거든.
제시: 난 안 그래, 엄마. 늘 죽은 몸이나 다름없었으니까.
……
제시: 죽음, 그게 바로 내가 바라는 거야. 그건 어둡고 조용하지.
……
엄마: 죽음이 어떤 것인지는 넌 몰라. 전혀 조용한 것이 아닐 수도 있어. 만약 그게 끝없이 울려대는 자명종 같은 거라면 어쩔래? 넌 이미 죽은 몸이니 일어나 그 소릴 멈추게 할 수도 없을 테고. 그것도 아주 영원히 말이다.
제시: 죽음은 내가 아는 사람 모두와 모든 것을 조용히 데려갔어. 죽음은 정말로 조용해.
엄마: 자살은 죄야. 그러면 지옥에 가게 돼.

Mama: You're not going to kill yourself, Jessie. You're not even upset!
(*Jessie smiles, or laugh quitely, and Mama tries a different approach*) People
don't really kill themselves, Jessie. No, mam, doesn't make sense, unless
you're retarded or deranged, and you're as normal as they come, Jessie,
for the most part. We're all afraid to die.
Jessie: I'm not, Mama. I'm cold all the time, anyway.
......
Jessie: It's exactly what I want. It's dark and quiet.
......
Mama: You don't know what dead is like. It might not be quiet at all.
What if it's like an alarm clock and you can't wake up so you can't shut
it off. Ever.
Jessie: Dead is everybody and everything I ever knew, gone. Dead is dead
quiet.
Mama: It's a sin. You'll go to the hell. (17-18)

Jessie는 아버지가 작별인사도 없이 자살하였기 때문에 죽음은 모든
것을 조용히 데려간다고 생각한다. 반면에 어머니는 "사람은 모두 죽
기를 두려워한다"라고 말할 정도로 딸의 생각을 이해하지 못하고 자
신의 견해를 내세우며, 자살을 죄라고 생각할 정도로 종교적인 경향
을 지니고 있다. Robert Brustein은 이 어머니가 생존에 대한 강렬한 욕
망을 대표하는 여인으로 약삭빠르고 다정다감한 시골 여인이라고 평
한다(재인용 Linda Ginter Brown 161). 어머니는 죽음을 도망 중인 살인
범과 같다고 생각하며, 죽음으로부터 자신을 어떻게 보호해야 하고,
죽음을 준비하기도 전에 죽음이 빨리 닥쳐올까봐 염려하며, 삶에 대
해 더욱 애착을 보인다.

엄마(*가슴이 철렁 내려앉는다*): 제시야! (*소리 없는 공포*) 너 어떻
게 감히! (*격노한다*) 어떻게 감히! 방에서 TV를 보다가 밖으로 나

갈 때처럼 가고 싶으면 언제든지 훌쩍 떠나버리면 그뿐이라고 생
각하는 게냐? 천만에, 어림도 없어. 넌 지금 살려고 발버둥치는 날
바보로 만들고 있어. 얘야, 틀려먹은 건 바로 너야! 그래 난 여기가
좋아. 그리고 저승사자가 날 데려갈 때까지, 고래고래 비명을 지르
고 악을 쓰는 날 강제로 질질 끌고 가서 무덤 속에 처박을 때까지
악착같이 살 거다. …… 넌 벌써 죽은 몸인데, 안 그래? 속이 훤히
들여다보인다고! 난 널 막을 수 없어. 이미 넌 갔으니까!

Mama(*Really startled*): Jessie! (*Quiet Horror*) How dare you! (*Furious*) How
dare you! You think you can just leave whenever you want, like you're
watching television here? No, you can't, Jessie. You make me feel like a
fool for being alive, child, and you are so wrong! I like it here, and I will
stay here until they make me go, until they drag me screaming and I
mean screeching into my grave, …… You're gone already, aren't you? I'm
looking right through you! I can't stop you because you're already gone!
(78-79)

어머니는 이 세상이 더 좋고, 저승사자가 자신을 데려갈 때까지 비
명을 지르고 악착같이 살 것이라고 말할 정도로 삶에 대한 애착이 매
우 강하다. 하나의 예를 보면, 어머니는 식욕이 강하다. 극은 어머니
가 스노볼, 허쉬바 초콜릿 그리고 코코아가 떨어졌다는 사실을 Jessie
에게 알리며 땅콩과자를 Dawson이 가져간 것이라고 의심하는 대사로
시작한다.

어머니는 단 음식을 선호하는데, 단 음식은 그녀에게 즐거움과 만족
을 주며, 살고자 하는 욕망에 도움을 준다. 이 점에 대해 Laura Morrow
는 평한다.

단것은 …… 엄마에게 성적 만족감과 그녀가 결혼에서 얻지 못한
충만감을 제공해준다.

Sweets ······ provide Mama with the sensual gratification, and the sense of
fullness she failed to obtain from her marriage. (재인용- Linda Ginter
Brown 75)

이것은 음식과 정신적 추구가 연관 관계가 있음을 보여주며, 우리
는 Thelma가 남편의 빈자리 대신 음식을 섭취함으로써 만족감을 느끼
는 것을 알 수 있다. 또한 어머니가 이처럼 식욕이 강하다는 것은 그
녀의 살고자 하는 욕구가 강하기 때문이다. 반면에 Jessie는 자신이 늘
죽은 사람처럼 차가웠다고 느낄 정도로 삶에 활기를 가지지 못하고,
어둡고 조용한 죽음을 동경한다. Jessie의 죽음을 예감하고, 그녀를 만
나고 싶어 하지 않는 어머니의 친구 Agnes가 있는데 우리는 어머니의
대사를 통해 Agnes가 왜 이 집에 오지 않는지 그 이유를 알 수 있다.

> 엄마: 글쎄 아그네스가 그랬다니까. "제시한테는 죽음 냄새가 나.
> 난 그 손에 걸려들고 싶지 않아. 델마야, 그래서 오기가 무서워. 네
> 가 뭐라고 이해하든 말든 난 이제 안 올 테야. 만일 꼭 와야 된다면
> 대문 앞까지만 갈 거야. 절대로 그 이상은 안 가." 이러지 않겠니?

> Mama: That's Agnes. "Jessie's shook the hand of death and I can't take
> the chance it's catching, Thelma, so I ain't comin' over, and you can
> understand or not, but I ain't comin'. I'll come up the driveway, but
> that's as far as I go." (43)

어머니의 친구 Agnes는 Jessie의 손이 차갑고 마치 시체 같아 죽음의
냄새가 나고 자신도 머지않아 Jessie와 같은 상태가 될 것이라고 예감
하며, Thelma의 집에 오기를 무서워한다. 그러나 Thelma는 딸의 자살
을 막기 위해 온갖 말로 딸을 회유한다. 어머니는 딸에게 자신의 수
건에 손대지 말라고 말하며, 아버지 총도 자신의 것이고, 자신의 집에

서 자살을 하게 할 수는 없다고 강하게 주장하다가 딸에게 딸의 생일이 다가온다며 즐거운 일을 상기시킨다.

이러한 어머니의 노력에도 불구하고, 딸은 자살을 준비한다. 딸은 어머니의 사탕 그릇에 사탕을 채워 넣고, 세탁기 쓰는 법과 세탁기 고장 수리 전화번호 등을 쓴다. 딸은 자신이 죽고 난 후에 어머니가 혼자 살 수 있도록 필요한 일을 하나씩 해간다.

극이 진행되면서 Jessie는 자살하려는 이유를 다음과 같이 설명한다.

> 제시: 엄마 …… 나한테 산다는 것이 도무지 좋지가 않아. 더 나빠질 걸 걱정할 이유도 이젠 없고. 지쳤어. 힘들어. 슬프고. 이용당한 기분이야.
> 엄마: 뭐에 지쳤다는 거지?
> 제시: 전부 다.
> 엄마: 그게 무슨 말이야?
> 제시: 더 나아질 것이라고 말할 수 없어.
>
> Jessie: Mama …… I'm just not having a very good time and I don't have any reason to think it'll get anything but worse. I'm tired. I'm hurt. I'm sad. I feel used.
> Mama: Tired of what?
> Jessie: It all.
> Mama: What does that mean?
> Jessie: I can't say it any better. (28)

Jessie는 삶에 지쳤고, 상처를 입었고, 심지어는 이용당한 기분까지 느낀다. 그녀는 무엇 때문에 지쳤느냐는 어머니의 물음에 'It all'이라고 할 정도로 행복하지 못하다. 또한 그녀는 세상 돌아가는 것을 모두 슬퍼한다. 예를 들어, 자신과 어머니 그리고 중국 등 모두를 슬퍼한다는 것이다. 여기서 중국은 우리가 공유할 수 있는 화제를 상징한다. Jessie는 신문을 통해 세상 돌아가는 것도 알고, 바깥세상이 자신이 있는 장소보다 더 나을 것이 없다고 느끼기 때문에 자살하고 싶은 것이다. 무엇 하나도 Jessie가 살아 나갈 수 있는 희망을 주지 못하기 때문이다. 그녀는 자살 이유를 버스 하차에 비유한다.

제시: 엄마, 푹푹 찌는 여름에 만원버스를 타 본 적이 있을 거야. 버스 안은 찜통 같은 데다, 콩나물시루처럼 들어찬 사람들은 또 어찌나 시끄럽고 북적대는지 당장 내려 버리고 싶은 마음뿐일 거야. 하지만 그대로 내려 버리지 못하는 이유는 엄마가 내려야 할 곳이 아직 50블록이나 남았기 때문 아냐? 하지만 난 당장에 내려 버릴 수 있어. 왜냐하면 50년을 더 살고 그때 가서 내린대야 어차피 내려서는 곳은 마찬가지이니까. 마음만 내키면 난 언제든 내릴 수 있어. 이만하면 충분하다 싶을 때가 바로 내 정류장이 되는 거야. 그리고 이제 모든 것이 충분해.

Jessie: Mama, I know you used to ride the bus. Riding the bus and it's hot and bumpy and crowded and too noisy and more than anything in the world you want to get off and the only reason in the world you don't get off is it's still fifty blocks from where you're going? Well, I can get off right now if I want to, because even if I ride fifty more years and get off then, it's the same place when I step down to it. Whenever I feel like it, I can get off. As soon as I've had enough, it's my stop. I've had enough. (33)

Jessie는 삶을 버스를 타고 가는 여행으로 생각하며, 만원버스에 탄 자신이 북적거리는 사람들에 의해 지쳤으므로 당장 하차하기를 원하는 것이다. 왜냐하면 그녀는 아버지의 죽음으로 충격을 받았고 그녀의 사생활을 지켜주지 못하는 오빠에게 실망을 하였기 때문이다. Paul Rosefeldt는 그녀가 자살을 하려는 이유를 "속세를 떠난 내성적인 남자의 딸 Jessie는 그녀의 오빠가 그녀의 삶에 대해 알기를 원하지 않는다(Jessie, the daughter of a reclusive, introverted man, does not want her brother to know about her life)(Paul Rosefeldt p.71)"라고 설명한다. Paul Rosefeldt의 설명처럼 아버지의 내성적인 성격을 이어받은 Jessie는 자신에게 실망감을 준 오빠에게조차도 그녀의 지친 삶을 알리고 싶지 않은 것이다. 또한 그녀는 아버지처럼 세상을 벗어나기를 원하고 더 나아가 선택의 행위로써 자살을 하고자 한다. 이에 어머니는 딸에게 자학하지 말라고 주장하며 행복한 삶에 대해 말한다.

> 엄마: 제시야, 좋은 시간이 너를 찾아오지는 않아. 너는 퍼즐을 할 수도 있고 정원을 가꿀 수도 있지. 또한 가게에 쇼핑을 갈 수도 있지. 우리 택시 타고 A&P 백화점으로 가자꾸나.
>
> Mama: Good time don't come looking for you, Jessie. You could work some puzzles or put in a garden or go to the store. Let's call a taxi and go to the A&P! (34)

이와 같이 어머니는 행복은 스스로 찾아야 하는 것이라고 주장한다. 또한 어머니는 Jessie의 행동이 철부지 아이들 같다며 말한다.

> 엄마(*말을 가로채며*): 너 하는 짓이 꼭 철부지 애들 같구나. 제시야. 뭐 때문에 화가 났는지 다 싫다, 아무것도 할 일이 없다, 엄마도 싫고, 나가는 것도 싫고, 집 안에 있기도 싫고, 도대체가 전화도 한 번 하는 법이 없고, TV는 아예 쳐다보지도 않고, 그저 비참한 기분이라고만 하니, 그건 다 네가 만들고 있는 거야.
>
> Mama(*Interrupting*): You're acting like some little brat, Jessie. You're mad and everybody's boring and you don't have anything to do and you don't like me and you don't like going out and you don't like staying in and you never talk on the phone and you don't watch TV and you're

miserable and it's your own sweet fault. (34)

어머니는 Jessie가 무엇이든지 싫다고 하는 원인이 Jessie 자신에게 있다고 지적한다. 이에 Jessie는 이제 무엇인가를 해보려고 한다고 대꾸한다. 어머니는 Jessie가 행하고자 하는 무엇인가가 자살이라는 사실을 알고 일상적 생활을 바꾸어 보라고 제시해본다.

어머니는 Jessie에게 기분 전환으로 접시를 새로 바꾸거나 가구 위치를 바꾸자고 제안하며, 더 나아가 간질병 환자는 운전면허증을 가질 수 없지만 의사가 Jessie에게 운전면허증을 받을 수 있게 도와줄 수도 있다며 딸을 위로한다. 드한 어머니가 제시하는 것은 매우 평범한 제안이다. 모든 평범한 여성들은 기분이 우울하면 물건을 사거나, 가구를 바꾸거나, 머리에 변화를 주거나, 음악을 듣거나 등등 여러 가지 평범한 방법으로 해결해 버린다. 극 전반에 걸쳐 벌어지는 평범하고 사소한 대화가 이 작품에 어떠한 영향을 주는가에 대하여 Darryll Grantley는 다음과 같이 설명한다.

> 많은 대화의 하찮은 수준은 여러 단계에서 극적으로 작용한다. 그것은 때때로 우습게 작용하며 특별한 일을 제안하여 아주 일상적인 것과 병치시킨다는 것은 전체 에피소드를 냉담한 안도감에 빠뜨리는 데에 있어서 매우 효과적이지만, 그것은 또한 주인공의 한계 때문에 그 상황에 대한 치유가 일종의 절망적임을 나타내는 것이다. 이것이 최상의 상태토 일상을 다룬 비극이다.

> The trivial level of much of the conversation operates dramatically on several levels. It sometimes works comically and the juxtaposition of the very ordinary with the extraordinary event being proposed is extremely effective in throwing the whole episode into a chilling relief, but it also betrays a sort of hopeless irremediability about the situation because of the

limitation of the protagonists. This is tragedy of the ordinary at its best(재
인용 Clive Bloom 156).

Darryll Grantley의 말처럼 Marsha Norman은 일상생활에서 벌어지는
매우 평범한 사건에서 현대 소시민 가정의 세세한 부분까지 그려내
고 있다. 그녀는 평범한 일상생활의 언어를 사용하고 여주인공의 희
망 없는 삶을 표현하며 그 여주인공이 자살을 할 수밖에 없는 상황을
잘 묘사하고 있다. 그녀가 이러한 평범하고 일상적인 생활 속에서 비
극적 정점을 이끌어낸 점에서 우리는 이 극을 높이 평가하는 것이다.
　이 극에서 평범한 일상이라는 특징은 계속 나타나고 있는데, 또 하
나의 예로 어머니는 딸에게 일이라는 대안을 제시한다. 그러나 Jessie
는 자신이 직업을 가질 수 없는 이유를 어머니가 더 잘 알고 있지 않
느냐고 반문한다. 그 이유는 Jessie가 간질병을 가지고 있어서 직업도
잃었고, 다른 사람과의 교제도 어려웠기 때문이다. 그녀는 자포자기
상태에서 자신이 유일하게 할 수 있는 것은 끝내는 일, 즉 자살밖에
없다고 말한다.

> 제시(*조용하게*): 맞아. 어쩔 수가 없어. (*엄마, 가슴이 철렁 내려앉
> 는다.*) 나 역시 어쩔 수가 없어. 내 삶에 대해서. 달리 좋게 바꾸어
> 볼 수도 없고, 친해 보려고 해도 도무지 되질 않아. 어떻게 해볼 수
> 가 없어. 할 수 있는 것이 하나 있다면 끝내는 것뿐이야. 막을 내리
> 는 거지. 듣기 싫은 라디오를 끄듯 꺼버리는 거야. 오직 그 길밖엔
> 없어. 이제 그걸 하려는 거야. 곧 끝나게 될 거야. 아니, 곧 끝낼 거
> 야. 자, 이제 좀 재미있게 보내자고.

> Jessie(*Quietly*): No. You can't. (*Mama slumps, if not physically, at least
> emotionally*) And I can't do anything either, about my life, to change it,
> make it better, make me feel better about it. Like it better, make it work.

> But I can stop it. Shut it down, turn it off like the radio when there's
> nothing on I want to listen to. It's all I really have that belongs to me
> and I'm going to say what happens to it. And it's going to stop. And
> I'm going to stop it. So. Let's just have a good time. (36)

Jessie에게는 자살을 통해 자신을 어머니로부터 분리하려는 욕구가 있는 것이다. 이 점에 대해 Jenny S. Spencer는 다음과 같이 설명한다.

> 어머니에 대한 사랑을 분리시키려는 필요성과 그럼에도 불구하고 '정상적인' 여성의 정체성을 획득하기 위해 어머니와 자신을 동일시하는 딸의 필요성과 그리고 분리에 관해 혼합된 감정을 갖고 있음에도 불구하고 아이의 자주성에 관한 계획을 지지하는 어머니의 필요성이야말로 Jessie와 어머니가 극에서 상징적으로 행하는 드라마이다.

> The need for a daughter both to detach her love and yet to identify
> herself with the mother in order to acquire a 'normal' gendered identity,
> and the need for a mother to support the child's project of autonomy
> despite mixed feelings regarding separation, is the drama that Jessie and
> Mama symbolically enact in the play(370).

Jessie는 자신의 정체성을 찾기 위해 어머니와의 유대를 끊는 행위, 즉 분리하고자 하는 욕구를 계속 추구하면서, 남은 시간을 재미있게 보내고 싶어 한다. 구체적으로 Jessie는 어머니에게 질문도 하고 싶어 하고 어머니가 해주는 코코아도 먹고 싶어 한다. 이러한 Jessie의 요구는 항상 어머니를 보살펴 주고 음식물을 제공해주었던 자신이 어머니로부터 유일하게 보답받고 싶은 것이기 때문이다.

이에 어머니는 코코아와 캐러멜 애플을 만들어 주겠다면서 찬장 안에 있는 그릇을 모조리 끄집어낸다. 어머니는 이렇게 해서라도 시간을 벌어 딸의 마음을 돌리고 싶은 마음이다. Jessie는 어머니의 이러한 마음을 모르는 척하면서 어머니 친구 Agnes에 대해 어머니에게 물어 본다. 딸의 질문에 어머니는 Agnes에 대해 이야기하면서 코코아와 우유가 들어 있는 프라이팬이 있는 곳으로 가서 불을 켜고 젓기 시작한다. 어머니는 코코아 가루를 좀 더 넣어야 제 맛이 날 것이라고 말하는데 이에 Jessie는 어머니가 우유 맛이 싫어서 코코아 가루를 넣는 것이 아니냐고 대꾸한다. 어머니는 다음과 같이 우유를 싫어하는 사실을 언급한다.

> 엄마(*다시 시도해본다. 그러나 그다지 강력하지는 않다.*): 우유라면 질색이야. 오크라만큼이나 목구멍에 닿는 느낌이 좋지 않거든. 삼키기가 무섭게 구역질이 난다니까.
>
> Mama(*Another attempt, but not as energetic*): I hate milk. Coats your throat as bad as okra. Something just downright disgusting about it. (42)

이와 같이 어머니는 마시면 구역질을 할 정도로 우유를 거부하는데, 이것은 어머니가 육체적 자양분인 우유, 다시 말해 자신의 어머니로부터 공급받는 영양 자체를 거부하며, 더 나아가 어머니의 모녀관계가 좋지 않았음을 간접적으로 상징해주는 것이다. Laura Morrow는 어머니가 모성에 대한 불만족을 지니고 있는 것이라고 지적한다.

> 엄마가 우유를 싫어하는 것은 섞이지 않은 순수한 것과 건강한 것에 대한 그녀의 거부감을 반영한다. 그리고 또한 아마도 결혼만큼이나 보상받지 못한 것으로 증명되는 모성에 대한 불만족을 반영하는 것이다.

Mama's dislike of milk reflects her rejection of the unadulterated and healthful and perhaps also suggests her dissatisfaction with motherhood, which has proven no more rewarding than marriage(재인용 이형식 역 229).

이와 같이 긴 안목으로 음식의 영양학적인 면을 고려하지 않고 아이들처럼 순간적인 달콤한 맛을 즐기는 어머니는 자신도 모녀관계가 좋지 않았음을 보여 준다. 이제 어머니는 자신이 만든 코코아 맛이 형편없다고 이야기하고 Jessie는 맛이 없어서 결국 마시지 않지만 어머니가 자신에게 베풀어 준 호의를 고마워한다. 이에 어머니는 안 마실 걸 뻔히 알면서 괜히 만들었다며 실망한다.

이제 Jessie는 아버지에 대해 물어 보면서 시간을 보내고, 어머니를 위해 서랍과 냉장고를 정리한다. 그녀는 죽음을 맞기에 앞서 어머니를 위하여 모든 것을 세세하게 준비해 놓는다.

어머니는 딸이 알지 못했던 사실을 두 가지 알려 준다. 첫째는 Jessie가 간질병을 지니고 있다는 사실이다. 어머니가 이 사실을 비밀로 한 이유는 남편의 간질병이 폭로될까 봐 우려했기 때문이다. 그녀는 가부장적 사회에서 딸보다는 남편의 체면, 권위를 소중히 여겼기 때문에 딸에게 진실을 알려 주지 못한 것이다. 또한 어머니는 딸의 간질병을 타인에게 알리고 싶어 하지 않았고, 남편에게도 알리고 싶어 하지 않았던 것이다. 그러나 Jessie는 어머니가 자신을 창피하게 여겨서 사실을 숨긴 것이라고 생각한다. 이로 인해 Jessie는 자신의 삶에 대해 더욱 실망감을 느낀다.

두 번째는 Jessie의 남편인 Cecil에게 여자가 있었다는 사실이다. 어머니는 Jessie의 자살을 회유하다가 갑자기 공격적인 표현을 하게 된다. 그녀는 엉뚱한 질문을 한다.

엄마: 신문은 뭐 하려고 읽는 거냐? 내가 떠준 스웨터는 왜 안 입는
거지? 내 옛날 모습은 어땠는지 너 기억이나 하니? 그때에 비하면
지금의 내 모습이 영락없는 쭈그렁 할망구로밖에 안 보이냐? 발작
할 때는 눈에 별이라도 번쩍하든? 어떻게 말에서 떨어졌지. 그거
정말이냐? Cecil은 왜 널 버린 거지? 내가 옛날에 쓰던 안경은 어디
다 두었어?

Mama: Why do you read the newspaper? Why don't you wear that
sweater I made for you? Do you remember how I used to look, or am I
just any old woman now? When you have a fit, do you see stars or what?
How did you fall off the horse, really? Why did Cecil leave you? Where
did you put my old glasses? (56)

어머니는 여러 가지 엉뚱한 질문에다가 딸이 마음 아파하는 간질
병 이야기를 끄집어내고, 왜 Cecil이 Jessie를 떠났는지 등 심한 질문을
한다. 이제 Jessie는 담배에서 마음의 위로를 얻는다.

제시: 그 좋은 담배를 왜 그가 그렇게 질색을 했는지 정말 그 이유를
모르겠어. 나한테 변함없이 진실한 것은 담배밖에 없어. 마지막 순간
처럼 내가 찾을 땐 늘 곁에 있어 주거든. 아무 말 없이 조용하게.

Jessie: I never understood why he hated it so much when it's so good.
Smoking is the only thing I know that's always just what you think it's
going to be. Just like it was the last time, right there when you want it
and real quiet. (56)

이와 같이 그녀는 담배가 변함없이 진실하다고 생각하며 담배를 친구
처럼 여긴다. Jessie의 흡연에 대해 Laura Morrow는 다음과 같이 평한다.

제시의 구순애는 흡연이고, 그녀는 그것을 권력과 자기결정으로 관
련시킨다. …… 인간관계와는 다르게, 흡연은 Jessie에게 부정적인 통

제이긴 하지만 그녀의 운명에 대하여 예상할 수 있는 판단력과 통
제력을 제공한다.
Jessie's oral fixation is smoking, which she associates with power and self-
determination. …… Unlike human relationships, smoking affords Jessie a
sense of predictability and of control－if only negative control－over her
destiny(재인용 이형식 역 233-234).

이처럼 Jessie는 유일하게 흡연을 즐기고 이 흡연은 그녀가 어떤 일
을 결정할 때 그녀 자신에게 통제력을 제공해주는 것이다. Jessie에게
담배는 자신의 이상을 대변하는 것으로 이 담배 에피소드를 통해 드
러나는 것은 Cecil이라는 남성의 부정적인 힘을 읽을 수 있다는 것이
다. Jessie가 담배를 믿고 의지하게 된 이유는 남편 Cecil이 자신을 곧
버릴 것이라고 예감을 하였었고 실제로 그는 작별인사도 없이 떠났
기 때문이다.

어머니는 Cecil이 떠난 이유를 Jessie의 발작하는 모습이 지겨워서라
고 말하며, 덧붙여 Cecil에게 여자가 있었다는 것을 딸에게 알려 주고
Cecil이 Jessie에게는 맞지 않는 사람이라고 위안의 말을 한다.

Jessie의 대화에서 우리는 Jessie가 어머니의 취향에 맞는 사람과 결
혼을 하였고, Jessie 본인의 뜻에 따라 결혼한 것은 아니라는 사실을
알 수 있다. 어머니는 자신의 말 상대자도 될 수 있고, 베란다도 만들
어 줄 수 있는 목수를 사윗감으로 얻고 싶었던 것이다. 이와 같이 어
머니는 딸을 어린아이처럼 취급하여, 딸의 인생에서 중요한 선택인
결혼을 자신의 의지대로 행사해 버린 것이다. 왜냐하면 어머니는 '여
자는 꼭 결혼해야 한다'는 가부장적 사회의 사고방식을 지녔기 때문
에 딸의 마음에 드는 남성이 나타날 때까지 기다려준 것이 아니라,
그녀 자신의 취향에 맞는 사위를 빨리 선택한 것이다.

이렇게 행동했던 어머니는 이제 자신의 잘못을 인정하게 된다. 어머니는 Jessie가 간질병에 걸린 것이 자신이 남편을 사랑하지 않았거나 담배를 너무 많이 피운 때문이었는지 잘 모르겠다고 자책감에 빠져 고백한다. Adriene Rich는 모든 어머니들은 자식에 대해 죄의식을 느끼고 있다고 설명한다.

> 모성의 제도하에서 모든 어머니들은 정도의 차이는 있겠지만 자신이 아이에게 잘못하고 있다는 죄의식을 느낀다. 그리고 나의 어머니는 특히, 아버지의 계획대로 완벽한 딸을 만들도록 되어 있었다. 이 '완벽한' 딸은 22살에 관절염을 앓아 영원히 다리를 절게 되었다. 그녀는 마침내 아버지의 빅토리아 시대적인 가족주의와 유혹적인 매력, 잔인한 통제력에 저항하고, 이혼한 대학원생과 결혼하고, 테니슨의 유창한 부드러움이 결핍되어 있는 '현대적'이고 '애매'하고 '비관적인' 시를 쓰는가 하면, 심지어 무모하게도 임신을 하여 아기를 낳았다. 그녀는 더 이상 착실하고 조숙한 아이도 아니고, 매혹당하기 쉬운 시적인 소녀도 아니었다. 아버지의 생각으로는 무언가 끔찍하게 잘못되었던 것이다. …… 어머니도 또한 죄책감을 느꼈을 것이다. 어머니가 그 당시에 경험하셨다고 후에 내게 말씀하셨던 '무감각한 상태' 밑에 깔려 있는, 모든 어머니들이 느끼는 죄의식을 상상할 수 있다. 왜냐하면 내 자신이 그것을 알고 있기 때문이다.

> The institution of motherhood finds all mothers more or less guilty of having failed their children; and my mother, in particular, had been expected to help create, according to my father's plan, a perfect daughter. This 'perfect' daughter, though gratifyingly precocious, had early been given to tics and tantrums, had become permanently lame from arthritis at twenty-two; she had finally resisted her father's Victorian paternalism, his seductive charm and controlling cruelty, had married a divorced graduate student, had begun to write 'modern', 'obscure', 'pessimistic' poetry, lacking the fluent sweetness of Tennyson, had had the final temerity to get pregnant and bring a living baby into the world. She had ceased to be the demure and precocious child or the poetic, seducible adolescent.

Something, in my father's view, had gone terribly wrong. …… she also
was made to feel blame. Beneath the 'numbness' that she has since told
me she experienced at that time, I can imagine the guilt of Every mother,
because I have known it myself(223).

우리는 Adrienne Rich의 경험적인 고백을 통해 어머니가 딸의 신체
적 결함이나 나쁜 기질, 불행에 대해 죄책감을 느낀다는 것을 알 수
있다. Thelma도 그녀가 설명하는 죄책감과 같은 종류의 죄책감을 고
백한다.

> 엄마: 간질병 얘기를 하는 게 아니야, 제시! 네가 죽겠다는 것을 두
> 고 하는 말이지. 문제는 나야. 그렇지 않고서야 네가 나한테 이럴
> 리가 없어. 거짓말을 했기 때문이거나, 억지결혼을 시켰기 때문이
> 거나, 내 맘대로 널 데려오서 네 인생을 네게서 떼어냈기 때문이거
> 나, 아니면 전부 다거나. 그래. 왜 그랬는지 나도 모르겠지만 그렇
> 게 됐어. 나도 알아. 모든 게 다 내 잘못이다, 제시야. 하지만 이제
> 와선 나도 어째야 좋을지를 모르겠어!
>
> Mama: I'm not talking about the fits here, Jessie! I'm talking about this
> killing yourself. It has to be me that's the matter here. You wouldn't be
> doing this if it wasn't. I didn't tell you things or I married you off to the
> wrong man or I took you in and let your life get away from you or all
> of it put together. I don't know what I did, but I did it, I know. This
> is all my fault, Jessie, but I don't know what to do about it now! (72)

Thelma도 Adrienne Rich가 주장하는 바와 같이 자식에 대한 죄의식
에 사로잡혀 있다. 마침내 어머니는 Jessie에게 자신을 버리지 말아 달
라고 애원한다. 어머니의 이와 같은 애절한 마음을 수용하지 못하는
Jessie는 자신의 자살 결심은 바꿀 수도 없고 어머니가 구해주기를 바
란 것도 아니며 그냥 어머니한테 자신의 결심을 알려 주고 싶었을 뿐

이라고 말한다. 이에 어머니는 조금만 더 자신의 곁에 있어 달라고 매달리지만 Jessie는 다음과 같이 자살 이유를 설명한다.

> 제시: 이래도 모르겠어, 엄마? 내가 하는 일은 늘 이런 꼴이 된다고. 어떻게 내가 엄마의 이해를 바랄 수 있겠어? 엄마가 도대체 매니큐 어를 칠하고 싶은 건지 아닌지 내가 무슨 수로 알겠느냐고? 여느 때처럼 조용히 있다가 방아쇠를 당길 수는 없었느냐고? 미안해, 엄 마. 하지만 내가 자살하려는 게 바로 이런 것 때문이라고.

> Jessie: Don't you see, Mama, everything I do winds up like this. How could I think you would understand? How could I think you would want a manicure? We could hold hands for an hour and then I could go shoot myself? I'm sorry about tonight, Mama, but it's exactly why I'm doing it. (74)

Jessie는 우선 자신이 누구인가 하는 자아 인식 결여로 자살을 계획하고, 다음으로 이차적인 문제, 즉 사회에서 필요한 기술을 연습할 기회가 없어서 제대로 일을 하지 못하고 결혼 생활도 실패하고 아들 Ricky도 제대로 보살피지 못해서 범죄자로 되어버린 사실을 인식하기 때문에 죽음을 계획했지만, 그 계획도 어머니의 만류 때문에 힘들어지자, 자신이 하는 일은 제대로 된 적이 없다고 비관한다. 그녀는 죽음이라는 문제도 하나의 일, 선택의 문제로 간주하는 것이다. 이에 어머니는 Jessie에게 절대로 삶을 포기해서는 안 된다고 말한다.

> 엄마: 애, 당장 뭐라고 꼭 꼬집어 말할 수는 없지만 분명 무슨 길이 있을 거야. 그건 너 스스로 찾는 거야. *네* 스스로 생각해보고. *너* 계속 노력해볼 수 있어. 용기를 갖고 좀 더 해보는 거야. 절대로 포기해선 안 돼!

> Mama: Look, maybe I can't think of what you should do, but that

doesn't mean there isn't something that would help. You find it. *You* think of it. *You* can keep trying. You can get brave and try some more. You don't have to give up! (75)

어머니는 이제야 딸이 자주성을 갖도록 설득한다. 이에 Jessie는 다음과 같이 말한다.

제시: 난 포기하는 게 아니야! 다른 시도를 하는 거야. 다른 방법이 있을 수도 있겠지. 하지만 더 이상 그 정도론 부족해. 확실한 게 필요해. 이건 확실할 거야. 그래서 이걸 택한 거야.

Jessie: I'm not giving up! This is the other thing I'm trying. And I'm sure there are some other things that might work, but might work isn't good enough any more. I need something will work. This will work. That's why I picked it. (75)

Jessie는 자신이 과거에 종사했던 일에 실패했으므로 자신감을 잃었지만, 자살이라는 일을 시도함으로써 타인에 의해 인생이 좌우되는 것이 아니라 자신이 인생을 선택하여 결정할 수 있다는 만족감을 느낀다. 이러한 Jessie에 대해 Linda Ginter Brown은 그녀의 승리라고 언급한다.

노먼의 인물 Jessie Cates는 어머니의 삶처럼 성취하지 못한 삶에 직면하기보다는 차라리 삶에 대해 통제력을 발휘하는 척하며 죽음을 선택한다. 비록 Jessie가 죽음을 선택할지라도, 그녀에게 적절한 영양 상태를 만들어 주는 것을 그녀 홀로 결정하기 때문에 그녀는 승리한 것이다.

Norman's character, Jessie Cates, assumes control of her life and choose death rather than face an unfulfilled life like her mother's. Even though Jessie chooses death, she triumphs because she, alone, decides what constitutes her proper nourishment(84).

Brown 외에 Jessie의 자살을 선택이나 자기 결정으로 간주하는 평론가로 Janet Brown과 Catherine Barnes Stevenson을 들 수 있다.

> Jessie의 결정은 개인적인 것이다. 실제 극에서 그녀의 투쟁은 어머니를 반영하거나 자기 확대의 행위가 아니라, 단순히 그녀의 개인적 결정으로서 자살을 주장하는 것이다.
>
> Jessie's decision is an individual one, and indeed her struggle in the play is to claim her suicide not as a reflection on her mother or as an act of self-aggrandizement but simply as her personal decision(Janet Brown & Catherine Barnes Stevenson 194).

이와 같은 비평가들의 평처럼, Jessie가 자살하려고 하는 것은 자신의 삶을 비관해서라기보다는 모든 일이 자기의 의지와는 상관없이 돌아가고 타인에 의해 지치고 화가 나고 절망감을 느끼기 때문에 상실된 자아를 찾고 자신의 의지대로 죽을 권리를 주장하며 자신의 결정을 충실히 이행하고자 하는 데 있다.

어머니는 Jessie에게 무엇이든지 물어 보면 사실대로 이야기해주겠다고 설득하지만 Jessie는 만사가 싫다며 편하게 가게 해 달라고 애원한다. 어머니는 Jessie가 자기 아이라고 말하는데, 어머니의 이 말에는 혈연관계를 강하게 이용하려는 의도가 포함되어 있으며, 여기서 성인이 된 Jessie를 아직까지도 자신의 소유물인 양 아기 취급하는 어머니의 강한 소유력을 볼 수 있다.

이에 Jessie는 어렸을 때의 사진을 보고 자신이 웃고, 장난치고, 어머니가 이불을 덮어 주면 따뜻하게 느꼈던 그 시절의 모습으로 돌아가고 싶어 한다. 그녀는 다기였을 때의 행복한 모습이 진짜 자신의 모습이라고 생각하지만 다시 그 모습을 찾을 수 없다는 데 절망감을 느낀다.

제시: 나는 당신의 아이가 되었어. (*엄마, 아무 말도 하지 못한다.*) 어쩌다 우연히 내 어렸을 때의 사진을 보게 되었어. 근데 그건 내가 아니라 다른 사람이었어. …… 이리저리 마음대로 굴러다니며 침대시트에 침을 묻히고, 살그머니 퀼트 이불을 여며 주는 엄마의 손길을 아련히 느끼던 다른 아기였어. 그게 나의 첫 모습이었던 거야. 결국 이 꼴이 되고 말았지만. (*자기 연민의 감정은 없다.*) 말하자면 그건 지금은 잃어버린 나의 자아야. 그래, 무던히도 애써봤지만 결코 두 번 다시 찾을 수 없었던 진짜 나였단 말이야. 평생을 두고 기다려 왔지만 끝내 오· 주지 않은 진짜 내 모습. 그러니까 세상이 거꾸로 돌아가든, 집안이 쑥대밭이 되든 그건 나한테 별 문제가 아닌 거야. 정말 기다려놓 만한 가치가 있는 거였지만, 허사였어. 나를 …… 지금의 나를 어쩌면 달라지게 했을지도 모르는 그 …… 진짜 내 모습은 끝끝내 모습을 드러내지 않았단 말이야. 그러니 엄마의 말벗이 돼 준다는 것밖에는 하등 머무를 이유가 없는 거야. 하지만 …… 그것마저도 결코 충분치가 못한 셈이지. 왜냐하면 난 …… 그리 훌륭한 말벗도 못 되니까. (*사이*) 안 그래?

Jessie: I am what became of your child. (*Mama cannot answer*) I found an old baby picture of me. And it was somebody else, not me. …… and rolled over and drooled on the sheet and felt your hand pulling my quilt back up over me. That's whc I started out and this is who is left. (*There is no self-pity here*) That's what this is about. It's somebody I lost, all right, it's my own self. Who ꞉ never was. Or who I tried to be and never got there. Somebody I waitec for who never came. And never will. So, see, it doesn't much matter what else happens in the world or in this house, even. I'm what was worth waiting for and I didn't make it. Me …… who might have made a difference to me …… I'm not going to show up, so there's no reason to stay, except to keep you company, and that's …… not reason enough because I'm not …… very good company. (*Pause*) Am I. (76)

Jessie는 어렸을 때 어머니의 보호를 받던 건강하고 밝은 자신의 모습을 그리워하며 자아를 상실해 버린 것에 대해 절망한다. 더 나아가 그녀는 자신의 정체성을 회복할 수 없고 외롭고 세상 사람들로부터 소외되었기 때문에 더 이상 생존의 이유를 찾지 못한 것이다. Jessie는 살아야 하는 이유로 자신이 좋아하는 음식이라도 있으면 견딜 수 있었을 거라는 생각을 한다.

> 제시: 그런데 가끔 이상한 생각이 들곤 했어. 뭐 그렇게까지 이상할 것까지야 없겠지만. 아무튼 크리스마스 이후 마음을 굳히고 난 다음, 가끔 이런 생각을 했어. 날 여기 붙들어 놓고 있는 게 과연 뭘까, 뭘 위해 머무를 가치가 있는 것일까, 그리고 엄만 그게 뭔지를 알고 있을까? 내가 정말로 좋아하는 게 있었다면 어땠을까, 예를 들어 아침으로 먹는 라이스 푸딩이나 콘플레이크라도 정말 좋아했더라면 어쩜 견딜 만하지 않았을까 하고.

> Jessie: I had this strange little thought, well, maybe it's not so strange. Anyway, after Christmas, after I decided to do this, I would wonder, sometimes, what might keep me here, what might be worth staying for, and you know what it was? It was maybe if there was something I really liked, like maybe if I really liked rice pudding or cornflakes for breakfast or something, that might be enough. (77)

Jessie는 생존의 이유를 찾지 못하기 때문에 자살을 하려고 하는 것이고 라이스 푸딩의 맛을 느끼지 못할 정도로 삶에 대한 애착을 갖지 못한다. 반면에 어머니는 죽음을 무서워하면서 Jessie가 자살을 시도하면 사람들이 Jessie를 욕할 것이라며 비난을 한다. 이에 Jessie가 혼자 있고 싶어 하자 어머니는 "아니다, 아니야. …… 내가 정말 제정신이 아닌가 봐(79)"라고 말한다. 어머니는 딸의 자살을 막아 보려는 방법이 모두 실패로 돌아가자, 넋 나간 사람처럼 망연자실한 상태가 된다.

극이 진행되면서 Jessie는 어머니에게 자신이 죽은 후에 장례식을 어떻게 치러야 하는지 세세히 가르쳐 준다. 즉, Jessie는 장례식 때 필요한 목사, 장송곡, 장례복, 인사말, 그리고 음식 등에 대해 어머니에게 알려 준다. 또한 그녀는 세상 사는 방법을 어머니에게 일러 준다.

> 제시: 안 돼, 엄마. 이제부터 엄마도 좀 이기적으로 살아야 돼. (*엄마와 식탁을 사이에 두고 앉으며*) 분명 내가 왜 그랬느냐고 물어오는 사람이 있을 거야. 그땐 그냥 모른다고만 해. 우린 서로 사랑했고 그날도 여느 다른 날처럼 아무 일 없이 조용히 앉아 있었는데, 내가 엄마한테 다가와 "잘 자요, 엄마" 하고 키스를 하고는 내 방으로 들어갔다. 안으로 문을 잠그는 소리가 들렸고 다음 순간 총소리가 났을 뿐이다, 이렇게. 그러니까 왜 그랬는지 알아볼 겨를도 없이 가 버렸다고.

> Jessie: No, Mama. You have to be more selfish from now on.(*Sitting at the table with Mama*) Now, somebody's bound to ask you why I did it and you just say you don't know. That you loved me and you know I loved you and you and we just sat around tonight like every other night of our lives, and then I came over and kissed you and said, " *'Night, Mother*," and you heard me close my bedroom door and the next thing you heard was the shot. And whatever reasons I had, well, you guess I just took them with me. (81)

Jessie는 자신이 죽은 후 사람들에게 어떻게 말해야 하는지를 어머니에게 당부하며, 자신의 물건을 나누어 주라고 말하고, Dawson에게는 앞으로 어머니에게 드릴 크리스마스 선물과 생일 선물 목록을 써 놓은 편지를 주라고 당부한다. 그녀는 자살이라는 것을 선택함으로써 독립적으로 서게 되고, 더 나아가 자신이 죽은 후 어머니가 이기적으로 살아야 한다는 충고까지 하게 된 것이다.

마지막으로 Jessie는 어머니에게 할머니께서 주신 반지를 선물하며 가야 할 시간이 다 되었다고 말한다. 이에 어머니는 두려움을 느끼며 딸을 사랑한다고 말한다. 또한 어머니는 Jessie에게 할 일이 많이 남아 있다며 딸을 붙잡으면서 끝까지 자살을 말리지만, Jessie는 속삭이듯 이 '잘 자요, 엄마'라고 말하고 방 안으로 사라진다. 어머니의 마지막 절규는 다음과 같다.

> 엄마(*비명을 지른다*): 제시야! (*문을 두드리며*) 제시야, 어서 이 문 열어. 이러면 못써, 제시야. 안 그러면 열 때까지 계속 비명을 지를 거야, 제시야. 제시야! 제시야! 네가 이러면 나한테 부탁했던 것 하나도 안 해줄 거야! 나는 야비한 세실이 제시를 죽게 만들었다고 그에게 말할 것이고, 리키한테 주라는 시계도 도슨한테 줘 버린다. 그게 싫으면 빨리 문 열고 이리 나와. 어서! (*다시 두드린다*) 제시야! 제발 이러지마! 난 정말 몰랐어! 네 곁에는 평생 이 에미가 있었어. 네가 그토록 외로워했는지 내가 어떻게 알 수 있었겠니?

> Mama(*Screams*): Jessie! (*Pounding on the door*) Jessie, you let me in there. Don't you do this, Jessie. I'm not going to stop screaming until you open this door, Jessie. Jessie! Jessie! What if I don't do any of the things you told me to do! I'll tell Cecil what a miserable man he was to make you feel the way he did and I'll give Ricky's watch to Dawson if I feel like it and the only way you can make sure I do what you want is you come out here and make me, Jessie! (*Pounding again*) Jessie! Stop this! I didn't know! I was here with you all the time. How could I know you were so alone? (88)

어머니는 딸과 계속적이고 공생적인 관계를 유지하다가 딸과 분리되었을 때 충격을 받는다. 또한 어머니는 딸이 얼마나 외로워했는지를 몰랐다고 고백하는데, 여기서 그동안 모녀간에 진정한 대화와 이해 부족으로 의사소통이 불가능했다는 사실을 알 수 있다. 어머니는 이제야 딸을 자신의 소유물로 생각했던 것에 대하여 용서를 구한다.

> (이 순간 안으로부터 총소리가 울려 퍼진다. 엄마의 비명소리에 대한 일종의 대답처럼 들린다. "싫어!"라는 듯한. 문을 타고 맥없이 미끄러져 내리는 델마, 두 뺨을 타고 눈물이 주르르 흘러내린다. 심하게 충격을 받은 까닭에 이제 더 이상 비명도 지르지 못한다.) 제시야, 제시야, 애야 …… 날 용서해다오. (사이) 난 네가 내 건 줄 알았어.
>
> (*And we hear the shot, and it sounds like answer, it sounds like No. Mama collapses against the door, tears streaming down her face, but not screaming anymore. In shock now*)
> Jessie, Jessie, child …… Forgive me. (*Pause*) I thought you were mine. (89)

마침내 Jessie는 자살하고, 딸의 죽음을 인식한 후에야 어머니는 눈물을 흘리며 딸을 마치 자신이 소유한 물건처럼 간주한 것에 대해 용서를 비는 것이다. 결국 Jessie는 죽음을 통해 자신의 정체성을 찾은 것이고 Thelma는 삶을 선택함으로써 자신의 정체성을 찾은 것이다. 또한 Jessie와 Thelma는 대화를 통해 서로의 문제를 인식하게 되고 특히 각자 자신의 아픈 경험을 고백함으로써 모녀간의 유대감을 회복한다.

이제 이 극은 Jessie가 미리 가르쳐 준 대로 어머니가 Jessie의 자살 소식을 Dawson에게 알리려고 다이얼을 돌리면서도 프라이팬을 꽉 움켜쥐는 것으로 막을 내린다. 여기서 프라이팬에 대해 Lynda Hart는 다음과 같은 해석을 내린다.

Jessie가 그녀의 어머니에게 마지막으로 요구하는 것은 음식이다.
…… 어머니와 딸이 공유하는 이 마지막 살림살이는 우유를 따뜻하
게 하기 위해 Thelma가 사용하는 프라이팬이 Jessie의 죽음 후 어머
니의 마음을 차지할 물건이 되기 때문에 상징적 의미가 크게 부과
된다.

Jessie's last request from her mother is for food. …… This last bit of
sustenance that mother and daughter share is highly charged with
symbolic meaning as the pan Thelma uses to warm the milk becomes the
object that will occupy her after Jessie's death(76).

프라이팬은 Jessie의 죽음 후 어머니의 남은 삶을 상징하며, 앞으로
어머니는 프라이팬을 통해 음식을 공급받을 것이며, 프라이팬을 의지
하게 될 것이다.

다음으로 모녀관계에 도움이 되지 않는 남성들에 대하여 살펴보겠
다. 이 작품에서 남성은 등장하지 않지만 모녀의 대화 속에서 그들의
존재가 얼마나 부정적인 역할을 하였는지 알 수 있다. 그들은 바로
Jessie의 아버지, 그녀의 남편 Cecil, 아들 Ricky, 오빠 Dawson이다.

첫째, Jessie의 아버지 역할이 가장 중요한데 아버지는 Jessie에게 희
망의 상실, 헛된 상상, 간질병이라는 것을 주었다. Jessie는 연극이 시
작되면서 아버지의 총을 찾는다. 이 총은 다락에 있는 신발 상자 속
에 있으며, 그 신발은 아버지께서 병원에 계실 때 신고 계시던 것이
다. Paul Rosefeldt는 이 신발은 병과 죽음과 연결된다고 말한다.

신발들은 환유적으로 병과 죽음과 연관된다. 총은 아버지의 총일
뿐만 아니라 그것은 아버지의 죽음과 직접적으로 연관되는 신발
상자 안에 있다. Jessie가 어머니에게 어느 신발 상자인가를 물을
때, Thelma는 "검정(10)"이라고 대답한다. Jessie는 이제 상자를 죽음

의 까만 상자와 연결시키면서 까만 상자인지를 묻는다. 그 총은 그
런 까닭에 아버지와 그의 부재, 그리고 그의 죽음과 연결된다.

The shoes are also metonymically connected with illness and death. The
gun is not only the father's gun, but it is in the box for the shoes that
are directly connected to the father's death. When Jessie asks Mother
which shoebox, Thelma replies, "Black"(10). Jessie then asks if the box is
black, connecting the box now with the black box of death. The gun is
thus connected to the father, to his absence, and to his death(68).

Jessie는 육체적으로는 간질병을 앓고 정신적으로는 고통을 받아 죽
음에까지 이른다. Jessie가 찾는 상자가 검은색이라는 것은 죽음을 의미
하고, 신발은 이 세상의 삶을 떠나는 도구를 의미한다. 결국 신발 상자
속의 총은 죽음을 초래하며, Jessie는 자신이 그 총을 사용할 것이라고
어머니에게 말하는 것이다. Paul Rosefeldt는 이 총의 상징에 대해 "총은
또한 아버지와 그의 권력을 주장하는 투쟁을 드러내는 상징이다(The
gun is also symbol for a struggle to claim the father and his power.)(68)"라고
언급한다.

Jessie는 아버지와 그의 권력을 주장하는 투쟁의 수단으로 총을 사
용하는 것이다. 어머니가 총이 자신의 소유라고 주장하고 있음에도
불구하고 Jessie는 아버지의 총을 사용할 결심을 한다. 왜냐하면 Jessie
는 우울하게 앉아 있었던 아버지의 모습을 좋아하고, 아버지의 죽음
을 동경하기 때문이다. 그녀의 아버지는 현실 도피적인 성격을 지니
고 있다. 그가 헛간에다 '낚시 가고 없음(GONE FISHING)(27)'이라고
써 놓은 것은 그가 타인들과의 관계를 거부하고 혼자 할 수 있는 낚
시에 매달려 속세를 잊고 멍하니 지내는 조용한 성격임을 보여 준다.
이러한 성격의 소유자인 아버지를 좋아한 Jessie는 아버지와 저녁

식사 후 대화를 나누곤 했다. 아버지와 딸의 친밀함은 남편에게 만족감을 느끼지 못하는 어머니에게 소외감을 준다. 왜냐하면 어머니는 아버지가 원하는 이상형이 아니기 때문이다. 그가 하루하루 색다르고 신선한 충격을 주는 여자를 원한다는 사실은 어머니의 대사에서 파악할 수 있다.

> 엄마: 아빠는 처음부터 날 못마땅해했어. 아빠가 바라던 대로 난 그저 평범한 시골처녀였는데 일단 결혼을 해놓고 보니까 마음이 달라진 게지. 하루하루가 색다른 여자, 신선한 충격을 주는 여자를 원했던 거야. 평생을 두고 날 못마땅해했지.
>
> Mama: He felt sorry for me. He wanted a plain country woman and that's what he married, and then he held it against me the rest of my life like I was supposed to change and surprise him somehow. (46)

Jessie의 어머니는 변화가 없는 평범한 시골여자인데 아버지는 이와 같은 아내를 못마땅하게 여겼던 것이다. 구체적인 예를 들어 보면, 그는 15살밖에 안 되는 어린 아내와 결혼하고 그녀의 철없는 행동-밖에 나가 흙장난을 하고 하루 종일 노는 것-에 대해 만족하지 못한 것이다. 당시 그는 아내를 인격적으로 대우해서 잘못을 지적하는 것이 아니라 강제로 그녀를 씻기려고 부엌으로 끌고 와서 아내를 마치 물건 다루듯이 함부로 한 것인데 이러한 남편의 말뜻조차도 제대로 이해하지 못하고 남편이 원하는 여성상을 따라잡지 못했던 아내는 남편이 죽고 나서야 삶의 활기를 느낀다. 어머니는 사랑, 행복이라는 것을 느끼지도 못한, 가부장적 사회의 남성의 희생물이라고 할 수 있다.

Jessie의 아버지는 딸이 헛된 상상을 하도록 만드는데, 그 예로 그가 딸에게 담배파이프 청소기를 주며, "이것이 네 남자 친구다"라고 말하는 것을 들 수 있다.

> 제시: 아빤 나한테 담배파이프 청소기를 남자 친구로 만들어 주고 의자에 깊숙이 파묻힌 채 내가 노는 모습을 조용히 웃으며 바라보곤 했어. 나무인형처럼 금방이라도 일어나 춤을 출 것만 같았지. …… 그리고 암소가 병이 나서 아빠가 밤샘이라도 하게 되는 날이면 아침에 졸린 나무 코끼리를 한 아름 내 침대에 놓고 가셨지.

> Jessie: Or make me a boyfriend out of pipe cleaners and sit back and smile like the stick man was about to dance. …… Or sit up with a sick cow all night and leave me a chain of sleepy stick elephants on my bed in the morning. (47)

아버지는 손수 깎은 나무 코끼리를 딸의 침대에 놓고 가는 자상한 분이지만, 담배파이프 청소기나 나무 코끼리는 딸에게 상상의 세계를 제공하는 것이다. 어린 시절 Jessie에게는 실제로 친구가 없고 그녀의 유일한 친구는 나무인형이라는 장난감뿐이었다. 그녀는 허구의 세계, 장난감의 세계에서 즐거워하고 안주했던 것이다. 이에 대해 Paul Rosefeldt는 다음과 같이 설명한다.

> 그(아버지)에 대하여 가지는 Jessie의 추억은 Jessie가 고통으로부터 안전한 곳인 어린 시절 장난감의 세계와 밀착되어 있다. 아버지는 "암소가 병이 나서 밤샘을 하곤 한다(47)." 그리고 Jessie에게 "졸린 나무 코끼리를 두고 간다(47)." 그가 부재중일 때에는, 그는 장난감을 남겼고, 그는 코끼리를 통해 그의 졸음을 표현하였다. 분명히 Jessie와 아버지 간의 유대는 가까운 것이지만, 그 유대는 유아 세계와 밀착되어 있다.

> Jessie's memory of him(father) is attached to a childhood world of toys

where Jessie is safe from hurt. The father would also "sit up with a stick
cow all night(47)." and leave Jessie "a chain of sleepy stick elephants(47)."
In his absence, he left toys, and he expressed his own sleeping through the
elephants. Apparently, the bond between Jessie and her father was a close
one, one attached to a childhood world(64).

허구의 세계를 선사한 아버지와 딸의 유대는 강하고 그것이 딸의
어린 시절에 큰 영향을 준 것이다. 그러나 아버지는 딸이 현실을 제
대로 인식하는 데 도움을 주지 못하고 딸로 하여금 상상의 세계에 빠
져들게 만든다. 상상의 세계에 잘 빠지는 Jessie는 외모에서 아버지와
닮았고, 그의 간질병까지도 유전으로 받아 5세 이후 발작을 시작했다.
또한 그녀가 발작을 하게 되면, 어머니와 오빠 Dawson은 옷을 갈아입
히고, 침대에 눕혀 놓아 아무 일도 발생하지 않은 것처럼 위장한다.
이와 같이 자신의 간질병에 대한 정보를 전혀 갖지 못했던 Jessie는 전
화기 판매사원과 병원 구내 선물 코너의 직원이었을 때의 생활에 실
패하였고 또한 결혼 생활에도 실패하였다. 결국 그녀의 생활은 아버
지로 인해 더욱 쇠약하게, 무기력하게 된 것이다. 더욱이 아버지는 무
책임하게 이별의 말도 없이 돌아가시고, 이에 Jessie는 충격을 받아 은
연중에 자살하고 싶은 충동을 느껴 온 것이다. 한마디로 Jessie는 무책
임한 아버지에게 희생당한 삶을 살아온 것이다.

아버지 다음으로 Jessie의 남편 Cecil은 Agnes의 딸 Carlene과 바람을
피우고 아내 Jessie를 버리는 무책임한 인물이다. 그러나 Jessie는 Cecil
이 떠난 후에야 어머니와의 대화를 통해 그의 불륜을 인식하게 된다.

엄마: 제시야, 그놈한텐 딴 여자가 있었어. 헛간에 갔다가 둘이 함
께 있는 걸 봤다.

제시(*잠시 후에*): 그래? 잘됐네. (*담배를 하나 다시 피워 물며*) 그
여자 예뻤어?
엄마: 애그니스의 딸 칼린이라고. 알아서 생각하렴.

Mama: He had a girl, Jessie. I walked right in on them in the toolshed.
Jessie(*After a moment*): O.K. That's fair. (*Lighting another cigarette*) Was she
very pretty?
Mama: She was Agnes's girl, Carlene. Judge for yourself. (57)

어머니가 사실을 알려 주자, Jessie는 그에게 잘된 일이라고 의연한
척하지만 담배를 피며 자신의 고통을 드러내려고 하지 않는다. 담배
는 그녀에게 배신감, 분노를 가라앉혀 주는 유일한 도구이다. 그녀는
어머니가 Agnes와 어떤 얘기를 했을 것이라고 의연하게 말한다. 이에
어머니는 Jessie와 Cecil이 서로 맞지 않고 더욱이 Cecil이 Jessie를 사랑
하지 않았다고 얘기한다. 그러나 Jessie는 Cecil을 두둔한다.

제시: 그 사람은 나쁜 사람이 아니었다니까, 엄마. 난 정말로 세실
을 사랑했어. 그래서 어떻게든 늘 정신을 똑바로 차리려고 노력했
지. 승마를 배운 것도 사실 그 때문이야. 이따금 함께 외출을 하기
도 했었지. 하지만 그 사람은 언제나 그런 내 노력하는 마음을 읽
고 있었어. 그래서 아무 소용이 없었던 거야.

Jessie: He wasn't the wrong man, Mama. I loved Cecil so much. And I
tried to stay awake. I tried to learn to ride a horse. And I tried to stay
outside with him, but he always knew I was trying, so it didn't work. (59)

Jessie는 Cecil을 사랑했고 결혼 생활을 잘 해보려고 노력했으나 실
패한 것이다. 구체적으로 10년 전 크리스마스 날에 그녀는 자신의 간
질병을 잘 모르는 상태에서 남편의 기분을 맞추어 주기 위해 승마도

하고 외출도 한다. 승마나 외출을 별로 좋아하지 않는 Jessie는 자신의 의지나 감정을 표현하지 못하고 남편의 기분만을 따라 주는 수동적인 면을 보여준다. Jessie는 *A Doll's House*의 Nora처럼 남편의 취향에만 맞추어 살아온 것이다. Nora가 Jessie와 다른 점은 정확하게 자각하고, 자기 스스로를 교육해야 할 필요성을 느껴 남편을 떠나 독립적인 존재로 살아간다는 것에 있다. 반면에 Jessie는 자신이 남편에게 맞추어 살아온 사실은 인정하지만 남편에게 자신의 의견을 주장한 적도 없으며 남편을 탓한 적도 없는 인물이다.

아내의 간질병에 대해 모르는 Cecil은 그녀의 발작을 보고 사랑이 식어가기 시작해 마침내는 작별인사도 없이 떠난다. Cecil은 아내의 노력에도 불구하고, 아버지로서 남편으로서 의무를 다하지 못하고 무책임하게 떠난다. 결국 Jessie는 Cecil이 원하는 이상형인 아내, 다시 말해 적극적인 아내가 아니기 때문에 버림을 받은 것이다.

버림을 받은 딸을 데리고 온 어머니는 그녀에게 Cecil을 다시 만나 재결합해보라고 하면서 자살 시도를 막아 보려고 한다. 이것은 어머니가 딸을 의존적인 인물로 만드는 것이다. 어머니 자신이 무능력하고 의존적이기 때문에 혼자 서기를 두려워해서 딸에게 자신의 견해를 강요하는 것이다. 또한 어머니는 행복하지 않은 삶을 살아왔다고 느끼지만 자신의 고정관념을 버리지 못하고 딸이 독립적으로 살려는 것을 제지하려는 의도를 지니고 있다.

여기서 어머니는 미국의 저널리스트 Colette Dowling이 주장하는바 심한 신데렐라 콤플렉스에 빠져 있다고 볼 수 있다. Dowling의 정의에 의할 것 같으면 신데렐라 콤플렉스란 '억압된 태도와 불안이 뒤얽혀 여성의 창의성과 의욕을 한껏 발휘하지 못하게 하는 일종의 미개발 상태로 묶어 두는 심리 상태'이다. Dowling은 신데렐라 콤플렉스의 특징을 의존성, 두려움, 열등감, 결혼에 대한 경제적·정서적 집착과 무기력증, 취업이나 자신의 일에 대한 회의와 공포심이라고 주장한다. 이 콤플렉스의 원인은 아버지의 귀여운 딸로 키워지는 어린 시절 가정 안팎의 교육에서 비롯되는데, 이 과정에서 여성은 의존성과 자립성 사이에서 갈등하기 떠문이다(여성을 위한 모임 82-101). 이러한 콤플렉스에 빠진 Jessie의 어머니는 딸을 사회에서 정해 놓은 여성상, 결혼해서 사는 여성으로 살도록 강요하는 것이다. 이에 Jessie는 Cecil에게 자신을 데리고 가 달라고 간청해 보았다고 언급한다.

제시: 가서 뭐라고 하지? '아무것도 변한 것은 없어요. 세실, 그냥 좀 보고 싶어서 왔어요'라고? 싫어. 그 사람은 날 사랑했어, 엄마. 그 사람은 다만 우리에겐 왜 모든 것이 꼬여만 가는지 그걸 이해할 수 없었던 것뿐이야. 그가 잘한 거라고 생각해. 그는 자신에게 다른 기회를 주었던 거지, 그것뿐이야. 나를 함께 데려가 달라고 매달려 보기도 했어. 그렇게간 해준다면 리키와 엄마, 그리고 이제까지 내가 사랑했던 모든 걸 포기할 수 있다고까지 했었지. 하지만 세실은 그럴 수 없었고, 난 그 사람을 이해할 수 있었어. (사이) 난 편지를 써서 엄마한테 보여 줬지. 내가 쓴 거라고. 세실이 쓴 게 아니었어. "미안하오, 제시. 나로서도 도저히 어떻게 해볼 수가 없소." 내가 세실을 사랑한다고 늘 말해 왔지만, 그때 난 알았어. 내가 사랑한 것은 바로 내 자신이었다는 걸. 그런데 세실 역시 그걸 알고 있었던 거야.

Jessie: And say what? Nothing's changed, Cecil, I'd just like to look at you, if you don't mind? No. He loved me, Mama. He just didn't know how things fall down around me like they do. I think he did the right thing. He gave himself another chance, that's all. But I did beg him to take me with him. I did tell him I would leave Ricky and you and everything I loved out here if only he would take me with him, but he

couldn't and I understood that. (*Pause*) I wrote that note I showed you.
I wrote it. Not Cecil. I said "I'm sorry, Jessie, I can't fix it all for you."
I said I'd always love me, not Cecil. But that's how he felt. (61)

Jessie는 자신의 간청을 무시해 버린 Cecil을 이해할 수 있었고, Cecil
을 두둔하기 위해서 사과의 내용이 담긴 편지를 자신이 써서 어머니
에게 보여 주기도 한 것이다. 또한 Jessie가 Cecil을 사랑한다고 말해 왔
지만, 자신이 사랑한 사람은 바로 자신이었고, 이 사실을 Cecil이 알고
있다고 어머니에게 고백한다. 그녀는 끝까지 남편을 두둔하고, 자신
을 '쓰레기'로 취급할 정도로 자학한다.

제시(*가득 찬 쓰레기 자루를 집어 들며*): 엄마, 이사 갈 때 쓰레기
챙겨 가는 사람 봤어?
엄마: 그럼 네가 쓰레기란 말이냐?
제시(*쓰레기 자루를 들고 뒤쪽 문 옆에 있는 커다란 쓰레기통으로
걸어가며*): 그냥 한번 해본 말이야, 엄마. 이제 뭘 해야 되나 생각
하면서. 딴 뜻은 없어. (*쓰레기통을 열고 자루를 집어넣은 다음 뚜
껑을 꼭 덮는다.*) 글쎄, 뭐 약간은 뭐랄까. 세실이 날 두고 떠난 것
이 잘됐다는 걸 말하려던 거니까. 음 …… 마음 편해졌다고나 할까.
그 사람이 불편하게 날 쳐다볼 일이 없게 됐으니 나로서도 한결 편
해진 셈이지.

Jessie(*Picking up the garbage bag she has filled*): Mama, you don't pack your
garbage when you move.
Mama: You will not call yourself garbage, Jessie.
Jessie(*Taking the bag to the big garbage can near the back door*): Just a way
of saying it, Mama. Thinking about my list, that's all. (*Opening the can,
putting the garbage in, then securing the lid*) Well, a little more than that.
I was trying to say it's all right that Cecil left. It was …… a relief in a
way. I never was what he wanted to see, so it was better when he wasn't
looking at me all the time. (61)

남편에게 이상적인 여성상을 강요당해 온 Jessie는 자신을 인격이 없는 쓰레기에 비유할 정도로 비관적이다. 그녀는 Cecil이 자신을 불편하게 쳐다볼 일이 없어 편해졌다고 말한다. 그녀는 자신의 불행과 실망감은 접어두고, 남편의 응시까지도 신경을 써 주는 가련한 여인이다. 한마디로 Jessie는 남성의 가치관에 의해, 또한 다른 여자와의 불륜을 저지른 믿음이 없는 남편에 의해 희생을 당한 인물이다.

세 번째로 Jessie의 아들 Ricky는 어머니의 소중한 반지를 훔쳐 가고, 온갖 죄를 범해 그녀에게 고통을 주는 인물로 Jessie의 대화를 통해 Ricky가 어떠한 범죄를 범했는지 알 수 있다.

> 제시(*의자를 향해 건너가며*): 자, 빨리 손이나 씻고 리키에 대해선 더 이상 아무 말도 하지 다. 나한테 가장 소중한 반지 두 개마저 훔쳐간 놈이라고. 남은 거라곤 그것뿐이었는데. 그뿐인 줄 알아. 이젠 이 집 저 집을 드나들며 그 짓을 하고 다닌다고. 아무라도 그놈 목덜미를 잡아서 집어넣었으면 속이 시원하겠어. 어디 있는 줄만 알면 나라도 찔러 버릴 판이야.

> Jessie(*Crossing to the chair*): Then wash your hands and don't talk to me any more about Ricky. Those two rings he took were the last valuable things I had, so now he's started in on the other people, door to door. I hope they put him away sometime. I'd turn him in myself if I knew where he was. (11)

Ricky가 계속 도둑질을 하고 다니기 때문에, Jessie는 속이 상해 아들을 죽이고 싶은 마음까지 든다. 그러나 Jessie는 Ricky가 아버지보다 자신을 더 많이 닮았다고 말하고 자신이 Ricky를 제대로 돌보지 못했음을 인식하며 아들이 자신과 닮은 점과 다른 점에 대하여 비판적으로 말한다.

제시: 얼굴만 봐도 알 수 있어. 목소릴 들어도 그렇고. 우린 생각하는 것까지 똑같아. 세상은 불공평하다는 거지. 한 가지 다른 게 있다면 갠 이리저리 돌아다니며 어떻게든 그런 세상에게 복수를 하려고 발버둥치고 있다는 것뿐이야. 바둥거리며 일자리를 구할 필요가 없다는 것도 잘 알고 있어. 그렇게 썩은 마룻바닥을 걷듯 떠돌고 있는 거야. 그 마룻바닥을 깐 게 누군 줄 알아? 바로 나야.

Jessie: I see it on his face. I hear it when he talks. We look out at the world and we see the same thing: Not Fair. And the only difference between us is Ricky's out there trying to get even. And he knows not to try to get work, and guess where he got that. He walks around like there's loose boards in the floor, and you know who laid that floor, I did. (60)

Jessie와 Ricky의 닮은 점은 세상을 보는 시각이 똑같다는 것이다. 그들은 세상이 불공평하다고 생각한다. 그들의 다른 점은 Jessie는 집에 안주해 있고 Ricky는 돌아다니면서 불공평한 세상을 복수하려고 한다는 것이다. Jessie는 조용한 성격으로 자신의 고통을 타인에게 주지 않으며 남편과 헤어지고 자살이라는 선택을 시도하는 반면에 아들 Ricky는 범죄를 저질러 타인에게 고통을 줌으로써 Jessie가 살 수 있는 희망조차도 빼앗아 가버린 인물 중 하나라고 할 수 있다.

우리는 Jessie가 세상에 대한 불신감을 가지게 된 이유를 다음 대사를 통해 알 수 있다.

제시: 내가 언젠가 전화기 판매사원을 했었고 전화요금조차 못 냈지. 그리고 병원 구내 선물코너에 있을 땐 애써 웃을수록 사람들이 불편한 미소를 지었지.

Jessie: I took that telephone sales job and I didn't even make enough money to pay the phone bill, and I tried to work at the gift shop at the hospital and they said I made people real uncomfortable smiling at them the way I did. (35)

다시 말해서 Jessie는 자신이 일한 만큼의 충분한 대가를 받지 못하고 낮은 임금으로 일하는 부당한 대우를 받았고 병원의 선물가게에서 손님에게 웃음으로 대했을 때에는 손님들이 피하기도 하는 아픔을 겪은 것이다. 그녀에게 세상 사람들은 차가운 존재이며 외로움을 제공하는 존재에 불과한 것이다. 따라서 그녀가 열심히 일하려고 노력하는데도 불구하고 그 결과는 좋은 것이 되지 못하였다. Jessie는 세상 사람들에 대해 실망하그 신뢰감을 가지지 못하게 된 것이다.

이와 같이 불신감을 가진 Jessie는 자신에게 고통을 준 아들에 대해서도 실망하지만, 극의 마지막 부분에서 자신의 시계를 아들에게 전달해 달라고 어머니에게 부락한다. 이에 대해 Annie Marie Drew는 Jessie의 시간의 종말이 온 것이라고 평한다.

그러나 노먼의 경우 시간의 경과는 중요하다. 시계는 삶이 미끄러져 나가는 것임을 우리로 하여금 극적으로 상기시킨다. 극의 마지막에서 Jessie가 그녀의 시계를 아들 Ricky에게 유언으로 남길 때, 그녀는 그녀의 시간이 끝났음을 인정한다.

But in Norman's case the passing of the time is crucial. The clocks dramatically remind us that Lfe slips away. At play's end when Jessie wills her watch to her son, Ricky she acknowledges that her own hours and minutes are finished(Linda Ginter Brown 92).

시계는 우리에게 삶이란 슬그머니 사라져 버리는 것이라는 것을 극적으로 상기시켜 주고, Jessie의 삶의 시간이 끝나고 있음을 상징하는 것이다. 또한 Jessie는 자신이 못 다한 삶의 시간을 시계를 통해 아들에게 이양해주는 것이다. 어머니의 이와 같은 마음을 알지 못하는 Ricky는 어머니의 반지까지 훔쳐갈 정도로 양심이 없는 아들로 어머니에게 심한 고통을 준 인물이라고 할 수 있다.

넷째, 오빠 Dawson은 동생인 Jessie가 자살하려는 계획을 모르고 총알을 구입할 수 있는 가게를 알려 주고, 그녀가 무엇인가에 흥미를 느끼는 줄 알고 칭찬해주는 어리석은 인물이다. 그가 Jessie를 어떻게 대우하는지를 그녀의 대화에서 알 수 있다.

> 제시: 오빠 언제나 나를 아기 취급해. 의당 그래야 하는 것처럼. 오빠는 내가 하루 종일 무엇을 했는지를 궁금해해. 실은 나 역시도 그게 궁금하긴 해. 하지만 어쨌든 그건 어디까지나 내 일이고, 걱정하는 것도 내 일 아냐?
>
> Jessie: He just calls me Jess like he knows who he's talking to. He's always wondering what I do all day. I mean, I wonder that myself, but it's my day, so it's mine to wonder about, not his. (23)
>
> 제시: 오빠 언제나 나를 아기 취급해. 의당 그래야 하는 것처럼. 오빠는 내가 하루 종일 무엇을 했는지를 궁금해해. 실은 나 역시도 그게 궁금하긴 해. 하지만 어쨌든 그건 어디까지나 내 일이고, 걱정하는 것도 내 일 아냐?
>
> Jessie: He just calls me Jess like he knows who he's talking to. He's always wondering what I do all day. I mean, I wonder that myself, but it's my day, so it's mine to wonder about, not his. (23)

Dawson은 성인인 Jessie에게 어렸을 때의 애칭인 Jess라고 부르며, 그녀가 무엇을 했는지 궁금해한다. 그러나 Jessie는 자신의 생활, 시간이 자신의 것이지 오빠의 것이 아니라고 주장한다.

오빠는 집으로 배달된 Jessie의 브래지어까지도 마음대로 뜯어 보는 행동까지 한다. 그는 Jessie의 사생활에 대한 최소한의 예의조차도 지켜주지 못하는 쓸모없는 오빠에 불과하다. 또한 그러한 오빠로 인해 그녀의 이름조차도 존재하지 않는 경우도 있었다.

> 제시: 그들이 말하고 다니는 것이 맘에 안 들 뿐이야. 슈퍼에 전활해보면 알겠지만 우리 장부도 Dawson 이름 앞으로 되어 있어. 전화번호는 전화번호부 맨 뒷장에 다 적어 놨어.
>
> Jessie: I just don't like their talk. The account at the grocery is in Dawson's name when you call. The number's on a whole list of numbers on the back cover of the phone book. (24)

슈퍼에 있는 장부조차도 Dawson의 이름으로 기입되어 어머니나 딸이 물건을 주문할 때에는 Dawson이라는 이름을 말해야 하는 것이다. 여기서 가족 개인의 존재나 가족에 대한 존중보다는 자기 멋대로 모든 일을 처리하는 Dawson의 모습을 볼 수 있다.

또 하나의 예를 보면, Dawson은 Jessie에게 맞지 않는 슬리퍼를 선사하는 우스꽝스러운 행동을 한다.

> 제시(엄마와 함께 소파에 앉으며 상자를 무릎 위에 올려놓는다.): …… 그리고 장롱 속에 보면 큼직한 자루가 하나 있을 거야. 그것도 올케언니한테 전해 줘. 전부 슬리펀데 한 번도 신지 않은 것들이야. 전해주면서 내가 언니한테 아주 꼭 맞을 거라고 그러더라고 해주고. 반드시 도슨 오빠가 같이 있는 자리에서. 오빠가 언닐 그렇게 사랑하니 얼마나 잘된 일이야. 그런데 오빠는 이 세상 모든 사람의 발 사이즈가 언니랑 같은 줄 아나 봐.
>
> Jessie(*They sit down on the sofa, Jessie holding the box on her lap*): …… And

all my house slippers are in a sack for her in my closet. Tell her I know they'll fit and I've never worn any of them, and make sure Dawson hears you tell her that. I'm glad he loves Loretta so much, but I wish he knew not everybody has her size feet. (84)

오빠는 동생에게 한 번도 아니고 여러 차례에 걸쳐서 맞지 않는 슬리퍼를 선사한다. 이는 Dawson이 동생한테 관심이 없음을 보여 주는 것이다. 왜냐하면 그는 동생의 신발 사이즈를 자신의 아내의 신발 사이즈와 같다고 일방적으로 생각하는 사고방식을 지니고 있기 때문이다. Jessie는 한 번도 신지 않았던 슬리퍼들을 올케한테 전해주라고 어머니에게 부탁한다. 이와 같이 Dawson은 동생 Jessie를 제대로 이해하지도 못하고 아이처럼 대하며, Jessie의 사생활까지 침해하는 부정적인 인물이다.

마지막으로 인간은 아니지만 Jessie에게 실망감을 안겨준 것은 King이라는 개다. Jessie는 King을 매우 좋아했는데 King은 어머니의 트랙터에 치여 죽었다. 이로 인해 Jessie는 개를 보살피며 자신을 위로하고 살았던 삶도 포기하는 것이다.

살펴본 바와 같이 극에 등장하는 모든 남성은 Jessie로 하여금 삶을 지치고 슬프게, 희망이 없게 만드는 부정적인 인물들에 불과하다. 이러한 부정적 인물들은 Jessie와 Thelma의 모녀관계에 도움을 주지 못하고 Jessie가 자신이 누구인가 하는 자아 인식에 걸림돌만 되며 생존의 이유를 찾지 못하게 하는 인물에 불과한 것이다. 이러한 절망적인 상황에서 Jessie가 할 수 있는 일은 자신의 결정에 의해 자살을 택하는 것이고 이것은 상징적으로 그녀 자신의 의지의 발현인 것이다. 결국 모순되게도 자아의 성취와 함께 Jessie는 죽음을 택한다.

　*’night, Mother*는 1998년 5월 산울림 극장에서 공연되었는데 연출을 담당한 임영웅 씨는 이 작품에 대해 “모녀 얘기처럼 보이지만 현대 가족이 대화 단절로 겪는 고독과 소외를 그렸다”라고 평한 바 있지만, 실은 이 작품은 모녀의 일상적인 삶을 사실적으로 묘사하여 서로 간의 이해와 유대 회복에 초점을 둔 작품으로 자살을 택함으로써 자신의 자아를 찾게 되는 여주인공을 그린 극작품으로 볼 수 있다.

Chapter 05

Third and Oak :
여성유대를 통한 自我 찾기

Marsha Norman의 또 다른 작품 *Third and Oak*는 1978년 3월 Jon Jory의 연출로 Actors Theatres of Louisville에서 초연되었고 같은 해 말 국립 공영 방송에서 연속물의 일부로 방송되었다. *Third and Oak*의 1막인 「셀프서비스식 간이세탁소」(*The Laundromat*)는 Kenneth Frankel의 연출로 1979년 말 Ensemble Studio Theatre 1막극 공연물의 일부로 New York에서 공연되었고, 이보다 늦게 Robert Altman이 Home Box Office(미국의 유선 TV 프로그램 공급자)를 위해서 영화화했다.

이 작품은 1막만을 따로 공연할 수 있을 정도로 각기 독립된 단막극이다. 왜냐하면 1막에서 남편과 사별한 50대의 전직 교사 Alberta와 정신없이 부산한 20세의 Deedee가 한밤중 셀프서비스식 간이세탁소에서 만나서 벌어지는 이야기를 다루고 있고 2막은 세탁소 옆 당구장에서 20대 후반 디스크자키 Shooter와 50대 후반 당구장 주인 Willie의 이야기를 다루고 있기 때문이다.

여기서 1막만이 여성 등장인물에 초점을 두었고, 남성은 무대에 잠깐 등장하거나 여성들의 대화 속에서만 존재하며, 서로에 대해 전혀 알지 못하는 여성 등장인물들은 한정된 장소, 즉 셀프서비스식 간이

세탁소에서 대화를 나누면서 자신의 정체성과 자주성을 찾아 나가는 과정을 다루었기 때문에 페미니스트 드라마의 특징이 잘 나타나 있는 1막만을 다루고자 한다.

Marsha Norman은 1막 「셀프서비스식 간이세탁소」(*The Laundromat*)에서 시간, 장소, 행동의 3일치법을 잘 준수한다. 이 극은 새벽 3시에 시작되고, 벽에 걸린 시계는 공연 내내 움직이게 한다. 이는 무대상의 시간과 관객들의 시간의 흐름이 동일하게 흘러가고 있음을 나타내 주는 것이다. 다시 말해 공연을 새벽 3시에 할 수는 없지만 공연이 시작될 때 시간을 새벽 3시로 맞추고 공연이 진행되는 동안 시간이 실제로 흘러가게끔 한다는 것이고, 관객들을 사실적으로 공감할 수 있게 만드는 효과를 가져오는 것이다.

이 작품의 배경은 사실주의극의 특징을 그대로 나타내고 있다. 장소는 황량한 셀프서비스식 간이세탁소로 한정되어 있으며, 구체적으로 세탁기, 건조기, 바퀴가 달린 세탁물 바구니와 비누, 청량음료, 막대사탕이 나오는 자판기가 있고, 공고문이 붙어 있는 게시판이 있으며, 옷을 개는 탁자와 잡지들이 널려 있는 너저분한 의자가 몇 개 있다.

특히 장소의 설정은 매우 중요하다. 왜냐하면 셀프서비스식 간이세탁소는 다른 세대, 다른 계층, 다른 성격을 지닌 여성들이 와서 세탁을 할 뿐만 아니라 대화를 나눌 수 있는 공간으로서 어떤 사람에게는 자신의 외로움을 달래기 위하여 말할 대상을 찾는 장소이기도 하고 또 다른 사람에게는 자신의 고통, 슬픈 사연을 들어줄 대상을 발견하는 장소가 될 수 있기 때문이다. Norman의 이와 같은 장소 설정에 대해 Grace Epstein은 'public forum'의 역할을 담당하는 것이라고 지적한다.

Norman의 장소 선택은 개인적인 것이 정치적이라는 초기 페미니스트 고백일 뿐만 아니라 그 공개토론회가 단지 남성 관리인의 순간적인 부재에서 얻어진 것일지라도 여성 세탁소에서 자신의 의견을 발표한다는 것은 공적 포럼으로 제공됨에 틀림없다는 주장이다.

Norman's choice of location is not simply the early feminist acknowledgement that the personal is political, but an insistence that any airing of female laundry must be given a public forum, even if that forum is only obtained in the momentary absence of male attendants(재인용- Linda Ginter Brown 33).

Epstein의 지적대로 세탁소가 세탁이라는 원래의 기능 이외에 여성으로 하여금 서로 대화를 나눌 수 있는 공간의 역할을 하며, 나아가 그 대화가 여성 자신의 정체성을 찾는 데 도움을 주고 여성에게 사회적 참여를 요구하는 역할을 하기 때문에 사적 대화가 정치적인 차원으로 변모해가는 것이다.

이 극은 이와 같이 한정된 공간, 셀프서비스식 간이세탁소에서 Alberta와 Deedee가 만나서 나누는 대화로 전개된다. Alberta는 강하고 꼼꼼하며 명확한 성격을 지니고 있는, 전직교사이며, 과부이다. 반면에 Deedee는 활동적이고, 꼼꼼하지 못하며 기술도 없고 신중함이 부족한 인물이다. 이 두 여성은 서로에 대해 전혀 알지 못하는 상태이지만 새벽 3시 셀프서비스식 간이세탁소에서 우연히 만나 대화를 하면서 서서히 각자의 삶의 갈등과 문제점들을 드러내기 시작한다.

여기서 대화는 아주 중요한 역할을 하는데, 우리는 이 극을 대화극이라고 칭할 수도 있다(Jenny S. Spencer 156). 왜냐하면 이 극의 대부분이 대화로 이루어지고 있으며, 대화는 우리에게 등장인물에 대한 다양한 정보들을 제공해주고, 등장인물들의 감정을 인식하도록 도와주기 때문이다. 이 극은 Alberta와 Deedee의 끊임없는 대화로 전개되며,

Alberta와 Deedee 각자가 자신의 정체성을 찾아가고 서로에게 도움을
줄 수 있는 유대에 기반을 둔 새로운 여성 관계를 확립하는 극이라고
할 수 있는데, 그 과정을 Alberta와 Deedee의 대화를 중심으로 살펴보
는 것은 의미 있는 일이다.

　　Alberta가 셀프서비스식 간이세탁소로 세탁물을 들고 들어오면서
극은 시작되는데, 우리는 그녀의 꼼꼼함을 다음 무대지시문에서 볼
수 있다.

> 그녀는 꼼꼼하게 옷을 차려 입었고 그녀의 세탁물 바구니에도 똑
> 같이 꼼꼼함이 드러나 있다. 그녀는 세탁기 위에 가방과 바구니를
> 내려놓기 전에 먼지나 물기가 있는지 조사한다.
>
> She has dressed carefully and her laundry basket exhibits the same care.
> She checks the top of a washer for dust or water before putting her purse
> and basket down.[10]

　　반면에 Deedee는 Alberta와는 비교되게 세탁물 바구니도 없이 세탁
물을 싸매어 들고 오는데 그녀의 성격을 다음과 같은 무대지시문에
서 알 수 있다.

> 디디는 페인이다. 그녀는 남자 셔츠에 옷들을 싸매어 들고 온다.
> 그녀가 휴지통에 발이 걸려 넘어지자 셔츠에서 쏟아져 나온 세탁
> 물 위로 넘어진다.
>
> Deedee is a wreck. She carries her clothes tied up in man's shirt. She trips
> over a wastebasket and falls on her laundry as it spills out of the shirt. (61)

---

10) Marsha Norman, *Third and Oak, Four Plays Marsha Norman*(New York: Theatre Communication
　　Group, 1988), p.60. 앞으로 이 작품의 인용은 페이지 수만을 달 것임.

Deedee는 Alberta에 대해 전혀 모르는 상태이지만 Alberta에게 자신의 남편 Joe에 대해 이야기할 정도로 활발한 성격이며, 신중하지 못하다. 이에 Alberta는 처음에 반응을 보이지 않다가 Deedee와의 대화가 진행되면서 그녀에게 관심을 가지게 되며 그녀에게 말할 기회를 준 것 같다며 유쾌해한다. 어떤 면에서는 Edward Albee의 「동물원 이야기」(*The Zoo Story*)를 연상하게 하는 장면으로 시작되지만 두 남성만이 등장하는 *The Zoo Story*와는 다르게 두 여성은 교통을 이루어 나간다.

Alberta를 말할 상대로 여기며 Deedee는 어머니 집에서 세탁하는 행위, 남편 Joe가 늦게까지 일하는 것, 자신이 살고 있는 집에 대해 수다를 떨다가 Alberta에게 투우에 대해 이야기를 해 달라고 간청한다. Alberta가 여행을 한 경험이 많기 때문에 Deedee의 간청에 대답을 해 주자 Deedee는 Alberta의 남편에 대해 질문을 한다. 이에 Alberta는 그녀 자신의 남편 Herb에 대해, Deedee는 Joe에 대해 다음과 같이 대화를 나눈다.

알버타: 허브는 도시를 떠나 있어요.
……
디디: …… 그는 화가 나서 서랍장을 발로 찼다가 발가락을 다쳤어요. ……
디디: 이보세요! 당신 이걸 잊었군요. (*알버타의 바구니에서 남은 셔츠를 집으면서*) 보이세요? (*그걸 펼쳐서 지독한 얼룩을 보여 준다.*) 왝! 토한 것 같군요.
알버타: 그건 제가 만든 양배추 수프 때문이에요.
디디: 저 …… (도와주면서) 이 안에 넣지요. (알버타의 세탁기 중 하나를 열면서)
알버타: 안 돼요!
디디: 다른 쪽은요? (*다른 세탁기 쪽으로 손을 뻗는다.*)
알버타(*디디에게서 셔츠를 뺏어서*): 난 원치 않아요. …… 그건 너

무도 …… 그 얼룩은 절대 안 될 거예요. (*이제 평온함을 내세우며*)
그 셔츠는 미리 세액 속에 담글 필요가 있는데 난 울라이트 세액에
담그는 것을 잊었어요.
디디: 미안해요.

Alberta: Herb is out of town.
……
Deedee: …… Was he hot. Kicked the chest of drawers ……
Deedee: Hey! You forgot one. (*Picking the remaining shirt out of Alberta's
basket*) See? (*Opens it out, showing an awful stain*) Yuck! Looks like vomit.
Alberta: It's my cabbage soup.
Deedee: Well, (*Helping*) in it goes. (*Opening one of Alberta's washers*)
Alberta: No!
Deedee: The other one? (*Reaching for the other washer*)
Alberta(*Taking the shirt away from her*): I don't want to …… it's too that
stain will never …… (*Enforcing a calm now*) It needs to presoak. I forgot
the Woolite.
Deedee: Sorry. (63)

위의 대화를 통하여 Alberta의 남편 Herb가 도시를 떠나 있고 Alberta
가 남편의 셔츠를 매우 소중히 여긴다는 사실을 알 수 있다. 여기서
Alberta가 셔츠를 소중히 여기는 이유는 극이 진행되면서 밝혀지지만,
Herb가 그 셔츠를 입은 상태에서 죽었기 때문이다. 그녀는 그 셔츠를
세탁하지 않고 미루다가 이제야 세탁을 하러 간이세탁소에 온 것이
다. Alberta는 아직까지 남편의 유품을 정리하지 못할 정도로 마음의
상처를 입은 상태이고, 자신의 괴롭고 슬픈 과거를 Deedee에게 들킬
까 봐 그녀가 사라져 주기를 바라는 것이다.

반면에 Deedee는 세탁 처리 능력이 부족해서 색깔 있는 옷을 분류
하지 않고 세탁하려다가 Alberta로부터 주의를 듣고, 그녀의 친정어머
니 세탁기로 인해 Joe의 셔츠가 구멍이 났고 그 일로 Joe가 화가 나서

세탁기를 발로 찼다가 발가락을 다치고 서랍장을 깨뜨린 이야기를
한다. Deedee의 대화를 통해 Joe가 다혈질 남편인 것을 알 수 있다.

이제 Alberta와 Deedee의 만남은 조금 더 친밀한 관계로 발전해 가
는데 그 발전에 도움을 즈는 것은 세탁소 안내원이 잠든 사실이다.
Alberta는 안내원이 자신의 일을 하지 않고 잠들어 버린 것에 대해 비
난하지만 그래도 자신은 좋고 기쁘다고 말한다. 반면에 Deedee는 안
내원이 피곤해서 잠든 모습을 안쓰럽게 생각해서 깨우지도 못하고
필요한 동전을 바꾸지도 믓하는 인물이지만 안내원의 돈을 누군가가
훔쳐갈 수 있다는 걱정을 한다. 그러나 결국 Alberta와 Deedee는 안내
원이 잠들었기 때문에 좀 더 많은 대화를 나눌 수가 있는 것이다.

Alberta와 Deedee는 자신의 이름을 소개하고, Alberta의 성이 Johnson
이라는 말을 들은 Deedee는 Alberta와 친척일지도 모른다며 Alberta와
의 관계를 더 발전시켜 보켜고 한다. 또한 Deedee는 세탁소에 온 이유
를 언급한다.

> 디디: 제가 당신을 귀찮게 하나 보군요? 그렇지요? (*알버타는 미소
> 짓는다.*) 제가 누군가 다른 사람에게 말을 걸어야 되는데 지금 달
> 리 누가 없군요. 저 뒤의 잠든 안내인 말고요. 전 때때로 잠을 자
> 면서 말한답니다. 그러ㄴ 그는 자면서 숨을 쉬니 운이 좋은 것 같
> 아요. (*어색해하며*) 제 말뜻은 잠을 의미하는 거지요.

> Deedee: I'm botherin' you, aren't I? (*Alberta smiles*) I'd talk to somebody
> else, but there ain't nobocy else. 'Cept Sleepy back there. I talk in my
> sleep sometimes, but him, he looks like he's lucky to be breathin' in his.
> (*Awkward*) Sleep, I mean. (64)

단적으로, Deedee는 말할 대상이 필요했던 것이다. 그녀는 남편의

늦은 귀가로 새벽 3시에 세탁소를 방문하여 이야기를 나눌 동료를 찾게 된 것이다. Deedee의 이야기를 들은 Alberta는 잡지를 읽겠느냐고 물어 보지만 Deedee는 사양하면서 후추 구입에 대해 이야기한다. 여기서 Alberta와 Deedee의 문화 수준이 다르고 두 사람의 공통점을 찾아볼 수 없다는 것을 발견하게 되는데 Grace Epstein은 이 점에 대해 설명한다.

> 확실히, 하층 계급과 상층 계급 여성들 간의 그와 같은 상호작용은
> 세계와 본질적으로 다른 그들의 관계를 대표한다.
>
> Certainly, such interactions between lower-and upper class women typify
> their disparate relations with world(Linda Ginter Brown 39).

Alberta와 Deedee는 모든 면에서 다르다. 첫째, 성격이 다르다. Alberta는 신중한 반면에 Deedee는 신중하지 못하고 부산하다. 둘째, 교육 수준이 다르다. Alberta는 전직 교사로 교육수준이 높은 반면에 Deedee는 잡지조차 읽지 않고 특별한 기술조차 없을 정도로 교육을 제대로 받지 못한 여성이다. 셋째, 경제 상태가 다르다. Alberta는 과거에 직업이 있었고 정원이 있는 집에서 살 정도이고 여행을 많이 해본 경험이 있을 정도로 여유가 있다. 반면에 Deedee는 멕시코 식당 위에 있는 아파트에 살고 있으며 세탁기가 없어서 셀프서비스식 간이세탁소를 이용하고, 경제적 이유 때문에 아기를 가지지 못한 상태이다. 넷째, 결혼 생활이 다르다. Alberta는 죽은 Herb의 셔츠를 세탁하지 못하고 미루며 지하실에서 찾은 비치볼에서 Herb의 숨결이 남아 있음을 느낄 정도로 남편을 사랑한다. 그녀는 결혼 생활이 원만했기 때문에

Herb의 흔적이 남아 있는 유품 셔츠와 비치볼에 들어 있는 그의 숨을 간직하고 싶은 것이다. 반면에 Deedee는 자신의 남편을 비열하고 어리석다고 생각하며 그의 외도를 목격하고 남편을 증오할 정도로 결혼 생활에 만족하지 못하는 불행한 삶을 살고 있다.

다시 말해서 전혀 공통점이 없는 두 여성 인물은 자신의 경험, 과거에 대해 구체적으로 이야기를 나누기 시작하고 서로에게 도움을 주는 관계로 발전한다. 이 이야기의 역할에 대해 Grace Epstein은 여성 간의 의견 교환을 위한 기회일 것이라고 설명한다.

> 정말로 한 여성에서 다른 여성으로 이어지는 이야기는 문화 속에서 여성의 역할과 한계를 이해하기 위한 선택된 수단을 제공해 왔을 뿐만 아니라, 사실상 깨달음에 쓸모 있는 유일한 수단과 다른 환경에 처한 여성들 간의 의견 교환을 위한 유일한 기회를 아마도 제공해 왔을지도 모른다

> Indeed, narratives from one woman to another have provided not simply a selected means for understanding women's roles and limitations in culture, but, in fact, the only means of discovery available, and probably the only opportunity for exchange between women of differing circumstances(재인용 Linda Ginter Brown 30).

Grace Epstein의 설명처럼, 이야기는 계급과 환경이 다른 여성들에게 서로 정보를 제공해주기도 하고 서로를 이해하고 공감할 수 있는 수단으로 작용한다. 구체적으로 Alberta와 Deedee의 대화를 살펴보겠다.

> 디디: 슬리피는 일곱 난쟁이 중 하나였어요. 전 아직도 그들 모두의 이름을 댈 수 있어요. 전 미국의 일곱 대통령의 이름을 댈 수는 없지만 난쟁이 이름은 댈 수 있어요. (*아주 자신에 차서*) 슬리피,

그럼피, 스니지, 도우피, 독과 배쉬풀이죠. (*갑자기 아주 낮은 목소 리로*) 모두 여섯밖에 안 되네. 다른 하나는 누구지?
알버타(*돕고 싶어서*): 당신은 일곱 대통령의 이름을 말할 수 있어요.
디디: 오, 못해요.
알버타: 해보도록 하세요.
디디: 좋아요. (*크게 숨을 쉰다.*) 카터, 닉슨, 케네디, 링컨, 벤저민 프랭클린, 조지 워싱턴 …… 응 ……
알버타: 엘리노어 루스벨트의 남편이요.
디디: 루스벨트 씨지요.
알버타: 루스벨트 씨, 모두 일곱 명이 됐죠. 벤저민 프랭클린이 대 통령이 아니었다는 점을 제외하고는 말이지요.
디디: 당신은 선생님이었거나 아니면 그 비슷한 분이셨죠? 그렇지요?
알버타: 그랬어요. 루스벨트 씨를 다시 말해 보세요.
디디: 루스벨트 씨.

Deedee: Sleepy was one of the seven dwarfs. I can still name them all. I couldn't tell you seven presidents of the United States, but I can say the dwarfs. (*Very proud*) Sleepy, Grumpy, Sneezy, Dopey, Doc and Bashful. (*Suddenly very low*) That's only six. Who's the other one?
Alberta(*Willing to help*): You could name seven presidents.
Deedee: Oh no.
Alberta: Try it.
Deedee: Okay. (*Takes a big breath*) There's Carter, Nixon, Kennedy, Lincoln, Ben Franklin, George Washington …… uh ……
Alberta: Eleanor Roosevelt's husband.
Deedee: Mr. Roosevelt.
Alberta: Mr. Roosevelt. That's seven. Except Benjamin Franklin was never president.
Deedee: You're a teacher or something, aren't you?
Alberta: I was. Say Mr. Roosevelt again.
Deedee: Mr. Roosevelt. (64–65)

위의 대화는 물론 두 여성의 교육 차이를 암시하고 있지만, 다른 한편으로는 그들이 나누어 가질 협조적인 관계를 제시하기도 한다.

Alberta는 미국의 전 대통령 일곱의 이름을 댈 수 없는 Deedee를 도와주며 Deedee가 자신감을 가질 수 있도록 선생님 역할을 한다. 자신감을 얻은 Deedee는 Ohio 주 Columbus에서 교사였다는 Alberta의 말에 Columbus에 대해 아는 것처럼 맞장구를 친다. Alberta가 Deedee의 허풍에 약간 실망하는 어조로 말하자 Deedee는 자신이 조심해야겠다고 하며 약간 의기소침해진다. Deedee가 곧 눈치 없이 Herb의 일에 대해 묻지만 Alberta는 대답을 하지 않고 Deedee의 이름에 대해 질문한다.

무엇인가를 알아내고 싶어 했던 Deedee는 오히려 질문자에서 응답자의 역할로 변모되어 자신의 고등학교 시절을 이야기한다. 그 당시 고등학교 남자친구들이 Deedee의 이름을 가지고 농담하기도 하고 David와 Deedee가 관계를 가졌다며 비웃기도 했다는 것이다. 이런 기억은 유쾌하지 못한 것이지만, 이 이야기를 들은 Alberta가 Herbert Hoover가 진공청소기를 발명했다는 엉뚱한 이야기를 하며 그녀를 웃기려고 시도했으나 Deedee는 오히려 당혹스러워하며 Alberta에게 왜 가르치는 일을 그만두었는지 질문한다. 이 질문에 Alberta는 친정어머니께서 많이 아프셔서 그만두었다고 말한다. 이제 Alberta와 Deedee는 자신들의 어머니에 대해 이야기하기 시작하고, 우리는 그들의 대화 속에서 그들 각자의 모녀관계를 파악할 수 있게 된다.

알버타: 그해 난 어머니에게 『폭풍의 언덕』을 5번이나 읽어 드렸어요. 난 도서관에서 다른 책들을 계속 찾았어요. 아시다시피 『작은 아씨들』과 『오만의 편견』과 같은 소설을요. 그러나 매번 어머니는 "아니, 난 『폭풍의 언덕』을 듣고 싶구나"라고 말씀하셨어요. 마치 50년이나 그 책을 들어본 적이 없으셨던 것 같았어요. ……
디디: 무슨 말씀을요?
알버타: 어머님은 이렇게 말씀하셨어요. "난 아직도 이해 못하겠어.

그들은 그 모든 고통을 겪을 필요가 없었는데. 그들이 해야 할 일의 전부란 히스클리프에게 그가 매일 갈 수 있는 장소를 찾아 주는 것이었어. 그 남자는 그냥 직업이 필요했던 거야. (*멈춘다.*) 그러나 아마 내가 무언가 놓쳤는가 봐. 그 책을 다시 읽어라"라고요.
디디: 저희 엄마는 조가 부랑자라고 생각하셔요. …… 아니, 정말, 엄마는 월그린 약국에서 일하는 그 사람을 우리 집에 오라고 해서 돈을 주고 벽지를 떼어내게 하셨죠. 엄마는 "디디, 그는 언젠가 그 약국의 지배인이 될 거야"라고 말씀하셨죠. 제길, 그가 거기서 일한 유일한 이유는 여드름 치료크림을 할인해서 사려는 것이었는데요. 엄마는 그 일로 저와 조가 친해질 거라고 생각하셨죠. 전혀 그렇지 않았는데. 지난달로 우리 부부는 결혼한 지 2년이 됐어요. 엄마 말씀이 2주년은 욕망의 해라나요?
알버타: 욕망의 해?
디디: 남자들이 욕망을 느끼면, 아시다시피, 다른 여자들과 빈둥거리며 지낸대요. 늦도록 밖에서 지내며 친구들과 술 마시러 갔다거나, 혹은 시간 외 일을 했다든가, 혹은 …… 다른 어떤 일을 했다든가 하는 이야기를 하면서 집에 들어온다는군요. 그 시계 맞죠?

Alberta: I read her *Wuthering Heights* five times that year. I kept checking different ones out of the library, you know, *Little Women*, *Pride and Prejudice*, but each time she'd say, "No, I think I'd like to hear *Wuthering Heights*" Just like she hadn't heard it in fifty years. ……
Deedee: What thing?
Alberta: She'd say, "I still don't see it. They didn't have to have all that trouble. All they had to do was find Heathcliff someplace to go every day. The man just needed a job. (*Pause*) But maybe I missed something. Read it again."
Deedee: My mom thinks Joe's a bum. …… No really, she kept paying this guy that worked at Walgreen's to come over and strip our wallpaper. She said, "Deedee, he's gonna be manager of that drugstore someday." Hell, the only reason he worked there was getting a discount on his pimple cream. She thought that would get me off Joe. No way. We've been married two years last month. Mom says this is the itch year.
Alberta: The itch year?
Deedee: When guys get the itch, you know, to fool around with other women. Stayin' out late, comin' in with stories about goin' drinkin' with

the boys or workin' overtime or ······ somethin'. Is that clock right? (66)

그녀의 대사를 통해 드러나듯이 Alberta와 그녀의 어머니 관계는 기존의 모녀관계-어머니는 딸을 보살펴 주고 딸은 보살핌을 받는 관계-와는 다르다. Alberta는 죽어 가는 어머니를 더 잘 보살펴 드리기 위해 자신의 직업을 그만둔 효녀이다. 그녀는 한 해에『폭풍의 언덕』을 어머니께 5번이나 읽어 드릴 정도로 어머니에 대한 애정이 깊으며 어머니가 죽음이 임박해서 매우 고통스러워했기 때문에 그녀의 죽음을 축복이라고 생각할 정도여서 Alberta와 그녀의 어머니 간의 유대가 얼마나 강한지를 알 수 있다.

반면에 Deedee의 어머니는 딸을 자신의 소유물인 것처럼 간주하고, 딸의 배우자를 자신이 선호하는 남성과 연결되도록 주선하고, 그 남성이 언젠가 약국의 지배인이 될 것이라는 환상만을 딸에게 제공한 것이다. 실제로 그가 약국에서 일한 이유는 여드름 치료 크림을 할인해서 구입하려는 의도에 있었던 것이다. 어머니의 의지대로 결혼한 Deedee는 '결혼 2주년이 욕망의 해'라는 어머니 얘기를 듣게 되는데 이것은 어머니가 남성의 욕망을 인정하고 당연하게 여기는 가부장적 사고를 딸에게 강요한 것으로 볼 수 있다. Linda Ginter Brown은 Deedee의 어머니에 대해 다음과 같이 설명한다.

> 불행히도, 그녀의 어머니는 그녀에게 자아라는 전체적 의미를 고취시킬 수 없었고, Deedee는 그녀의 남편과의 관계에서 여전히 결속성을 추구한다. 초도로가 지적하듯이, "소녀는 남성들을 지지하는 그녀의 어머니를 거부할 수도 없고 완전히 거부하지도 않지만 그녀 자신에게 애착을 가지고 의존하는 어머니와의 관계를 계속한다."

Unfortunately, her mother was unable to imbue her with a whole sense of self, and Deedee still seeks that cohesion in her relationship with her husband. As Chodorow notes, "A girl cannot and does not completely reject her mother in favor of men, but continues her relationship of dependence upon and attachment to her."(127)

이와 같이 Deedee는 어머니의 의사를 거부하지 못하고 결혼해서 불만족스러운 결혼 생활을 한다. 한마디로 Deedee의 모녀관계는 불완전하다. 왜냐하면 Deedee의 어머니가 '*night, Mother*에 등장하는 Thelma처럼 자신의 딸을 소유물로 생각하며 딸이 결혼 배우자를 선택하는 데 있어서 자신 마음대로 행사하였기 때문이다. Deedee는 만족스럽지 못한 결혼 생활로 인해 자신의 남편에 대해 다음과 같이 상상하기 시작한다.

> 디디: 에이크론에서 그는 철야 볼링장의 바에 앉아 어떤 키 큰 금발 미인의 공을 닦아주면서 앉아 있을지도 몰라요.
>
> Deedee: Akron, he could be sittin' at the bar in some all-night bowling alley polishin' some big blonde's ball. (66)

Deedee는 자신의 어머니의 주장처럼 남편이 다른 여자와 놀고 있을 것이라고 믿는다. 또한 그녀는 아이를 많이 가지기를 원했지만 Joe의 뜻에 따라 아직까지 아이를 가지지 못한 상태이다. 왜냐하면 Joe가 자동차 경주에서 상금을 타면 경제적 여유가 생겨서 아이를 양육할 수 있다고 생각하기 때문이다. 그들이 모은 돈은 자동차를 고치는 데에 들어가기 때문에 현실적으로 아이를 양육할 수 없는 상태이지만, Deedee는 Joe의 편을 들어 자신도 차를 좋아한다고 말한다. 또한 그녀는 자신의 남편이 한 말, 즉 "○-내가 남편의 일을 지켜보는 행위조차도 그에게 큰 도움이 된다"라는 말을 믿으며 자신의 존재가 대단한 것처럼 과장하여 말한다. 이에 Alberta는 Deedee를 이해하지 못하며, 자신의 경험을 말한다.

> 알버타: 난 도무지 이해가 안 돼요. 무슨 일이건 남자들이 자기네 하는 일을 주시해주기를 바란다니 …… 제 말뜻은 …… 저, (얘기를 하기로 작정한 것은 그녀에게나 우리에게나 놀라운 일이다.) 매년 추수감사절에 허브는 내가 칠면조를 씻고 채워 넣을 재료를 만들어서 칠면조 속을 채우는 걸 지켜보곤 하지요. 그게 내 신경을 곤두서게 만들었어요.
>
> Alberta: I never understood that, men wanting you to watch them do whatever it is …… I mean …… Well (*Deciding to tell this story, a surprise both to her and to us*) every year at Thanksgiving, Herb would watch over me, washing the turkey, making the stuffing, stuffing the turkey. Made me nervous. (67)

예시된 바와 같이 Alberta는 자기네 하는 일을 여성이 주시해주기를 바라는 남성들의 마음을 이해하지 못하고, 남편 Herb가 자신이 하는 일을 지켜보는 것 때문에 신경이 날카로워졌음을 고백한다. 또한 Alberta는 누군가가 감시하듯 자신의 일을 지켜본다는 사실 자체가 싫은 것이다. 또 하나의 예를 보면, Alberta는 실제로 지난 10여 년간 자신이 요리하는 것을 방해받고 싶지 않아서 Herb에게 세이지(sage)잎을 사오도록 심부름을 시켜왔다. 한마디로 Alberta는 타인으로부터 감시나 방해를 받고 싶어 하지 않는 독립적인 성격의 소유자이다.

Alberta는 Herb의 정원일, 'Herb 정원'이라는 표지판 등에 대해 이야기하다가 Herb가 더 이상 정원 일을 하지 않는다는 사실을 Deedee에게 들린다. Deedee는 Alberta에게 계속 질문을 하고 Alberta는 엉뚱한 대답을 하게 된다. 왜냐하면 Alberta는 남편의 죽음을 Deedee에게 알리고 싶지 않기 때문이다. Deedee는 게시판에서 몇 가지 게시물을 보다가 갈퀴를 파는 광고에 전화번호와 A. Johnson이라는 글씨가 쓰여진 것을 발견하고 A. Johnson이 Alberta임을 인식하게 된다. 이에 Alberta는 Herb의 생일에 몇 가지 새 용구를 샀는데 그가 포기했다고 말하고 Deedee는 Joe에게 준 선물을 이야기한다.

디디: …… 우리 결혼기념일을 위해서 정말 오래전에 계획을 했어요. 전 제 사진을 매사추세츠 주의 한 장소로 보냈어요. 전신사진이 아니라 제 얼굴만 확대한 사진을요. 그리고 그 사람들은 그렸죠. 저, 그들이 정말 그렸는지는 잘 모르겠지만, 어쨌든, 그들은 인형에다가 내 얼굴을 찍어 놓았어요. 정말 얼마나 나같이 보이는지 믿을 수 없을 정도였어요. 이 정도 크기에―(*약 2 인치 정도를 가리킨다.*) 체크 스커트와 덧옷을 입은 인형이었지요. 전 정말로 귀여운 인형이라고 생각했어요. 전 카드에 "한 살아 있는 인형으로부터 또 다른 인형에게. 우리 죽는 날까지 계속 소꿉장난하며 삽시다"라고 썼어요.
알버타: …….
디디: 그는 너무 웃어대느라고 의자에서 뒤로 자빠져서 라디에이터에 부딪혀서 머리가 깨졌어요. 우리는 남편을 응급실로 데려가야만 했지요.

Deedee: …… For our anniversary, I planned real far ahead for this one, I'm tellin' you. I sent off my picture, not a whole body picture, just my face real close up, to this place in Massachusetts, and they pointed, well I don't know if they really painted, but somehow or other they put my face on this doll. It was unbelievable how it really looked like me. 'Bout this tall (*Indicates about two feet*) with overalls and a checked shirt. I thought it was real cute, and I wrote this card sayin' "From one livin' doll to another. Let's keep playin' house till the day we die."
Alberta: ……

Deedee: He laughed so hard he fell over backward out of the chair and cracked his head open on the radiator. We had to take him to the emergency room. (69)

Deedee는 결혼기념일을 위해 오래전부터 주의 깊게 계획한 선물을 Joe에게 주었지만 이것이 그녀에게는 마음의 고통만 남겼다. 응급실로 간 Joe가 아픈 꼬마에게 그 선물을 주고 기뻐했지만, Deedee는 이 일로 속상했기 때문이었다. Joe가 오랫동안 정성껏 선물을 준비한 아내의 정성을 알아주지 못하고, Deedee의 얼굴이 박혀 있는 인형을 타인에게 선뜻 주었기 때문에 Deedee는 Joe가 자신이 주는 물건을 절대로 좋아하지 않는다고 확신하고 더 나아가 자신이 버려진 느낌을 받는다.

디디: 네, (*잠시 주저한다.*) 그렇지만 제가 남편에게 주자 곧 그의 선물이 된 거지요. 그래서 만일 그가 그 인형을 남에게 주고 싶다면 그건 남편이 할 바지요. 그러나 (*멈춘다.*) 남편은 그 인형을 싫어했어요. 난 알 수 있었어요. (*다시 창문으로 걸어간다.*) 여기 이 창문은 닦아야겠군요.

Deedee: Yeah, (*Pause*) but I figure it was his present as soon as I gave it to him, so if he wanted to give it away, that's his business. But (*Stops*) he didn't like it. I could tell. (*Walks to the window again*) They need to wash this window here. (69)

Deedee는 남편을 두둔하며 남편에게 유리한 말을 하면서도 남편이 자신의 분신처럼 생각하는 인형을 싫어한다고 생각한다. 그래도 Deedee는 남편의 빠른 귀가를 원하고, 남편이 빨리 귀가했으면 한밤중에 세탁소에 있지 않아도 되었을 것이라며 화가 나서 발로 건조기를 찬다. 여기서 남편만을 기다리고 남편만을 의존하며 자신의 일을 찾지 못하는 Deedee의 의존적인 성향을 알 수 있다.

Alberta는 Herb에게 낚싯대를 선물한 적이 있는데, 남편이 원한 것은 모자였다며 Deedee를 위로한다. 또한 Alberta는 Joe가 곧 귀가할 것이라며 Deedee를 안심시킨다. 그리고 Alberta는 다음과 같은 말로 Deedee의 마음을 위로해준다.

> 알버타: 사람들은 우리가 거기 있었으면 원할 때 우리가 원하는 장소에 반드시 꼭 있을 수는 없는 거예요.
> 디디: 저, 저는 그게 싫어요.
> 알버타: 당신은 그걸 싫어할 필요가 없어요. 당신은 그걸 알아야 해요.
>
> Alberta: People just can't always be where we want them to be, when we want them to be there.
> Deedee: Well, I don't like it. (70)

Alberta는 마치 Deedee의 어머니인 것처럼 다른 사람들이 우리가 원하는 대로 항상 원하는 장소에 있을 수 없다는 인생의 진리에 대해 설명해준다. 그러나 Deedee는 도리어 불평을 털어놓는다.

> 디디: 그 때문에 만일 우리 남편들이 그들이 마땅히 있어야 할 집에 둘 다 있다면 우리는 한밤중에, 제기랄, 이 셔츠들을 빠느라고 여기 이 더러운 세탁소에 있지 않아도 될 거예요.
>
> Deedee: 'Cause if they were both home where they should be, we wouldn't have to be here in this crappy laundromat wahin' fuckin' shirts in the middle of night! (70)

Deedee는 거친 욕을 함부로 하며 건조기를 발로 차는 거친 행동을

하기에 이르며 결국 Alberta는 Deedee와 다른 성장 과정을 지닌 여성
이라는 것이 위의 예시에서 명확해진다. 따라서 Alberta는 Deedee의
행동에 매우 놀라고 혼란해진다. 이때 흑인 남자 Shooter의 등장은 두
여성에게 불안감을 가져다준다. Shooter의 등장은 Alberta에게 있어서
는 Deedee로부터 위안을 받고 싶었던 그녀의 욕망이 위협받는다는 생
각을 가져온다. Alberta는 과거에 자신이 요리할 때 지켜보는 남편의
시선조차도 신경이 곤두섰기 때문에 자신의 일에 방해되지 않게 남
편에게 심부름을 시킨 적이 있는 인물로 주위의 시선을 민감하게 느
끼는 것이다. Shooter는 균형 잡힌 몸매의 남자이며, 단정하지만 간편
한 옷차림을 하고 있다. Shooter의 등장으로 Alberta와 Deedee의 진정한
대화는 중단되고, 표면적인 대화만 지속된다. Deedee는 Shooter가 새벽
에 방송하는 디스크자키임을 알게 되며, 그와 대화를 나눈다. 여기서
Shooter의 존재는 Deedee에게 경제적으로나 사회적으로 성공한 인물
로 보이고, 남편 Joe의 부정으로 실망한 마음을 위로받을 수 있는 대
상으로 나타나는 것이다. 그녀는 그에게 친밀감을 느끼며 그와 대화
를 계속한다. Shooter는 당구를 좀 칠 수 있다고 말하며 당구장 주인
Willie에 대해 언급한다.

> 슈터: 윌리가 말하는데, 아참, 윌리는 당구장 주인이죠. 윌리가 말
> 하기를 당구 큐는 여자 같대요. 자기 큐를 가지고 잘 다루어야 한
> 답니다.

> Shooter: Willie says, Willie's the guy who owns the place, Willie says pool
> cues are like women. You gotta have your own and you gotta treat her
> right. (71)

Shooter는 Deedee에게 당구 큐를 여자에 비유하는 Willie의 의견에
동의하는 말을 한다. 여기서 자기 큐를 갖고 잘 다루어야 한다는 견
해는 가부장적 사고에서 연유된 것이다. 남성은 지배, 여성은 종속이
라는 관계를 인식하는 남성들은 여자를 큐에 비유하여 큐를 잘 다루
어야 한다는 표현을 쓴 것이다.

Deedee는 Alberta에게서 영향을 받고 있음이 Shooter와의 다음 에피
소드에서 드러난다. Deedee는 Shooter에게 세탁 처리 방법에 대해 말
하는데, 자신이 처음에 Alberta를 만나 지적받았던 사실을 Shooter에게
알려 준다. Deedee가 Alberta 덕분에 세탁처리 능력이 향상된 것이다.
Shooter는 자신의 진짜 이름이 싫다며, 어머니가 인디애나 출신이라는
사실을 밝힌다. 그리고 그는 Alberta와 Deedee를 만난 적도 없고 그녀
들에 대해 아는 것도 없지만, 그녀들에게 맥주나 마시자고 제안하며
당구장에 오라고 말한다. Alberta는 이 제안을 거절하고 Shooter는 늦
은 밤에는 외롭다며 그녀들이 당구장에 와 주기를 바라며 사라진다.

Shooter도 Deedee처럼 외로움을 달랠 수 있는 대상을 찾기 위해 세
탁소에 온 것이다. 왜냐하면 그는 아버지와 Joe 아저씨를 즐겁게 하기
위해 Sondra와 결혼하였고, 지금은 Willie 아저씨 때문에 결혼 생활을
계속 유지하지만 만족스럽지 못하기 때문이다. Sondra는 아름답지만
씀씀이가 매우 헤프고, Shooter가 구입한 안락의자를 그와 상의도 없
이 타인에게 주어 버리는 인물이다. 무엇이든지 자신의 의지와 관계
없이 살아 온 Shooter는 자신을 마치 배에서 바로 농장으로 실려 간
완전히 보증된 노예자식으로 여기고 마스터 카드로 지불하는 주인의
소유물이라고 생각할 정도이다. 이처럼 결혼 생활에 불만족스러운
Shooter는 자신의 세탁물을 세탁하기 위해서 세탁소에 온 것이라기보

다는 자신과 대화를 나눌 수 있는 인물을 찾으러 온 것이다. Shooter가 나가자 Deedee는 흑인인 그를 마치 살인자나 강도, 강간범으로 추측해본다. 왜냐하면 그녀의 마음속에 인종차별적 요소가 있기 때문이다. Alberta는 Deedee의 추측을 무시하며, Shooter가 Deedee에게 한 장난스러운 대화가 마음에 들지 않았다고 고백한다. 이에 Deedee는 말 한마디도 그냥 놓치지 않는 Alberta의 까다로운 성격을 지적하고 만일 백인 디스크자키가 여기 들어왔다면 Alberta도 그에게 말을 걸었을 것이라고 확신한다. Deedee가 Alberta에게 서로 피부색이 다르다는 이유로 Shooter를 불신하고 있다고 지적하자, Alberta는 Deedee가 엉뚱하게 추측한다고 반박한다. Alberta는 Shooter가 흑인이기 때문에 대화도 나누지 않고 그가 당구장으로 초대에도 응하지 않은 것이 아니다. Alberta는 Deedee가 부재중인 남편 대신 외로움을 달래기 위해 Shooter와 만나 이야기한다는 자체를 걱정하는 것보다는 그녀가 Joe의 부정에 복수하고 싶어서 그를 이용하려고 할까 봐 걱정하는 것이다.

Deedee는 Shooter도 외로울 것이라고 말하며 자신은 애인을 얻기 위해 이 세탁소를 찾은 것이 아니라고 설명한다. 그녀는 타인의 외로움을 이해하지만 그녀의 행동은 조심성이 없는 편이다. 그러나 사실을 파악할 수 있는 능력이 생기자 Deedee는 Alberta가 이 근처에 살고 있지 않다는 것을 지적하고 왜 이곳에 왔는지를 그녀에게 묻는다. Alberta는 빨래를 하기 위해서라고 대답한다. 이런 대답을 들은 Deedee는 Alberta가 자신과 이야기하고 싶어 하지 않는다며 여기서 어떤 남자와 만나기로 했는지 의심한다. Alberta가 그녀를 의심하듯이 Deedee 자신도 Alberta를 의심하는 것이다. 이에 Alberta는 자신의 행동에 대해 사과하며 Deedee에게 당구장에 가라고 한다. Alberta의 제안에 Deedee는

Joe가 집으로 올 것이라며 자신의 현실을 깨닫고 거절한다. 그러나 Deedee는 남편에 대한 자신의 불만을 털어놓는다.

> 디디: 그렇지만 남편은 그런 대접을 받아도 싸요. 들어와서 제가 월리와 슈터랑 맥주를 마시고 당구치는 것을 그가 볼 거예요. 조는 흑인을 싫어하죠. 심지어 그는 흑인이란 춤추고 야구할 때라도 살인에 대해서 생각한다고 말하지요. 예, 남편에게 저를 소홀히 하도록 한 것은 그것이었을 겁니다. 남편이 먹는 소량의 약 말이에요. 그가 약을 먹고 웩웩거리는 것을 지켜보세요.
>
> Deedee: Might just serve him right, though. Come in and see me drinkin' beer and playin' pool with Willie and Shooter. Joe hates black people. He says even when they're dancin' or playin' ball, they're thinkin' about killin'. Yeah, that would teach him to run out on me. A little dose of his own medicine. Watch him gag on it. (74)

예시되듯이 Joe는 흑인을 싫어하는 인종차별주의자이다. 이런 사실을 알고 있는 Deedee는 일부러 흑인 Shooter와 만나 이야기를 나누는 장면을 남편에게 보여주고 싶은 것이다. Deedee는 일종의 복수심으로 자신이 고통받은 것처럼 남편도 고통을 받기 원하고 있다. 그녀는 그동안 집에서 남편을 기다리는 것이 얼마나 힘들었던가를 말한다.

> 디디: 그리고 당신은 절 믿지 않아요. 당신은 그저 집에 오지 않았다고 생각하시는 거죠. 그렇죠? 당신은 제가 새 잠옷을 입고 저기서 계속 기다리고 있었다고 생각하시지요. 텔레비전의 마지막 쇼가 끝나면 라디오를 틀고는 1파인트의 초콜릿 아이스크림을 통째 먹고, 또 라디오 방송이 끝나면 더 이상 견딜 수 없어서 더럽거나 말거나 옷을 몽땅 움켜쥐고 남편이 들어와서 내가 우는 것을 보지 못하도록 여기 나와 있다고 생각하시지요. 저, (단호하게) 전 울지는 않아요.

Deedee: And you don't believe me. You think he just didn't come home, is that it? You think I was over there waitin' and waitin' in my new nightgown and when the late show went off I turned on the radio and ate a whole pint of chocolate ice cream, and when the radio went off I couldn't stand it anymore so I grabbed up all these clothes, dirty or not, and got outta there so he wouldn't come in and find me cryin'. Well, (*Firmly*) I wasn't cryin'! (74)

자신의 심증을 드러내는 위의 예문에서 보이듯이 Deedee는 남편을 기다리다 지치면 음식을 섭취함으로써 불만을 해소해 보려고 시도했고, 라디오 방송에 의지했으며 그 방송이 끝나면 세탁을 하러 나오기도 하지만 울지는 않는다며 씩씩한 모습을 보인다. 이제 Alberta는 자신이 40년 동안 울지는 않았지만, 몇 주간 울었던 기억이 있다고 말한다.

알버타(*이제 정말 돕고 싶은 마음이 있어서*): 내게는 도라 아주머니가 계셨어요. 아주머니에게는 퍼퍼라는 토끼 한 마리 있었는데 죽었어요. 나는 그때 울었지요. 난 몇 주간이나 울었어요.

Alberta(*With a real desire to help now*): I had an Aunt Dora, who had a rabbit, Puffer, who died. I cried then. I cried for weeks. (74)

Alberta는 Deedee의 슬픔을 달래기 위해 자신의 가슴 아픈 추억을 이야기하는 것이다. Alberta는 그녀가 사랑했던 Dora 아주머니가 토끼를 사랑하다가 그 토끼가 죽었기 때문에 그 충격으로 요양소에 가게 되었던 이야기를 Deedee에게 한다.

알버타: 난 아주머니가 토끼를 묻는 것을 도와드렸지요. 눈물이 내 얼굴에 줄줄 흘러내렸어요. 아주머니는 말씀하셨지요. "버티야, 울지 마. 퍼퍼는 우리 모두를 외롭게 남겨 두고 죽을 의도는 아니었

어. 퍼퍼가 우리를 너무도 비참하게 만들어 놓았다는 것을 안다면 퍼퍼의 기분은 좋지 않을 거야"라고요. 그렇지만 다음 몇 주 후 도라 아주머니는 점점 더 조용해지시더니 마침내 전혀 말씀이 없으셔서 엄마가 아주머니를 요양소에 넣으셨죠.

Alberta: I helped her bury him. Tears were screaming down my face. "Bertie," she said, "stop crying. He didn't mean to go and leave us all alone and he'd feel bad if he knew he made us so miserable". But in the next few weeks, Aunt Dora got quieter and quieter till finally she wasn't talking at all and Mother put her in a nursing home. (74-75)

Dora 아주머니가 자신이 아끼는 토끼의 죽음으로 슬픔에 잠겨 말을 잃었던 것처럼 Alberta도 남편의 죽음으로 슬픔에 잠겨 말을 잃었지만 Deedee의 슬픔을 위로해준다. 이 장면은 후에 Alberta가 사랑하는 사람을 묻는 고통과 공포를 상징해준다. Alberta의 이러한 과거 경험을 들은 Deedee는 Alberta의 슬픔에 공감하며 다 된 빨래를 건조기로 옮기는 일을 자신이 하겠다며 그녀를 도우려고 한다.

Deedee는 건조기의 온도를 맞추며 Herb가 죽던 날 무슨 옷을 입고 떠났는지, 셔츠는 무슨 색인지 구두는 어떤 색이었는지를 묻는다. Alberta는 대답을 하지만 Deedee가 자신의 비밀을 알아챌까 봐 두려워한다. 반면에 Deedee는 Alberta로 인해 자신이 어떻게 행동해야 하는지를 인식하게 되었으며 자신의 어머니가 Alberta와 같았으면 하고 바란다고 말한다.

여기서 Alberta의 역할은 *Getting Out*의 Ruby의 역할과 같다고 할 수 있다. Alberta는 마치 Deedee의 어머니처럼, 언니처럼 그녀의 외로움을 달래주고, 그녀가 정체성을 찾을 수 있게 도와주기 때문에 여성의 긍정적인 모델 역할을 한다. Alberta의 도움에 대해 Deedee는 고마워하며, 자신의 어머니에 대해 다음과 같이 이야기한다.

> 디디: 엄마의 소유물이란 저와 대형 취어 세탁액뿐이죠. 그리고 엄
> 만 제가 거기 있는 동안 두 마디도 안 하세요. 언제나요. 그렇다고
> 엄마를 비난하지는 않아요.
>
> Deedee: Mom's just got me and giant-size Cheer. And she don't say two
> words while I'm there. Ever. I don't blame her I guess. (76)

Deedee의 어머니는 *'night, Mother*에 등장하는 Jessie의 어머니처럼 딸
을 소유물로 여겨 딸의 정체성 추구에 방해를 하는 역할을 한다.
Deedee의 어머니는 딸에게 다정다감한 말도 하지 않고, 잘못된 사고
를 딸에게 강요하며 충고도 해주지 않는다. 또한 Deedee의 어머니는
딸에게 세탁물 건조를 맡기고는 딸을 믿지 못해서 확인까지 하는 인
물로 딸에 대한 신뢰감이 없다. 반면에 Alberta는 Deedee를 격려해준다.

> 알버타(*이제는 다시 마음의 평정을 찾고*): 그러나 당신은 젊고 예
> 쁘잖아요. 당신에게는 멋진 유머감각이 있고요.
> 디디: 아, 그렇지요.
> 알버타: 그리고 당신은 언젠가는 애들도 낳을 거고요.
> 디디: 네, 저도 알아요. (*우울하게*) 제 앞에 저의 전 인생이 있는 거죠.
> 알버타: 당신은 직업도 가질 수 있고요.
>
> Alberta(*Back in balance now*): But you're young and pretty. You have a
> wonderful sense of humor.
> Deedee: Uh-huh.
> Alberta: And you'll have those children someday.
> Deedee: Yeah, I know. (*Gloomily*) I have my whole life in front of me.
> Alberta: You could get a job. (76)

Alberta는 Deedee에게 그녀의 젊음, 외모, 장점에 대해 열거함으로써 Deedee가 자기 자신이 어떤 사람인지에 대해 규정을 내릴 수 있도록 도와주며, 언젠가는 Deedee가 아이를 출산할 것이라는 희망을 준다. 또한 *Getting Out*에 나오는 Ruby처럼 Alberta도 Deedee에게 직업을 가질 수 있다며 격려한다. 직업은 자기 능력을 계발할 수 있고, 일의 가치와 보람을 느낄 수 있으며, 타인과의 관계도 확대할 수 있는 기회를 제공하는 것인데 Deedee는 남편 몰래 일을 한다. 왜냐하면 Deedee의 남편은 자신을 집의 주인으로 생각하고 아내가 일하는 것을 원치 않기 때문이다.

남편의 이러한 사고－남성은 일차적으로 생계 책임자이고, 여성은 아이를 출산하여 양육하고 살림하는 사람－는 성에 따른 역할 구분론에서 유래된 것이다. 이런 이데올로기가 형성된 시기는 17세기 청교도주의의 영향으로 거슬러 올라가는데, 사회 전반으로 확산되고 영향력을 행사하게 된 것은 산업화를 거치면서다(한국여성연구소 236). 이 성에 따른 역할 구분론 때문에 아내가 집을 벗어나 일하러 가게 한 가장은 무능하고 무책임한 사람 취급을 받는 분위기가 확산되었다. 이러한 분위기에 젖은 Deedee의 남편은 아내의 직업을 원하지 않는 것이다.

이제 Alberta는 Deedee가 자신의 기분을 남편에게 말해야 한다고 설득하지만 Deedee는 그렇게 하면 남편이 떠날 것이라고 걱정한다. Alberta는 Deedee가 남편에게 그녀 자신을 이해시킬 수 있는 기회를 제공하면 남편도 무언가를 이해하게 될 것으로 확신한다. 그러나 Deedee는 자신의 남편이 자신을 이해하지 못하고 이혼을 원할까 봐 일을 원하지 않는다며 다음과 같이 말한다.

디디: 전 일하고 싶지 않아요. 전 제가 직업을 원한다고 말하고 싶지 않아요. 왜냐하면 제가 정말 직장을 원하는 이유를 말하라면 남편이 언제 귀가하며 얼마나, 왜 전혀 집에 오지 않을 것인지에 대해서 생각해야 되기 때문이죠. 그러면 남편은 전혀 귀가하지 않는다는 의미가 무엇이냐고 말하겠지요. 전 남편에게 당신이 무엇을 하고 있는지를 내가 알고 있다는 것과 내게 거짓말하고 있고, 또 내게서 떠나가고 있다는 것을 내가 안다고 말해야만 하지요. 그러면 남편은 그렇게 될 경우 넌 무얼 할 거냐고 말하겠지요. 너 이혼을 원하냐? 그리고 전 남편이 그렇게 말하기를 바라지 않아요.

Deedee: I don't want to start it. I don't want to say I want a real job, 'cause then I'll say the reason I want a real job is I gotta have something to think about besides when are you coming home and how long is it gonna be before you don't come home at all. And he'll say what do you mean don't come home at all and I'll have to tell him I know you're doing, I know you're lying to me and going out on me and he'll say what are you gonna do about it. You want a divorce? And I don't want him to say that. (76)

즉, Deedee는 남편 의사에 따라 직업을 가지지 않고 집에 있어도 남편이 늦게 귀가하기 때문에 신경이 쓰이는데 만일 그녀가 직업을 가지게 된다면 그 핑계로 남편이 더 늦게 귀가할 수도 있다는 염려를 하는 것이다.

이러한 Deedee의 염려는 구체적으로 남편의 부정행위 때문임을 다음 Deedee의 대화에서 알 수 있다.

디디: 전 바란다니까요. 어젯밤 전 그를 놀라게 해서 볼링을 몇 게임하려고 생각했어요. 저, 블링화를 신고 있다가 전 그들이 함께 웃으면서 12번 레인에 있는 것을 보았어요. 그는 한 손으로는 그녀의 머리카락을, 또 한 손으로는 자기 볼링공을 만지고 있었어요. 맙소사, 전 재빨리 그곳에서 나왔죠. 전에 거기서 그녀를 본 적이 있어요. 그녀는 2층 체중 조정실에서 가르치고 있지요. 아마 그녀

는 그리 힘이 세지는 않을지 모르지만, 남편을 해치거나 어떻게 할 겁니다. 그녀는 분홍색 타이즈 운동복을 입었고 머리카락도 가늘어 보여요. 전 남편을 증오해요.

Deedee: I do. Last night, I thought I'd surprise him and maybe we'd bowl a few games? Well, I was gettin' my shoes and I saw them down at lane twelve, laughin' and all. He had one of his hands rubbing her hair and the other one rubbing his bowling ball. Boy did I get out of there quick. I've seen her there before. She teaches at the Weight Control upstairs, so she's probably not very strong but maybe she could poison him or something. She wears those pink leotards and even her hair looks thin. I hate him. (77)

Deedee는 남편이 빨리 귀가하지 않고 다른 여자와 즐기는 장면을 목격했지만 정면으로 맞대결하는 것이 아니라 그 순간을 피한 것이다. 그녀는 남편이 집으로 귀가하다가 하수구에 빠졌으면 하고, 남편의 다른 여자가 남편을 죽였으면 하고 바랄 정도로 남편을 증오한다.

그러나 Alberta는 Deedee가 정말로 남편을 증오하는 것이 아님을 확신한다. 이에 Deedee는 남편이 비열하고 어리석으며, 그가 그러한 단점을 극복하지 못했으며, 자신도 똑똑하지는 못하다며 비관한다. 또한 Deedee는 이 사정을 어머니께 말하고 싶지 않다면서 남편이 싱크대에 떨어진 계란을 손으로 집어서 한 입에 먹은 사실을 Alberta에게 털어놓는다. 이에 Alberta는 "Joe가 계란을 통째로 입에 넣었다고요?(He stuffed a whole egg in his mouth?)(77)"라며 그의 투박한 모습을 쉽게 믿지 못한다. 왜냐하면 그녀는 교육을 받은 중산층으로서 기본적인 규칙이나 식사 예절을 습득해 왔기 때문에 그의 모습을 이해하지 못하는 것이다. Deedee는 Alberta의 반응에 화가 나서 Joe가 언젠가는 유명한 자동차 레이서가 될 것이라고 말한다. Deedee는 남편의 부정행위, 늦은 귀가, 다혈질 성격 등에 대해 증오하지만 그래도 타인이 자신의 남편에 대해 비난하는 것은 참지 못할 정도로 남편에게 집착하는 인물이다.

이러한 Deedee의 마음을 잘 알게 된 Alberta는 자신이 Deedee의 세탁물을 지켜보겠다며 남편이 들어왔는지 집에 가보라고 권유한다. 이러한 권유에 Deedee는 Alberta가 자신이 이 장소에 없기를 바라는 것이라며 다음과 같이 말한다.

> 디디: 그러면 당신은 왜 집에 안 가시죠? 당신이 세탁하지 않은 그 구역질 나는 셔츠를 빨기 위해 가서 울라이트를 가져와요. 당신은 나와 말하고 싶지 않을 뿐 아니라 내가 그 셔츠를 만지는 것조차 바라지 않았어요. 허브의 셔츠는 너무 멋져서 난 만질 수도 없지요. 저, 전 게으름뱅이일지는 몰라도, 그러나 전 깨끗한 사람이에요.

> Deedee: So why don't you go home? Go get the Woolite for that yucky shirt you didn't wash. You not only don't want to talk to me, you didn't even want me to touch that shirt. Herb's shirt is too nice for me to even touch. Well, I may be a slob, but I'm clean. (78)

이와 같이 Deedee는 Alberta가 자신과 이야기를 나누고 싶지도 않고 그 셔츠를 만지는 것조차 바라지 않는다며, 자신은 깨끗한 사람이라고 항변한다. 이에 Alberta는 셔츠를 세탁하고 싶지 않았다고 고백한다. Deedee는 Alberta와 남편 Herb의 결혼 생활에 대해서 다음과 같이 비아냥거린다.

> 디디: 전혀 그게 아니죠. 허브는 너무 훌륭한 분이지요. 당신은 남편을 너무도 사랑하고요. 당신은 남편의 옷을 아주 제대로 빨고 있는 거예요. 전 당신이 하는 식으로 당신 남편 옷을 세탁기에 넣을

수는 없었어요. 얼룩이 빠지지 않아서 당신 남편은 자기 셔츠를 어떻게 취급했느냐고 말할지도 모르고 그래서 당신은 싸울지도 모르죠. 그러면 만사 언제나 달콤하며 아무도 화내지 않고, 정원 일을 하는 남편 주위를 돌아다니면서 줄곧 서로 가볍게 키스를 해대는 당신의 꿈같은 작은 세계는 온통 엉망이 될 거예요. 저 당신은 농담하거나 제게 거짓말하는 거지요. 아무도 당신 남편처럼 그렇게 훌륭하지 못하기 때문에 다른 누군가가 당신 남편의 셔츠를 만질 수는 없다는 거죠. 당신은 당신 남편이 성자인 양 처신하시는군요. 마치 그가 죽은 사람이듯 이제 당신은 그가 입은 셔츠를 숭배하는군요.

Deedee: That ain't it at all. Herb is so wonderful. You love him so much. You wash his clothes just the right way. I could never drop his shirt in the washer the way you do it. The stain might not come out and he might say what did you do to my shirt and you might fight and that would mess up your little dream world where everything is always sweet and nobody ever gets mad and you just go around gardening and giving each other little pecky kisses all the time. Well, you're either kidding yourself or lying to me. Nobody is so wonderful that somebody else can't touch their shirt. You act like he's a saint. Like he's dead and now you worship the shirts he wore. (78)

Deedee는 Alberta의 남편이 훌륭한 분이고, Alberta가 남편을 성자인 양 처신하고 마치 그가 죽은 사람이듯 그가 입은 셔츠를 숭배한다고 생각한다. 이에 Alberta는 자신을 혼자 내버려 두도록 하면 어떻게 해야만 하는지 Deedee에게 묻고 Deedee는 Herb가 죽은 사실을 알아내고 자신이 너무 어리석었다는 사실을 인정한다. Deedee는 자신에게 끔찍한 사실을 말해 달라고 간청하고, Alberta는 자신의 기분을 이해해주지 못하고 수다스러운 Deedee가 언어 조절 능력이 부족하다는 것을 무례하지 않게 지적한다. Alberta의 충고에 이제 Deedee는 사과의 말을 하게 된다.

디디: 죄송해요, 존슨 부인. 정말 미안합니다. 당신은 아마 오랫동안 오늘밤을 계획해 왔었겠죠. 남편의 옷을 빨려고요. 그리고 제가 끼어들어서 일을 망친 거죠.

Deedee: I'm sorry, Mrs. Johnson, I really am sorry. You probably been plannin' this night for a long time. Washin' his things. And I barged in and spoiled it all. (78)

Deedee의 말처럼 Alberta는 죽은 남편의 셔츠를 빨려고 오랫동안 계획해 왔지만 Deedee로 인해 일을 망친 셈이 된 것이다. 이제 Alberta는 Herb의 죽음에 대해 말하기 시작한다. Herb는 작년 겨울 그의 생일 전날 죽었고, 아내의 부탁으로 쓰레기를 버리러 밖에 나갔다가 양배추 수프를 뒤집어쓴 채 오솔길 위에서 심장마비로 죽은 것이다.

Alberta는 이와 같은 가슴 아픈 과거를 이야기하면서 Deedee를 홀로 두고 싶지 않다고 말한다. 왜냐하면 Alberta는 남편의 죽음 후 외로움을 겪었고, 외로움을 달래기 위해 세탁소를 찾은 Deedee를 이해하기 때문이다. Alberta는 외로움에 대하여 다음과 같이 언급한다.

알버타: 외롭다는 것은 그렇게 무서운 일은 아니에요. 제 말뜻은 무섭기는 하지만 그렇게 무서운 건 아니라고요. 어려운 일들이 있지요.

Alberta: Being alone isn't so awful. I mean, it's awful, but it's not that awful. There are hard things. (79)

Alberta의 견해처럼 외로움은 무서운 일이 아니다. 왜냐하면 타인의 도움을 받아 외로움을 해소할 수 있기 때문이다. Alberta는 Deedee의 외로움을 이야기를 통해 해결한 것이다. Alberta는 죽은 남편에 대한 극진한 애정을 다음과 같이 표현한다.

알버타(*디디에게 등을 돌린 채*): 지하실을 청소할 때 난 비치볼을
발견했죠. 난 비치볼에서 공기를 뺄 수가 없었어요. 그 안에 (*이제
몸을 돌리면서*) 남편의 숨이 들어 있으니까요. (*디디가 당혹해하는
것을 보고*) 당신 세탁물을 꺼내세요. 주름이 질 거예요.

Alberta(*Her back to Deedee*): I found our beachball when I cleaned out the
basement. I can't let the air out of it. It's (*Turning around now*) his breath
in there. (*Sees Deedee is upset*) Get your clothes out. They'll wrinkle. (79)

여기서 Alberta가 지하실에서 발견한 비치볼의 공기는 남편의 숨결
을 상징한다. Alberta는 죽은 남편의 마지막 흔적을 끝까지 잡고 싶었
던 것이다. 이 장면에 대해 Linda Ginter Brown은 언급한다.

Mel Gussow는 NY Times Magazine의 글에 Alberta가 지하실에서 비치
볼을 발견하고 그것이 '그의 숨결을 보관하고 있기' 때문에 공기
빼는 것을 거절한 순간에 대하여 Jon Jory가 회상한 것을 기록한 것
이다. Jory는 "당신은 청중으로부터 한숨 소리를 들을 수 있었습니
다"라고 적어 두었다.

Mel Gussow, writing in NY Times Magazine, reports Jon Jory's recollection
of the moment Alberta finds the beach ball in the basement and refuses
to deflate it because it 'holds his breath'. Jory noted that "You could hear
a sigh from the audience."(Linda Ginter Brown 128)

이 장면은 청중으로부터 한숨 소리가 나올 정도로 통렬하다. 또한
끝까지 남편의 흔적에 매달리는 Alberta의 모습도 애절하다.

고백을 마친 Alberta는 Deedee의 집에 불이 켜졌음을 보고 이 사실
을 Deedee에게 알려 준다. Deedee가 자신이 무엇을 해야 할지를 모르
겠다고 말하자, Alberta는 집에 가야 한다고 말한다.

알버타: 당신은 당신이 얼마나 화가 났나를 잊기 전에 집에 가야
해요. 당신은 남편의 행동을 참을 필요가 없지요. 당신이 원한다면,
또 당신이 남편 없이 해낼 수 없다고 생각한다면 참아야죠. 그러나
당신은 그럴 필요가 없어요.

Alberta: You should go home before you forget how mad you are. You
don't have to put up with what he's doing. You can if you want to, if
you think you can't make it without him, but you don't have to. (80)

이와 같이 Alberta는 Deedee에게 방법을 알려 주지만 Deedee는 이것
을 다소 놀라운 일로 받아들인다. Alberta는 계란을 통째로 먹어 교양
없어 보이는 Joe보다는 Deedee가 더 나은 사람이라며 자부심을 가지
도록 격려한다. 그러나 이것이 Alberta의 훈계처럼 쉬운 일은 아니다.
왜냐하면 여성이 자신의 정체성을 추구하는 과정에는 즐거움보다는
어려움이 더 많을 수 있고 극복해야 할 문제가 많기 때문이다. Linda
Ginter Brown은 Alberta의 훈계에 대해 다음과 같이 논평한다.

극의 결말에서 이와 같이 강력한 말로 Norman은 불가피한 진실—
만일 기꺼이 위험을 수용한다면 인간은 두려워할 필요가 없다.—을
표현한 것이다. 인간이 자신의 완전함—진실하고 완전한 자아에 대
한 의식—을 유지할 수 있기 위해서는 힘든 선택이 포함된다.

With this powerful speech at the play's end, Norman presents the inevitable
truth–if one is willing to take the risk, one need not be afraid. Being able
to maintain one's own integrity—a true and complete sense of self—
involves hard choices(134).

인간은 이처럼 완전한 자아, 정체성을 추구하는 과정에서 어려움
과 위험을 극복해야 한다. Alberta와 Deedee도 이러한 과정을 거쳤기

때문에 다른 모습으로 변모한다. Alberta는 죽은 남편의 셔츠를 남이 만지지 못하게 할 정도로 숭배했지만 시간이 흘러 타인에게 셔츠를 주어 버릴 수도 있다며 고백한다.

> 알버타(*그녀의 바구니에 빨래를 담으면서*): 아마도 몇 달 지나서, 아니면 내년 언젠가는 내가 이 옷들을 남에게 주어 버릴 수 있을 거예요. 이 옷들은 괜찮은 것이니까요.

> Alberta(*Loading up her basket*): Maybe, in a few months or next year sometime, I'll be able to give these away. They're nice things. (80)

이제 Alberta는 남편의 유품을 타인에게 줄 수도 있다는 여유를 지닐 정도로 자신의 슬픔과 외로움을 극복한 모습을 보여 준다. 또한 Alberta는 Deedee에게 자신에게 전화하라고 말하며 그녀의 이마에 살짝 키스를 해줄 정도로 마음을 열고 오늘밤 혼자 있고 싶었다고 이야기하며 Deedee가 함께 있어 주어서 기뻤다고 한다. Alberta는 Deedee 덕분에 외로움을 해소하고 마음속에 맺힌 이야기를 나눌 수 있는 기회를 가지게 되어 기쁘고 평온한 상태로 세탁소를 떠날 수 있게 된다.

Deedee는 Alberta에게 정원을 가꾸는 데 매달려 보라며 대안을 제시하기도 한다.

> 디디: …… 제가 이 근처 수 마일 안에는 정원이 없다고 당신께 말씀드렸죠. 당신은 이 괭이에 꾸준히 매달려 일하는 편이 나아요. 땅을 일굴 때가 되고 있어요. 그렇잖아요?

> Deedee: …… I told you there ain't garden for miles around here. You better hang onto these hoes. It's gettin' about time to turn over the soil, isn't it? (80)

이제 Deedee는 Alberta에게 슬픔을 극복할 수 있는 대안을 제시하며 자신에게 따뜻하게 충고하고 배려해준 Alberta에게 진심으로 감사하는 마음을 가질 정도로 변모한다. Deedee는 평온한 마음의 상태로 Alberta와 헤어진다.

이 작품은 서로에 대해 전혀 알지도 못하는 두 여성이 대화를 통해 각자의 외로움, 슬픔, 고통을 털어놓으면서 여성 간의 교감을 통하여 서로의 자아를 찾는 데 도움을 주는 과정을 묘사한 것이다. 여기서 대화는 아주 중요한 수단인데, 여성의 수다를 하위의 문화로 간주하는 통념을 벗어나 여성이 혼자만의 고민을 해결하고 자신의 자아를 찾아 주어진 삶에 충실하며, 이해하며 살아 나갈 수 있는 인물로 변모하는 데 큰 역할을 하는 것이다. 이때 셀프서비스식 간이세탁소는 Grace Epstein의 설명처럼 계급과 나이를 초월한 교차로이다. 왜냐하면 계급, 나이, 교육 수준, 그리고 경제적 상태가 다른 두 여성이 서로 간의 삶, 문제들을 이야기하면서 각자의 차이점을 인정하고 서로에게 부족하고 만족하지 못한 점을 도와주는 유대감을 보여주기 때문이다. 그러므로 이들은 페미니스트 드라마의 긍정적인 모델이라고 할 수 있다.

Chapter 06

결 론

지금까지 페미니스트 드라마의 배경과 특징, 그리고 Marsha Norman의 *Getting Out, 'night, Mother, Third and Oak*에 나타난 여성의 자아 추구에 대하여 살펴보았다. 특히 이 세 작품들은 여성이 남성과 평등하다는 자유주의 페미니즘과 여성의 억압의 뿌리를 가부장제로 보는 급진적 페미니즘의 특성을 매우 잘 나타낸 것이라고 할 수 있다. 그러므로 이 세 작품들은 가부장제 사회에서 고통받는 여성들의 문제들을 잘 묘사한 것이고, 수많은 상들을 수상한 페미니스트 드라마로서 공연되어 대중적인 성공을 거둔 작품들이다.

페미니스트 드라마는 기존 드라마에서 등한시해 온 여성의 삶에 관심을 기울이고 무명의 페미니스트 극작가들의 대본을 발굴하는 데 큰 역할을 하였다. 페미니스트 드라마의 특징은 여덟 가지로 들 수 있는데 첫째, 여성의 문제를 다루어 여성이 자아를 찾아 나가는 데 초점을 두었고, 둘째, 여성이 자신의 자아를 추구해 나가는 과정에서 남성을 거의 부정적인 존재로 묘사하였으며, 셋째, 고통받는 여성이 여성 간의 유대, 즉 자매애로 어려움을 극복하고, 넷째, 집단대본과 즉흥연기를 사용하고, 다섯째, 모녀관계를 다루며, 여섯째, 이름 붙이기의 문제를 다루며, 일곱째, 여주인공의 변신 과정을 그리며, 여덟째, 여성의 공간이라고 간주되어온 부엌과 거실을 배경으로 삼는다.

　Marsha Norman의 작품에서 이러한 특징들을 발견할 수 있는데, 결국 Norman이 모색하는 가장 큰 주제는 가부장제 사회에서 여성의 정체성 추구에 있다. 이 점에 대해 Darryl Grantley는 설명한다.

> 이러한 극(마샤 노먼의 작품들)에서 그녀는 가부장적인 힘과 가치들에 의해 지배되는 사회 구조에 얽매인 여성들의 위치에서 발생하는 정체성의 위기를 매우 강력하게 표현할 수 있는 자신의 능력을 보여준다.
>
> In these(Marsha Norman's works) she shows herself capable of rendering very powerfully the crises of identity which arise from the position of her women imprisoned in a social structure dominated by patriarchal power and value(재인용- Clive Bloom 143).

　Marsha Norman은 가부장제 사회에서 여성이 겪는 정체성의 위기를 잘 표현하고, 여성들이 그 위기를 어떻게 극복하여 독립적인 정체성을 찾아가는지에 대해 잘 묘사한 작가라고 할 수 있다. 그녀는 이 세 작품에서 전통적인 사실주의 극이나 표현주의의 극 형태를 사용하여 평범한 인물, 평범한 생활, 일상 언어로 관객들을 극적 세계로 쉽게 끌어들이고, 여성의 내부 세계, 즉 자아를 찾아가는 과정을 훌륭히 표현하고 있다. 이 작품들은 자신이 누구인지를 규정 내리지 못하는 여주인공들이 자아를 찾아 나름대로의 방법으로 투쟁하는 모습을 잘 조명한 극작품으로 볼 수 있다. 이들 여주인공들은 대체적으로 남성들의 성적 착취나 억압으로 고통을 받거나 자신을 소유물로 여기는 어머니로 인해 독립된 자아를 찾는 데 방해를 받지만 이들이 자아를 찾아가는 모습은 다양하지 나타난다.

*Getting Out*에 등장하는 여주인공은 과거의 자아 Arlie와 현재의 자아 Arlene이라는 분열된 자아를 지니고 있다. Arlie는 종업원 납치, 강도, 살인, 그리고 매춘 등 여러 가지 범죄를 저지른 사악한 자아인 반면에 Arlene은 죄를 깨우치고 과거의 자아 Arlie를 죽이려고 시도한 자아이다. 감옥에서 기숙사를 깨끗이 청소하고 뜨개질을 할 정도로 모범적인 인물로 변모한 Arlene은 가석방된 후 음식물을 구입하고 정리하며 땀을 흘려 정당한 대가를 받을 수 있는 일을 찾고, Bennie와 Carl의 유혹을 거절할 정도로 혼자서 결정할 수 있는 능력을 회복한 능동적인 자아의 모습을 지니고 있다. 결국 여주인공은 자신이 미워했던 과거의 자아와 화해하며 분열된 자아의 모습이 결합된 자아의 모습으로 변모한다. 이와 같이 이 작품은 Arlene의 자아의 모습을 보여주는 데 있어서 페미니스트 드라마의 특징 중 특히 두 가지의 특징을 잘 나타내고 있다. 첫째는 이름 붙이기의 문제인데, Arlie에게 있어서 Arlene이라는 새로운 이름은 독립적이고 주체적인 자아를 찾는 데 가장 큰 역할을 한 것이다. 둘째, 여주인공의 변신 과정을 그리고 있다는 것이다. 이것은 끊임없이 변화 가능하고 다양한 자아를 가진 인물 Arlie가 등장하여 Arlene으로 변신하는 모습을 관객들에게 보여 준다는 것이다.

이러한 Arlene의 변신에 가장 큰 역할을 한 인물은 Ruby이다. Ruby는 Arlene의 주체적인 자아 찾기에 도움이 될 만한 우정과 행동의 본보기로서 긍정적인 인물이라고 할 수 있다. 그녀는 페미니스트 드라마의 특징이자 급진적 페미니즘의 특징인 자매애를 가장 잘 보여 주고 있다.

Arlene의 변신에 가장 부정적인 인물들은 남성들로 Arlene의 아버지, 교도관, Bennie 그리고 Carl이라고 할 수 있다. 이들 남성의 공통점은 그녀를 성적 대상물로만 본다는 것이다. 특히 Arlene의 아버지는 딸을 강간하여 딸의 자아를 상실하게끔 한 장본인이라고 할 수 있다.

반면에 남성이 아닌 여성으로서 유일하게 Arlene의 변신에 부정적인 역할을 한 인물은 Arlene의 어머니이다. 그녀는 외부의 위험, 특히 아버지로부터의 폭력, 강간으로부터 딸을 보호해주지도 못하고 가석방되어 새로운 삶을 살아가려는 딸의 몸부림을 이해하지도 못하는 인물이다. Arlene의 어머니는 가석방된 Arlene에게 그녀의 외모에 대해 비난하고 외모 콤플렉스를 조장시키며, Bennie가 두고 간 모자를 보고 딸을 의심하며 가족 모임에도 참가하지 못하게 할 정도로 매정하다. 그러나 남편 대신 생계를 꾸려 나가는 Arlene의 어머니 또한 Arlene처럼 희생자라고 할 수 있다. 이와 같이 Marsha Norman은 Arlene의 모녀관계를 부정적으로 묘사하여 관객들로 하여금 다시 생각해볼 수 있는 기회를 제공한 것으로 볼 수 있다.

두 번째로 살펴본 'night, Mother'는 페미니스트 드라마의 특징 중의 하나인 모녀관계에 초점을 맞추어 여주인공 Jessie의 자아를 찾아가는 과정을 그린 것이다. Jessie와 어머니 Thelma는 삶과 죽음에 대한 견해에서 대조적이다. Jessie는 삶과의 유대감을 상실한 채 조용한 상태인 죽음을 동경하여, 자살을 시도할 정도로 절망감에 빠진 인물이다. 모든 일에 실패한 그녀는 자살이라는 일을 선택함으로써 자신의 자아와 자주성을 찾고자 한다. 반면에 Jessie의 자살을 막고자 애쓰는 어머니 Thelma는 죽음을 두려워하며, 딸을 이해 못하는 강한 의지를 가진 인물로 딸을 자신의 소유물로 간주해 온 것이다.

Jessie는 Thelma와 일상적인 생활을 하다가 갑작스럽게 자살 선언을 함으로써, 어머니와 끊임없는 대화를 하게 된다. 이 대화로 이들은 모녀간의 유대감을 조금 회복하지만 Jessie의 죽음을 맞이한 후에야 비로소 어머니는 자신의 잘못을 인정하고 유대감을 회복하는 것이다.

이들 모녀관계의 유대에 부정적인 역할을 한 인물들은 남성들로, Jessie의 아버지, 남편 Cecil, 아들 Ricky, 그리고 오빠 Dawson이다. 이 중에서 특히 Jessie의 자아 찾기에 가장 부정적인 역할을 한 인물은 내성적인 아버지로 가족들에게 어떠한 작별인사도 없이 자살을 했는데, 그의 자살은 딸에게 심한 충격을 주어 오랜 기간 동안 자살의 충동을 가지도록 요인을 제공한 것이라고 할 수 있다. 반면에 Jessie 아버지의 죽음은 어머니에게 오히려 편안함을 제공한 것으로 볼 수 있다. 왜냐하면 그들의 결혼 생활이 행복한 것이 아니었기 때문이다. 어머니의 대사를 통해 알 수 있듯이 Jessie의 아버지는 아내를 못마땅하게 여겼는데, 그 이유는 아내가 자신이 원했던 이상형인 하루하루가 색다른 여자, 신선한 충격을 주는 여자가 아니라는 데에 있었다. 결국 아버지는 아내나 딸에게 행복함을 제공하지 못했고, 특히 딸에게는 사랑하는 아버지를 잃는 고통과 슬픔을 제공하여 딸의 자아를 상실하게 만드는 요인을 제공한 것이다. 아버지 이외의 다른 남성들은 결국 Jessie에게 고통을 준 인물들이고, 그녀가 행복했던 어린 시절의 자아를 그리워할 정도로 불행을 제공한 인물들에 불과하다.

Robert Brustein는 이 작품이 주제와 작품이 지니는 힘과 스타일 면에서 Eugene O'Neill에 가깝다고 평하였다.

가족 간의 숨겨진 비밀을 들추어내어 부모와 자식 간의 상징적인 끈을 노출시키고, 씁쓸하게 서로를 비난하면서도 사랑의 표현이 엇갈리는 기법에 있어서 「잘 자요, 엄마」는 간결하게 압축된 제2의 「밤으로의 긴 여로」(*A Long Day's Journey into Night*)라고 할 수 있다.

For in the way it exhumes buried family secrets, exposes the symbolic links among parents and children, and alternates between bitter recriminations and expressions of love, *'night, Mother* is a compressed, more economical version of *A Long Day's Journey into Night*(Linda Ginter Brown 162).

Marsha Norman은 O'Neill이 등장인물로 하여금 숨겨온 비밀을 폭로하듯이 *'night, Mother*에서 어머니가 딸에게 숨겨온 비밀, 즉 딸 Jessie가 아버지로부터 유전받은 간질병을 앓고 있다는 사실, Jessie의 남편 Cecil에게 여자가 있었고 그 여자 이름은 Carlene이었다는 사실을 털어놓음으로써 딸을 비난하기도 하고 자신의 잘못을 인정하기도 하며 딸에게 용서를 구하기도 하는 모습을 나타내고 있다. 또한 Marsha Norman은 Jessie가 자신이 외로웠고 자살을 계획해 왔다는 사실을 어머니에게 털어놓음으로써 가족 간에 단절된 의사소통을 가능하게 하며 서로를 이해하고 어머니와의 유대감을 회복하는 모습을 보여 주고 있다. O'Neill의 작품 *A Long Day's Journey into Night*에서는 아버지가 돈을 구실로 책임과 의무를 회피하고, 그의 아내 Mary는 마약과 어린 시절의 환상으로, 큰아들 Jamie는 술과 여자에게로, 작은아들 Edmund는 건강을 구실로 책임을 회피하고 현재의 비극에서 도피하고자 하지만 4막에서 그들이 서로가 잘못을 고백하고 이해를 구함으로써, 서로를 용서하고 따뜻한 애정을 갖도록 하는 모습을 보여 주는데 이러한 점에서 *'night, Mother*와 유사성을 찾아볼 수 있는 것이다.

Marsha Norman과 O'Neill은 의사소통이 단절된 가족 간의 대화를 통해 사랑을 찾아가는 모습을 주제로 나타내고 있으며, 전자는 등장 인물로 하여금 어떤 일이라도 자신이 선택할 수 있는 권한이 있는 정체성을 지닌 인물로 변모하는 데 초점을 두고, 후자는 등장인물로 하여금 환상에서 벗어나 가족 전체에 대한 진실을 인식하게 하는 데 초점을 둔 것이다.

Robert Brustein 외에 Jenny S. Spencer는 '여성의 정체성에 관한 사이코드라마(Psycho-drama of Female Identity)(Jenny S. Spencer 364)'라고 평할 정도로 *'night, Mother*에서 여성의 정체성 문제가 강하게 나타나고 있음을 보여 주고 있다. 또한 이 작품은 모녀관계의 유대 회복에 초점을 두었는데, 정문영은 이에 대해 "이 작품이 정전 속에 들어갈 수 있는 이유 중 하나로 이 작품에서 다루는 모녀관계가 딸 Jessie를 중심으로 하여 딸이 어머니로부터 독립하는 과정에 보다 초점을 둔 것이기 때문이라고 할 수 있다"라고 평한다(117). 이 작품은 여주인공이 부재 인물 남성들로 인해 고통을 받지만 모녀관계를 통해 자아를 찾는 과정을 그린 것이다.

이와 같은 Thelma와 Jessie의 모녀관계는 *Third and Oak*에 나타나는 Deedee의 어머니와 Deedee의 모녀관계와 같다. Nancy Chodorow의 설명처럼 모녀관계는 유대와 공생의 관계이므로 어머니가 딸을 자신의 소유물로 간주하며, 심지어 어머니는 딸에게 발생하는 모든 불행에 대해 죄의식을 느낀다는 것이다. 그러므로 어머니는 딸을 소유하려는 마음 때문에 딸을 독립된 존재로 보지 못하고, 딸의 자아 찾기에 도움을 주지 못하며 갈등하는 것이다.

그러나 Marsha Norman은 Jessie가 어머니 Thelma를 보살피고, *Third and Oak*에 등장하는 Alberta가 그녀의 어머니를 보살피는 뒤바뀐 역할

문제를 나타내어 딸들이 대리 어머니 역할을 수행하고 있음을 보여 준다. 이것은 Marsha Norman이 모녀관계를 작품에서 부정적으로 묘사하고 있지만 Jessie와 Alberta를 통해 이상적인 모녀관계를 제시한다는 것이다. 여기서 이상적인 모녀관계는 딸이 어머니처럼 사랑으로 어머니를 보살펴 주고 독립적으로 살아갈 수 있게 충고해주고 자신의 자아를 찾아갈 수 있게 도와주는 역할을 수행한다는 것을 뜻한다.

이와 같이 모녀관계가 페미니스트 드라마에서 자주 다루어지는 이유는 앞서 설명했던 것처럼 모녀관계가 남성문학 전통에서 제외되어 왔기 때문이다. 이러한 모녀관계 문제는 가부장제 사회에서 고통을 받아왔던 모녀가 서로의 문제와 고통을 이해해주고 자신의 자아를 찾으려는 노력을 나타낸 것이라고 할 수 있다.

세 번째로 살펴본 *Third and Oak*는 서로에 대해 전혀 알지 못하는 Alberta와 Deedee가 만나서 대화를 나누는데, 이때 형성되는 여성관계를 통해 여주인공들이 자아를 찾는 과정을 그린 것이다. 이 작품에서 Alberta는 남편을 잃은 슬픔을 해결하지 못한 상태이고, Deedee는 남편이 다른 여자와 만나고 항상 늦게 귀가하기 때문에 결혼 생활에 만족하지 못하는 상태이다. 그러나 Alberta와 Deedee는 셀프서비스식 간이세탁소에서 대화를 나누면서 서로의 문제와 고통을 들어줌으로써 편안한 마음의 상태가 되고 자신의 자아를 찾아 자신의 고민을 해결할 수 있는 힘을 가진 인물들로 변모한다. 여기서 셀프서비스식 간이세탁소라는 장소의 설정은 매우 중요한데, Grace Epstein은 이 점에 대해 다음과 같이 평한다.

셀프서비스식 간이세탁소를 극 전개를 위한 장소로 만든다는 것은

세탁이라는 사적인 행위가 대조적으로 공적으로 접근할 수 있는
공간에서 나타날 때 '사회적으로 다른' 두 여성의 조우를 전경에
둘 수 있는 특히 풍부한 장소를 준비하는 것이다.

Making the laundromat the locale for the play's development provides a
particularly rich site upon which to foreground the confrontation of the
two 'socially other' women as the privatized activity of doing laundry is
presented, contrastingly, in a publicly accessible space(재인용 Linda Ginter
Brown 32).

Marsha Norman은 셀프서비스식 간이세탁소의 역할을 세탁 처리를
하는 장소로만 간주하는 것이 아니라, 계급과 나이가 다른 두 여성이
그들의 희망, 공포, 실망, 그리고 외로움을 털어놓고 위로받는 공적인
장소, 즉 교차로의 역할을 하는 장소로 나타내고 있다.

이 장소에서 Alberta와 Deedee는 마치 서로를 도와주는 모녀처럼,
또 자매처럼 관계를 맺어 여성 간의 강한 유대감을 보여 준다. 이러
한 유대감으로 Alberta는 슬픔을 극복하고 죽은 남편 없이 홀로 살아
갈 수 있는 독립적인 자아를 지닌 인물로 바뀌고, Deedee는 가부장제
사회에서 남성의 욕망을 인정하는 어머니의 사고를 자신도 모르게
이어받아 자신이 남편에 대한 불만도 말해 보지 못했음을 인식하고
외로움을 견디는 방법을 터득하는 인물로 자신감을 가진 자아로 변
모하는 것이다.

위에서 살펴본 바와 같이 Marsha Norman은 여주인공의 자아 문제
를 잘 다루고, 여주인공이 부재 인물 남성들로 인해 고통받고 여성
간의 유대로 어려움을 극복하는 모습을 잘 묘사한 작가라고 할 수 있
다. 또한 Marsha Norman은 평범한 일상생활 속에서 평범한 인물, 일상
용어, 사실적인 배경 등을 사용하여 관객이 보다 큰 친밀감을 느낄

수 있도록 했다. 이러한 친밀감은 우리에게 당면해 있는 여러 문제를 보다 더 자각할 수 있는 기회를 제공한다.

21세기를 맞이하는 시점에서 페미니스트 드라마는 이와 같은 자각을 넘어 실천의 방향으로 나아가야 한다. 왜냐하면 가부장제 사회에서 만일 여성이 자아 발견에만 그친다면 여성의 지위가 향상되지 않을 것이고, 여성을 차별하는 여러 가지 제약이 계속 존재할 것이기 때문이다. 그러므로 선진국에서는 여성의 권리를 찾아 줄 수 있는 제도적 뒷받침을 많이 마련하고 있다.

예를 들면, 미국에서는 1972년 차별금지법 제정으로 여성 및 유색인 등 사회적으로 소수인 사람들에 대한 교육 및 취업 등에서의 기회 확대조치가 행해졌다(「중앙일보」, 1996. 2. 5.). 그리고 1973년 대법원이 낙태를 의사와 환자 사이의 사적인 결정으로 선포하였고, 1983년 처음으로 여성이 우주선 승무원이 될 수 있었다. 이 여성의 이름은 Selly Ride이다(한국여성연구소 296).

이는 개인의 문제와 정치를 연결하는 것으로 좀 더 사회적인 차원에서 여성 자신의 지위를 향상시키는 것이다. 이 점에서 Marsha Norman은 여성이 겪는 억압과 남성은 지배, 여성은 종속이라는 관계에서 벗어나도록 여성의 자아를 찾기에 가장 큰 역할을 한 극작가라고 할 수 있다.

BIBLIOGRAPHY

1. Primary Sources

Norman, Marsha. Four Plays: *Marsha Norman*. New York: Theatre Communication Group, 1988.

Norman, Marsha. *'night, Mother*. New York: Hill and Wang, 1995.

2. References

고승길, 『현대연극의 이론』, 서울: 대광출판사, 1991.

김성곤, 『미국 현대문학』, 서울: 민음사, 1997.

김익두, 『연극개론』, 서울: 한국문화사, 1997.

또 하나의 문화 동인, 『여성해방의 문학』, 제3호, 서울: 평민사, 1993.

로즈마리 통, 『페미니즘 사상』, 이소영 역, 서울: 한신문화사, 1995.

문상득 외, 「미국 페미니스트 연극에서의 감금과 광기의 주제」, 『영미희곡연구』, 서울: 민음사, 1994.

미국정신의학회, 『정신장애의 진단 및 통계 편람(DSM - Ⅳ)』, 서울: 하나의학사, 1997.

베스 헨리, 『마음의 범죄』, 이형식 역, 서울: 한신문화사, 1992.

심정순, "Mother - Daughter Identification and Alienation in Marsha Norman's *'night, Mother*", 『현대영미희곡』, 한국현대영미희곡학회, 2호(1992), 69 - 84.

엘리자베스 라이트, 『페미니즘과 정신분석학 사전』, 박찬부 · 정정호 외 역, 서울: 한신출판사, 1997.

여성을 위한 모임, 『일곱 가지 콤플렉스』, 서울: 현암사, 1992.

예영수, 『영미희곡사상사』, 서울: 형설출판사, 1992.

오스틴 게일, 『페미니즘과 연극비평』, 심정순 역, 서울: 현대미학사, 1995.

유순하, 『참된 페미니즘을 위한 성찰』, 서울: 문이당, 1996.

웨슬리 버어 외, 『새로 보는 가족관계학』, 최연실 외 역, 서울: 하우, 1995.
이해영, 「*Cloud Nine*에 나타나는 여성과 남성 사이의 힘과 변화」, 『현대영미희
　　　곡』, 한국현대영미희곡학회, 1994.
이해영, "Feminism and Postmodernism", 한국현대영미희곡학회, 1997. 4. 19.
이형식, 「남편 죽이기: 미국 연극에 등장하는 여성 범죄자들」, 『현대영미드라
　　　마』, 한국현대영미드라마학회, 10호(1999), 181 - 202.
이형식, 『현대미국희곡론』, 서울: 신아사, 1995.
이후지, 『변신』, 서울: 예니, 1994.
정문영, 「어머니에게로 돌아가라: 「소조」에서의 모녀관계」, 『영어영문학』, 한
　　　국영어영문학회, 제43권 1호(1997 봄), 105 - 127.
토릴 모이, 『성과 텍스트의 정치학』, 임옥희 외 역, 서울: 한신문화사, 1994.
한국여성연구소, 『새 여성학 강의』, 서울: 동녘, 1999.
한옥근, 『연극의 이해』, 서울: 국학자료원, 1998.
「문화일보」, 1997. 2. 12.
「조선일보」, 1999. 2. 5, '98. 5. 26, '99. 3. 9.
「중앙일보」, 1996. 1. 29, 2. 5, 2. 12, '97. 2. 5, '97. 7. 5.
「국민일보」, 2005. 10. 11.
「조선일보」, 2006. 10. 25.
「페미니스트 저널 if」, 서울: 도서출판 이프, 1997.

Bate, Walter Jackson, ed. *Criticism: The Major Texts*. New York: Harcourt Brace
　　　Jovanovich, Inc., 1970.
Berkowitz, Gerald M. *American Drama of the Twentieth Century*. London: Longman, 1992.
Bloom, Clive, ed. *American Drama*, Houndmills: Macmillan Press Ltd., 1995.
Brockett, Oscar G. *The Theatre*. New York: Holt, Rinehart and Winston, 1979.
Brown, Janet. *Feminist Drama: Definition and Critical Analysis*. New Jersey: The Scarecrow
　　　Press Inc., 1979.
Brown, Linda Ginter. ed. *Marsha Norman*. New York: Garland Publishing, Inc., 1996.
Brown, *Toward a more cohesive self: Women in the works of Lillian Hellman and Marsha
　　　Norman*. The Ohio State University. 1991.
Brustein, Robert. "Conversations with ⋯ Marsha Norman." *Dramatists Guild Quarterly*
　　　21(1984): 9 - 21.
Case, Sue-Ellen. *Feminism and Theatre*. Houndmills: Macmillan, 1988.
Churchill, Caryl. *Plays: One*. London: Methuen, 1985.

Churchill, Caryl. *Serious Money*. London: Methuen, 1990.

Churchill, Caryl. *Top Girls*. London: Methuen, 1990.

Cousin, Geraldine. *Churchill*. London: Methuen, 1989.

Eagleton, Mary. ed. *Feminist Lite-ary Criticism*. London: Longman, 1991.

Eagleton, Terry. *Literary Theory*. Oxford: Basil Blackwell, 1983.

Esslin, Martin. *The Theatre of the Absurd*. New York: Penguin Books. 1977.

Gordon, Tuula. *Feminist Mothers*. New York: New York University Press, 1990.

Guernsey, Otis L. ed. *"Getting Out." The Best Plays of 1978 - 1979*. New York: Mead & Company, Inc., 1979.

Hart, Lynda. "Doing Time: Hunger for Power in Marsha Norman's Plays." *Southern Quarterly* 25(1987): 66 - 79.

Heilman, Robert B. *Understanding Drama*. New York: Holt, Rinehart & Winston, 1961.

Henley, Beth. *Crimes of the Heart*. New York: Penguin Books, 1982.

Hughes, Catharine, ed. *"Getting Out." American Theatre Annual 1978 - 1979*. Michigan: Gate Research Company, 1980.

Ibsen, Henrik. *A Doll's House and Other Plays*. transl. Peter Watts, New York: Penguin Books., Ltd, 1987.

Kakutani, Michiko. "Books of The Times." *The New York Times* 13 May. 1987.

Kane, Leslie. "The Way Out, the Way In: Paths to Self in the Plays of Marsha Norman." *Femine Focus: The New Women Playwrights*. ed. Enoch Brater. New York: Oxford University Press, 1989.

Keyssar, Helene. *Feminist Theatre*. Houndmills: Macmillan, 1984.

Keyssar, ed. *Feminist Theatre and Theory*. New York: St. Martin's Press, 1996.

Klemesrud, Judy. "She Has Her Own 'Getting Out' to Do." *The New York Times Sunday*, May 27. 1979.

Kramer, Cheris, Thorne, Barrie and Henley, Nancy, 'Perspectives on language and communication', *Signs,* 1973.

Laughlin, Karen and Schuler, Catherine, ed. *Theatre and Feminist Aesthetics*. London: Associated University presses, 1995.

Moi, Toril. *Sexual / Textual Politics: Feminist Literary Theory*. London: Routledge, 1988.

Nam, Yook-Hyon and Kim, Mi Ryang. ed. *Post-War British and American Plays*. Seoul: Hanshin, 1989.

Norman, Marsha. *The Secret Garden*. New York: Theatre Communications Group, 1992.

Rich, Adrienne. *Of Woman Born*, New York: W.W Norton & Company, 1986.

Rosefeldt, Paul. "The Romance of the Dead Father." *The Absent Father in Modern Drama*. New York: Peter Lang, 1995.

Savran, David. *In Their Own Words*. New York: Theatre Communications Group, Inc., 1988.

Schlueter, June, ed. *Modern American Drama: The Female Canon*. London: Associated University Presses, 1990.

Schroder, Patrica R. "Locked Behind the Proscenium: Feminist Strategies in *Getting Out* and *My Sister in This House*." *Modern Drama* 32(March 1989), 104 - 114.

Senelick, Laurence. *Anton Chekhov*. Houndmills: Macmillan Publishers Ltd, 1985.

Showalter, Elaine. ed. *The New Feminist Criticism*. New York: Pantheon Books, 1985.

Smith, Raynette Halvorsen. " *'night, Mother* and *True West*: mirror images of violence and gender." *Violence in Drama*. Cambridge: Cambridge University Prsss, 1991.

Spencer, Jenny S. "Marsha Norman's She-tragedies", *Making a Spectacle*. ed. Lynda Hart. Michigan: Michigan Press, 1989.

Styan, J. L. *Modern Drama in the Theory and Practice 2*: Cambridge University Prsss, 1981.

Tallack, Douglas. *Twentieth - Century America*. London: Longman, 1991.

Wattenberg, Richard. "Feminizing the Frontier Myth: Marsha Norman's *The Holdup*." *Modern Drama* 33 (December 1990), 507 - 515.

Weiss, Samuel A. *Drama in the Modern World*. Massachusetts: D. C. Heath and Company, 1964.

Zinn, Howard. *A People's History of the United States*. London: Longman, 1980.

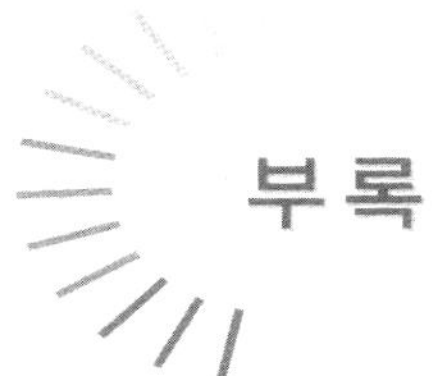

부록

1. 「마요네즈」 영화와 연극

1) 「마요네즈」 영화

(1) 영화개요

원제: 마요네즈

감독: 윤인호

배우: 김혜자 …… 엄마

　　　최진실 …… 아정

　　　김성겸 …… 아버지

　　　권은아 …… 노박아줌마

　　　원미연 …… 보험여왕

　　　문희원 …… 편집장

　　　김유석 …… 아정 남편

장르: 드라마

상연시간: 103분

개봉일: 1999. 2. 13.

제작사: 씨네2000

제작국가: 한국

각본: 전혜성

제작: 이춘연

촬영: 서정민

음악: 옥길성

편집: 이경자

미술: 오상만

동시녹음: 이태규

분장: 국희정, 박예지

의상: 이진희

조명: 이주생

특수분장: 윤동실

특수효과: 유영일

프로듀서: 김복근

(2) 「마요네즈」 영화 줄거리

어느 날 아정의 집에 엄마가 한 꾸러미의 약병을 안고 찾아온다. 여섯 살배기 아들과 배 속의 아기, 그리고 마감일이 촉박한 대필 자서전, 거기에 남편의 갑작스러운 출장으로 모든 일상을 짊어지고 있는 아정에게 엄마는 하나의 짐으로 다가온다. 바쁜 딸을 챙겨주기는커녕 혼자 내버려 둔다며 끝없이 투덜대기만 하는 엄마. 아정은 다시금 잊고 지냈던 과거를 상기하게 된다. 엄마는 아버지에게 사랑받아 본 적이 없다. 한때 그런 엄마를 동정하며 엄마의 고운 자태를 사랑하기까지 했던 아정. 그러나 머리에 마요네즈를 잔뜩 바른 채 병든 아버지에게 악다구니를 떠는 엄마를 본 순간 강한 환멸감을 느낀다. 그때부터 엄마와 딸 사이의 감정의 골은 깊어만 가고, 딸은 자신이 엄마가 된 지금에도 엄마를 이해할 수 없다.

또한 딸은 엄마가 매일 복용하는 약봉지를 보고도 안쓰러운 마음을 가지지 못하게 되며 매일 아침 눈을 뜨면 으르렁댄다. 엄마는 바쁘다며 얘기 한마디 따뜻하게 건네지 않는 딸이 원망스럽다. 반면에 딸은 다른 엄마처럼 자신을 챙겨주지는 못할망정 칭얼대기만 하는 엄마의 존재를 지우고 싶어 한다. 엄마가 딸을 보살펴 주는 평범한 모녀 관계가 아니라 딸이 마지못해 엄마를 챙겨 주는 부정적인 관계이다. 구체적으로 딸이 일로 나가 있는 동안 엄마는 할머니로서 TV만 보고 손자의 식사를 제대로 챙겨 주지도 않으며 청소는커녕 집안을 어지럽히기만 한다. 이들 모녀의 대화는 과거와 현재를 오가며 충돌하기만 하고, 대화가 계속될수록 서로에게 더욱 깊은 상처만 남기게 된다.

그리고 결국 엄마가 눈을 감자 딸은 그제야 자신은 엄마같이 안 되겠다고 악착스레 살았지만 이미 오랫동안 자신의 깊은 숨결은 엄마의 바로 그것이었음을 깨닫게 된다.

(3)「마요네즈」 영화평

박평식은 '이 작품의 구성과 세팅이 단조롭다'고 평하며 이명인은 '이 작품은 실내극같이 소탈하지만 관객의 내면을 움직일 줄 안다'고 평하였다.

일면 명쾌한 듯 보이지만 세상에서 복잡한 관계 중의 하나가 엄마와 딸의 관계이다. 특히 어느 한쪽의 감정이 기울게 되면 두 사람의 갈등은 그야말로 전쟁을 방불케 한다. 그래도 이런 전쟁을 마다할 수 없는 것은 부모와 자식이라는 운명 때문이다. 감독의 말을 빌리면「마요네즈」는 "조금은 특이하고 유별난 엄마와 이미 그런 엄마를 마음속에서 밀어내 버린 딸의 어색한 만남과 관계를 통해 다시 한 번 엄마는 딸을, 딸은 엄마를 생각하게 하는", 그런 영화이다. 보험 세일즈 여왕의 자서전을 대필하는 딸이 같이 살게 된 친정엄마와 겪는 갈등을 통해 서로의 '아름다운 전쟁'을 확인한다는 이야기. 문학동네 신인작가상을 받은 전혜성의 같은 제목 소설이 원작이다. 탤런트 김혜자가 심한 경상도 사투리를 쓰는 엄마로 출연하고, 최진실은 '한 아이의 엄마이자 한 엄마의 딸로서 자신을 바라보는' 간단치 않은 역을 맡았다.

2) 「마요네즈」 연극

(1) 공연개요
공연명: 인천비타민연극축제(공감)
작품: 마요네즈
작가: 전혜성
연출: 정주희
공연장소: 학산 소극장
공연일시: 2006. 7. 22(토)~7. 23(일)/4시, 7시
소요시간: 1시간 20분
주요 대상: 일반인, 청소년
출연진: 최미선, 이경옥, 김정연, 문영미
주최・주관: 극단 「공감」, 인천비타민연극축제 조직위원회

(2) 기획의도
우리가 선택한 「마요네즈」란 작품은 새로운 어머니상을, 주위에서 쉽게 접하고 구할 수 있는 그런 마요네즈로 어머니의 이미지를 가져왔지만, 만드는 과정에서 실수로 언제나 다시 만들 수 있는 요리인

마요네즈가 결국은 나중의 화해와 용서의 한 장면을 대신 한다고도
볼 수 있을까?

마요네즈를 머리에 바르고 약을 매끼마다 먹으며 빨간 루주로 멋을
내는 비정상적인 어머니가 보여 주는 모습과 내 주변과 내 어머니의 모
습에서 우리가 모르는 어머니의 모습을 발견하지 못한 점은 없는지「마
요네즈」란 공연을 통해 한 번쯤 생각해볼 시간을 마련해 주고자 한다.

(3) 연출의도

「마요네즈」는 이렇게 우리가 흔히 알고 있는 가족과 영원한 모성
애의 어머니의 기존의 사고와 존재 자체를 철저히 외면하고 무시하
고 부정하는 것으로부터 이야기를 끄집어내려고 한다.

이 작품에는 언제나 알고 있는 '가족' 하면 떠오르는 이미지는 그
어디에도 없다. 고무공장에 다니는 외할머니가 없어질까 봐 학교에
갈 수도 없었던 혹독한 유년기를 보내고 그런 앙금들이 미처 잘 녹지
못한 그 시절의 주인공을, 그 어머니를 우리는 과연 어떻게 이해할
수 있을까? 혈연의 따뜻함이란 찾아볼 수 없는 그저 허허벌판 민둥산
의 차디찬 고갯마루. "엄마도 다른 엄마들처럼 남편하고 자식만 위할
수 없을까?"라는 주인공처럼 한 삼십대 여자의 절망 섞인 넋두리를
무대 위에 펼쳐 놓아 관객들로 하여금 조금은 특이하고 유별난 엄마
와 이미 그런 엄마를 마음속에서 밀어내 버린 딸의 어색한 만남과 관
계를 통해 다시 한 번 엄마는 딸을, 딸은 엄마를 생각하게 하고 싶다.

(4) 공연 줄거리

남편이 출장 간 사이, 임신한 몸으로 마감일이 촉박해 원고를 붙잡

고 실랑이를 하고 있는 아정에게 그녀의 철없는 엄마가 찾아온다. 딸
에게 밍크코트를 사 달라고 조르며 바퀴벌레가 무서워 한밤중에 전
화를 거는 엄마. 아정은 엄마가 귀찮기 그지없다. 게다가 엄마는 자신
이 잊고 있던 옛 기억을 떠올리게 하는 존재다. 남편에게 사랑받지
못하고 자식들에게도 외면당하는 엄마를 동정하며 그녀의 고운 자태
를 사랑했던 아정. 하지만 아버지가 임종하던 순간에도 마요네즈를
머리에 바르고 치장에 골몰하던 엄마를 보고 그녀의 동정은 환멸로
바뀌었다. 아정은 아이의 어머니가 된 지금도 그런 엄마를 이해하지
못한다. 엄마와 딸 사이에는 깊은 감정의 골이 놓여 있다. 엄마의 머
리맡에 놓인 약봉지도 딸의 마음에 파고들지는 못하며 반대로 바쁘
다며 따뜻한 말 한마디 건네지 않는 딸이 원망스러운 엄마. 부딪치면
부딪칠수록 서로의 상처와 갈등은 커져만 간다.

3) 결론

　미국 페미니스트 드라마는 여러 소재 중에서 주로 모녀관계를 다
룬다. 대표작가 Marsha Norman은 *'night, Mother*에서 딸 Jessie를 자신의
소유물로 간주하는 어머니 Thelma와 죽음을 통해 자신의 정체성을 추
구해 나가는 그녀의 딸과의 관계를 묘사한다. 이 작품은 1998년 5월
한국 산울림극장에서 공연되었고, 연출가 임영웅 씨는 모녀관계보다
는 현대가족이 대화 단절로 겪는 고독과 소외를 그린 작품이라 평하
였다. 그 이후에 이 작품은 2006년에 다시 공연되었다.
　반면에 한국에서는 「마요네즈」 연극과 영화를 통해서 부정적인 모
녀관계를 다룸으로써 긍정적인 모녀관계를 제시한다. 두 작품의 유사

점은 모녀관계라는 소재를 다루었다는 것이고, 차이점은 모녀 갈등 표현방식이 다르다는 것이다.

구체적으로, 어머니가 딸을 보살피는 정상적이고 일반적인 관계가 아니라, 딸이 어머니를 보살피는 비정상적인 모녀관계를 다룬 점에서 유사하다. 그러나 'night, Mother에서 모녀는 대화의 단절로 서로를 모르는 상태로 지내고 딸의 이혼 후 한 집에 같이 살면서 대화를 나누지만 엄마는 딸이 얼마나 불행한 결혼 생활을 하였고 외로웠는지 몰랐고 딸을 자신의 소유물로 간주하였음을 딸의 자살 이후에 인식하게 된다.

반면에 「마요네즈」 영화나 연극에서 모녀는 더 심한 대화 단절로 딸은 끊임없이 엄마를 무시하고 엄마는 따뜻한 말 한마디도 하지 않는 딸을 원망하며 서로를 이해하지 못하는 관계를 그렸고, 엄마의 죽음 이후 딸은 귀찮아했던 엄마를 그리워하며 자신의 무정함을 인식하게 된다. 아쉽게도 세 작품 모두 부정적인 모녀관계였다가 딸이나 엄마의 죽음 이후 모녀관계를 회복한다는 것이다.

이러한 작품들에서 부정적인 모녀관계에 부재중인 남성들이 있다. 이 남성들은 주로 남편이나 아버지 등으로 무대에 거의 등장하지 않거나 모녀들의 대화 속에 나타나며 자신들에게 고통을 준 부정적인 인물들이다. 또한 이들은 여성들이 자신의 자아를 인식하는 데 방해 역할을 할 뿐이다.

과거에 문학작품에서 거의 다루지 않았던 모녀관계라는 소재를 현대에 와서 소재로 삼고 조명한다는 것은 더욱 의미 있는 일이라 생각하며, 긍정적인 모녀관계를 넘어 여성 간의 유대를 회복할 수 있는 계기가 될 것이다.

2. 「맘마미아」 뮤지컬

1) 「맘마미아」의 역사

뮤지컬 「맘마미아!」(*Mamma Mia!*)는 프로듀서 주디 크레이머(Judy Craymer)의 참신한 발상에서 시작되었다. 팀 라이스(Tim Rice) 프로덕션에서 프로듀서로 일하던 주디 크레이머는 뮤지컬 「체스」(*Chess*)를 제작하면서 전설적 그룹 ABBA의 멤버 베니 앤더슨(Benny Andersson)과 비요른 울바에우스(Bjorn Ulvaeus)와 처음 인연을 맺는다. 1989년, 세계적 히트를 구가하고 있는 그들의 음악성에 주목한 주디는 베니와 비요른에게 ABBA의 노래를 엮어 뮤지컬을 만들 것을 제안하고, 1994년 마침내 새로운 뮤지컬 「맘마미아!」의 신화가 탄생하게 된다.

뮤지컬 「맘마미아!」가 음악의 힘을 넘어서서 세계 최고의 메가톤급 뮤지컬로 자리매김할 수 있었던 것은 이 작품이 갖고 있는 연극적 가치 때문이다. 그것을 가능하게 한 주인공은 바로 영국 극작가상을 수상한 경력이 있는 캐서린 존슨(Catherine Johnson). 「선데이 타임스」는 그녀의 성과를 "이 작품의 재미는 노래를 장식의 수준에서 넘어서서 줄거리 속에 솜씨 있게 배치한 기술과 위트에 있다"라고 칭찬했다. 여기에 오페라와 연극에 풍부한 경험이 있는 필리다 로이드(Phyllida Lloyd)가 연출가로 낙점되면서 「맘마미아!」의 히트는 이미 예견되기 시작했다.

세계적인 프로듀서로 떠오른 주디 크레이머와 함께 각본, 연출 모두가 동갑내기 여성으로 구성된 독특한 뮤지컬 「맘마미아!」는 팝 그룹 ABBA의 명성만큼이나 대단한 힘을 발휘하면서 오늘 이 시대를 이 끌어 가는 21세기 뮤지컬의 대명사로 자리 잡았다.

뮤지컬 「맘마미아!」가 오늘날 세계 뮤지컬 시장에서 엄청난 영향 력을 발휘할 수 있었던 것은 새로운 롱런 뮤지컬을 기다리고 있는 이 때에 웨버나 매킨토시와 같은 주류가 아닌 이른바 비주류에서 빚어 낸 롱런 신화였기 때문이다.

1990년대 초반, 뉴욕과 런던에서는 「캣츠」(*Cats*)와 「미스 사이공」(*Miss Saigon*) 등 앤드루 로이드 웨버(Andrew Lloyd Webber)와 캐머런 매킨토시 (Cameron Mackintosh)의 고전들이 하나둘씩 막을 내리면서 대를 이을 신 작에 고민하고 있었다. 특히 런던의 경우, 과거 1960년대 고전의 리바이 벌만이 활발해지면서 지루한 공황기를 맞이하고 있었다. 바로 이때 뮤 지컬 「맘마미아!」는 놀랄 만한 작품의 힘으로 런던 뮤지컬 시장을 다시 전성기로 돌려놓는다.

1999년 4월 6일 런던 프린스 에드워드 극장(Prince Edward Theatre)에 서 초연한 뮤지컬 「맘마미아!」는 미처 상상할 수 없었던 큰 갈채를 받으며 성공을 거둔다. 오프닝 이후, 박스오피스 기록을 연일 갱신하 며 입석까지 매진되는 사태가 벌어진 것이다. 당시 「AP통신」은 "「맘 마미아!」 공연이 매일 새로운 박스오피스 기록을 갱신하고 있으며 이 것은 매우 당연한 현상"이라고 전했고, 「데일리메일」은 "「오페라의 유령」과 「레미제라블」의 뒤를 잇는 최고의 히트작"으로 평가했다.

「맘마미아!」의 행진은 미국으로 건너가면서 더욱 불이 붙는다. 「맘 마미아!」는 2001년 10월부터 「캣츠」가 막을 내린 뉴욕의 윈터가든 (Winter Garden) 극장에서 3년째 흥행 선두를 고수하였고 현재도 흥행 랭킹 톱 5위 안에 들어 있다. 브로드웨이 초연 당시에는 9·11테러의

영향에도 불구하고 점유율 99%를 올리며 초토화된 미국 공연시장에
활력을 불어넣기도 했다.

뮤지컬 「맘마미아!」의 흥행신화는 오늘날 런던, 뉴욕과 더불어 전
세계 각지에서 유감없이 발휘되고 있다. 런던, 뉴욕, 독일, 캐나다, 오
스트레일리아, 라스베이거스 등 전 세계 극장가에서는 매일 밤 1만 8
천 명이 넘는 관객들이 「맘마미아!」를 즐기고 있다. 「맘마미아!」는 시
작부터 지금까지 전 세계적으로 1조 4천억 원의 흥행 수입을 올렸으
며 현재도 계속 새로운 프로덕션이 생겨나고 있을 정도로 그 열기가
식지 않고 있다.

2) 줄거리

무대는 그리스 지중해의 외딴 섬. 젊은 날 한때 꿈 많던 아마추어
그룹 리드싱어였으나 지금은 작은 모텔의 여주인이 된 도나(Donna)와
그녀의 스무 살 난 딸 소피(Sophie)가 주인공이다.

도나의 보살핌 아래 홀로 성장해 온 소피는 약혼자 스카이(Sky)와
의 결혼을 앞두고 아빠를 찾고 싶어 하던 중 엄마가 처녀시절 쓴 일
기장을 몰래 훔쳐보게 된다. 그리고 그 안에서 찾은, 자신의 아버지일
가능성이 있는 세 명의 남자, 샘(Sam Carmichael), 빌(Bill Austin), 해리
(Harry Bright)에게 어머니의 이름으로 초청장을 보낸다.

결혼식을 앞두고 분주한 소피의 집.

엄마의 옛 친구들이며 같은 그룹의 멤버였던 타냐(Tanya)와 로지
(Rosie)가 도착하고 소피의 친구들도 부산해하며 즐거운 가운데 어머
니의 옛 연인 3명이 한꺼번에 도착한다. 어머니 도나는 그들을 보고

크게 놀라 당황하며 안절부절못하게 된다.

흥분되는 마음에 진짜 아빠를 찾는 데 여념이 없는 소피는 세 남자를 만난 후에 진짜 자신의 아버지가 누구인지 더욱 헷갈려한다. 결혼식을 준비하는 동안 세 명의 남자는 도나와 각기 옛일을 회상하며 감상에 젖고 그중 샘은 아직도 도나를 사랑하고 있으며 그녀가 다시 자기를 향해 마음을 열기를 바라지만 도나는 혼란스러워하며 그를 거부한다.

드디어 소피의 결혼식 날, 결혼식이 거행되기 전, 도나는 축하객들 가운데 소피의 아버지가 있지만 자신도 누구인지 알 수 없다고 이야기한다.

소피 또한 자신의 삶에 있어서 중요한 것은 누구인지도 모르는 아버지가 아니라 주체적인 자기 자신과 자신을 사랑하는 사람들이라는 것을 깨닫는다.

소피는 자신에 대해서 좀 더 알아보는 시간을 갖기 위해 결혼하지 않기로 결심하고 주인을 잃어버린 결혼식은 하객들의 왁자지껄한 권고 끝에 샘과 도나에게 돌아간다. 샘의 청혼 앞에서 망설이던 도나가 친구들과 하객들이 보내준 용기로 그의 사랑을 받아들인 것이다.

행복한 결혼식 후 소피는 더 넓은 세상에서 자신의 꿈을 펼칠 것을 노래하며 약혼자 스카이와 여행을 떠난다. 뮤지컬 「맘마미아!」에는 전 세계를 통해 사랑받았던 전설적인 그룹 ABBA의 주옥같은 대표곡 22곡이 그대로 사용됐다. AB3A를 듣고 자란 30대부터 50대까지의 세대는 추억에 젖어 다음에는 어떤 곡이 나올까 기대하며 볼 정도이다. 혹, ABBA를 모르는 세대라고 하더라도 신나고 대중적인 그들의 음악에 금세 익숙해져 공연장을 찾은 모든 관객들은 극장을 나서면서 자연스럽게 노래를 흥얼거리게 된다.

3) 공연평

그룹 ABBA의 음악이 없었다면 이 뮤지컬은 탄생할 수 없었다. 그들의 음악적 역량이 뒷받침되었기에 탄생하자마자 세계의 주목을 받으며 블록버스터로 등극할 수 있었던 것이다. 뮤지컬 「맘마미아!」의 흥행은 현대 뮤지컬 장르에 지대한 영향을 미쳤고 이후 대중가요를 소재로 한 뮤지컬 제작 붐을 일으키기도 한다. 그래서 등장한 대표적인 작품이 퀸(Queen)의 노래로 구성된 뮤지컬 「위 윌 록 유」(*We Will Rock You*)와 같은 작품이다. 하지만 「맘마미아!」의 위력에는 미치지 못했다고 평가받고 있다.

엄마와 단둘이 사는 딸이 결혼을 앞두고 엄마의 옛 애인들을 만나 자신의 아버지를 가려낸다는 기상천외한 발상을 줄거리로 한 이 작품은 인간이라면 누구나 고개를 끄덕일 수 있는 삶을 이야기하고 있다. 파란만장한 삶을 보낸 중년 여인의 심리와 사랑의 가치, 청춘에의 동경 등 삶의 진솔한 가치들이 구석구석에 녹아들어가 있다. 보편적 삶의 가치를 특정한 문화와 가치관에 얽매이지 않고 따뜻하고 가볍게 그려낸 장점 때문에 뮤지컬 「맘마미아!」는 전 세계 관객들 누구에게나 감동을 전해줄 준비가 되어 있는 것이다.

뮤지컬 「맘마미아!」의 첫 노래와 마지막 노래는 ABBA의 대히트곡 *I have a dream*이다. 그 노래처럼 이 작품에서 사용된 그리스의 신화적 이미지는 정갈한 아름다움을 전해 준다. 사랑과 꿈을 표현하기 위해 사용된 화이트와 블루의 아름다운 조명과 큰 장면 전환 없이 기발하고 단순한 이동을 통해 보이는 간결하고 실용적이면서도 관객들로부터 감탄을 자아내는 무대는 「맘마미아!」가 지닌 꿈으로의 여정을 훌

류하게 표현하고 있다. 「맘마미아!」를 관람하는 관객들은 지금까지 그 어떤 뮤지컬에서도 보지 못했던 21세기 대표적인 뮤지컬다운 새롭고 모던한 무대를 보게 될 것이다.

서비스로 주어지는 성대한 커튼콜 또한 이 작품의 백미로 손꼽힌다. 세계 어디에서나 뮤지컬 「맘마미아!」의 커튼콜이 시작되면 초로(初老)의 관객들과 풋풋한 젊은이들이 함께 ABBA의 노래를 따라 부르고 일어나 춤을 추며 열광의 도가니에 빠져든다. 모든 세대를 즐겁게 하는 특별한 뮤지컬로서 그 가치를 발휘하는 순간인 것이다.

한국의 뮤지컬은 최근 몇 년간 양적, 질적으로 많은 발전을 이루었으나 다양한 연령층을 골고루 만족시키는 작품을 만나기는 어려웠다. 뮤지컬 「맘마미아!」는 우리가 항상 볼 수 있는 그런 중년의 여성들이 주인공으로 등장하여 모녀간의 사랑과 가족의 중요성을 되새기며 바로 우리들의 이야기를 코믹하게 풀어내고 있다. *Thank you for the music*이라는 극 중의 노래 제목처럼 서로 다른 세대가 음악을 통해 한자리에 모이는 뜻깊은 자리를 마련하기에 더없이 좋은 작품이다.

이 작품은 배우들의 역량이 업그레이드됐다는 평과 기존 「오페라의 유령」 등 상류층 문화로 머무르던 뮤지컬의 소비층을 중산층과 서민까지 확대했다는 평가를 받기도 한다(「중앙일보」, 2006. 6. 20.).

지금까지 「맘마미아!」가 공연되었던 그 어떤 곳에서도 신분, 성별, 나이를 막론하고 모두 함께 일어나 춤추며 어우러졌으며 한국에서도 2004년 그 놀라운 광경이 공연 기간 내내 펼쳐졌다. 그리고 2006년에도 이 작품이 기립박수를 매회 받으면서 공연을 마쳤고, 2011년 2월에도 부산에서 공연되어 성황리에 마쳤다. 또한 2008년에는 이 작품이 영화화되어 지금까지 관객들의 많은 사랑을 받아오고 있다.

4) 결론

이 작품은 다르지만은 않은 두 세대 간의 서로 다른 사랑 이야기를 다룬 뮤지컬이다. 소재 측면에서 사랑뿐만 아니라 모녀관계를 다룬 점, 딸 소피가 스카이와 결혼하지 않을 것을 선언하며 세상을 알기 위한 여행을 떠나기로 결심한 점은 페미니스트 드라마의 특징인 모녀관계나 정체성을 찾아 나아가는 점과 유사하다.

그리고 주인공 도나, 그녀의 친구들인 로지와 타냐의 유대감도 페미니스트 드라마의 한 특징이라 할 수 있다. 도나는 독립적인 성격에 자유분방한 젊은 시절을 보냈고, 자아도 강하고 모성애도 강하며 세상 모진 풍파를 헤치고 딸을 당당하게 잘 키운 여장부이다. 로지는 독립심이 강하고 남자한테 의존하지 않는 성격으로 결혼을 겁내며 도나와 타냐 사이에서 문제점을 해결하는 중간적인 역할을 한다. 타냐는 도나의 오래된 밴드친구로서 화려한 삶을 추구하는 이혼녀이다. 연하남의 대시를 좋아라 하면서도 지킬 건 지키는 친구이다. 이 세 친구들의 관계는 친자매는 아니지만 서로의 고민을 들어 주고 조언해주며 위로해주는 페미니스트 드라마의 특징, 즉 여성 간의 유대감을 잘 나타내 주고 있다.

이와 같이 한국에서도 여성을 소재로 한 영화나 드라마 그리고 뮤지컬이 상연되고 있어서 여성의 정체성과 권리를 찾아 가는 계기가 되고 있다.

3. 「여유만만」 콘서트

1) 콘서트 개요

콘서트명: '06. 제3회 여유만만(女有萬滿) 콘서트
일   시: 2006. 10. 27(금) 19:30~21:30
공연장소: 잠실 실내체육관
출 연 진: 인순이, 윤도현 밴드, 박미경, 럼블피쉬, 먼데이키즈
주   최: 여성신문사

2) 콘서트 내용

한국은 21세기에 들어와서 여성 축제들이 활발하게 개최되고 있다. 2004년에 시작된 여유만만 콘서트가 매년 개최되고 있고, 2005년에는 한국여성단체연합 주체로 평등가족 페스티벌이 개최되었고, 전국여성노동조합 서울지부 주최로 비정규직 여성노동자들을 위한 기금마련 미술전시회가 개최되었다.

특히 매년 개최되고 있는 여유만만콘서트는 여성축제뿐만 아니라 가족축제로서 각 분야 여성들이 함께 화합하는 소통의 장으로 이끌어 왔다. 이는 여성 리더를 발굴하고 조명함으로써 여성도 다양한 분야에서 큰 역할을 할 수 있다는 희망을 주며 일상에서 바쁜 여성들에게 스트레스를 해소해줄 수 있는 즐거운 문화 축제이기도 하다.

이 콘서트는 '여성 리더가 가득 찬 세상'이라는 뜻으로 세대, 계층을 초월해 모두가 참여할 수 있는 축제 한마당으로 발전하여 2005년부터는 분야별 여성 리더를 집중 조명하였고, 2006년에는 '한국 경제, 여성이 살린다'는 주제로 개최되었다. 2006년 한국 경제를 살리는 여성기업인상 수상자로 (주)놀부 김순진 회장, (주)인성내츄럴 손인춘 사장이 선정되어 여성 경제인들을 소개하는 자리로도 빛이 났다. 그리고 쉼터 여성, 복지관의 청소년 등 문화 소외계층을 초대해 함께 기쁨을 나누는 장이기도 하였다.

3) 결론

이 콘서트는 윤도현 밴드, 먼데이키즈의 멋진 공연과 여성 보컬이 이끄는 록그룹 '럼블피쉬'의 신나는 공연과 인순이의 열정적인 공연으로 관객들도 즐겁게 적극적으로 같이 참여하는 자리가 되었으며, 특히 인순이가 부른 '거위의 꿈'이라는 노래는 모든 여성들에게 희망을 주는 메시지를 전달해주고, 어떠한 상황에서도 이겨낼 수 있는 힘을 가진 여성임을 인식하게 하는 의미 있는 것이었다.

이와 같이 한국 여성 축제들은 여성문제를 알리고 도움을 받는 축제로 이어지고 있으며, 여성의 위상을 높이고 모든 세대, 계층을 넘어 화합해 살아가는 분위기를 만들어 가고 있음에 한 여성으로서 적잖은 기대를 걸어 본다.

4. 여성과 젠더, 여성과 문화, 여성과 예술:
문화세상 이프토피아 (www.msiftopia.or.kr)

공연과 축제 이외에 여성 개개인의 삶의 질을 높이고 여성으로서 자긍심을 갖고 주체적 삶을 가능하게 하는 문화운동의 중요성에 대한 의식이 미약하다. 그러므로 한국에서 여성문화운동단체는 아주 극소수이다. 그 중 문화세상 이프토피아는 미국의 페미니스트 저널 미즈와 비슷한 형태의 계간지인 「페미니스트저널 이프」(1997년 창간호 발행)에서 2003년에 만든 단체이다. 「이프」의 대표행사인 안티미스코리아페스티벌(1999년~2004년)은 여성이 성적 대상화되고 사회가 외모 지상주의화되는 것에 반대하는 문화운동의 하나로 한국 사회에 큰 반향을 일으키며 공중파방송들이 미스코리아대회를 방영하지 않기로 결정하게 된 결과를 낳았다. 또한 동성애자로 커밍아웃한 이후 사회적 지탄을 받아 연애활동이 금지된 남자배우를 페스티벌의 사회자로 무대에 세웠다. 이는 동성애 인권에 관한 사회적 관심을 촉발시키고, 사회적 소수자를 위한 대중문화 행사의 필요성을 각인시키는 계기를 마련하였다. 이는 Gender Equality 문화운동을 전문적으로 하는 이프토피아의 탄생을 촉발시키는 계기가 되었다.

문화세상 이프토피아는 젠더를 기반으로 남녀가 함께 조화하는 평화로운 사회를 위한 문화의식의 확산과 소외계층(이주여성, 탈북여성, 여성장애인, 성적인권소수자 등)들이 문화적 주체가 되어 문화 다양성이 존중되는 사회를 위한 기획물을 생산하는 것을 목적으로 한다. 연극, 축제, 교육, 전시 등 다양한 문화 장르를 활용하여 여성주의 문화운동의 영역을 꾸준히 넓혀가고 있다.

연극으로는 미국의 극작가이자 사회운동가인 이브 엔슬러(Eve Ensler) 원작의 「버자이너 모놀로그」(*Vagina Monologue*)와 「좋은 육체」(*The Good Body*)가 대표적 공연으로 꼽힌다(2006~2007). 「버자이너 모놀로그」는 감추어지고 터부시되어 왔던 여성신체에 관한 솔직한 이야기를 통해 여성이 성 자체의 존재성을 자각하게 함과 동시에 여성의 성에 대한 본직적인 문제에 접근하는 내용으로 구성된 연극이다.

「좋은 육체」는 외모에 대한 관심이 지대해진 한국 사회에 '내 몸을 억압하는 것은 세상이 아니라 나 자신이다'라는 메시지를 던지며 '몸'에 대한 이슈를 부각시키는 계기를 만들었다.

매해 진행되는 대한민국 여성축제는 호주제 폐지를 촉구하는 것을 시작으로 만들어졌는데 2003년 <새 하늘 새 땅을 여는 분홍파워 축제>는 그 대중적 지지가 힘이 되어 2007년 호주제 폐지 법안 통과에 크게 기여한 문화축제이다.

2004년 <부활하는 여신, 깨어나는 여성>은 역사 속 여성인물의 재해석을 통한 여성인물 바로세우기 내용으로 구성되었고, 2005년 <여성희망 원년, 그 첫발을 내딛다>, 2006년 <거울아 거울아 이 세상에서 누가 제일 예쁘니>, 2007년 <변화하는 여성, 신화 속에서 깨어나다>, 2008년 <혼살림, 몸살림, 지구살림>, 2009년 <이주여성과 함께하는 대한민국 여성축제>, 2010년 <여성, 생명의 길 위에서 나를 외치다>는 임신과 출산에 대한 여성들의 성적 자기결정권을 추구하는 내용으로 구성되었다.

여성축제는 해마다 다양한 여성이슈를 제시하며 사회의식의 변화

를 유도함으로써 다양성이 존중되는 사회에 대한 비전을 제시하고,
가부장제도의 변화를 촉구하는 사회적으로 매우 영향력이 큰 여성문
화행사로 자리 잡고 있다.

여성주간 기념 또는 특별기획으로 진행되는 비정기적 공연, 축제
로는 청소년 축제, 아줌마 축제, 시네 콘서트, 웰에이징 토크 콘서트
등이 있도록 가능성을 열어 주는 교육행사, 국제교류행사도 진행하고
있다. 2003년부터 진행되어온 워크숍에 참여한 국제적 인사로는 글로
리아 스타이넘(Gloria Steinum), 앨리스 워커(Alice Walker), 틱낫한(Thich
Nhat Hanh) 스님, 티베트 여성 지도자 린첸칸도(Rinchen Khando), 텐진
팔모(Tenzin Palmo) 스님, 헬레나 노르베리호지(Helena Norberg Hodge),
현경(Hyun Kyoung) 등이 있다. 이들과 함께하는 기행이나 워크숍을
통해 한국의 많은 여성들은 내적 성장과 충전의 과정을 거치며 다양
성 존중, 생명 존중, 평화의 가치에 대한 삶의 시각을 확장시키고 있
다. 2011년에는 글로리아 스타이넘과 함께하는 DMZ 평화 기행이 추
진 중이며 여성이 만드는 평화운동에 대해 함께 이야기를 나누는 장
이 펼쳐진다.

2003년부터 한국과 독일의 여성작가들이 나이와 국적을 초월해 서
로 소통하고 만나는 한독 여성작가 교류전은 한국과 독일의 주목받
는 여성작가들의 만남과 관계 맺기의 장이다. 한국과 독일을 오가며
회화, 사진, 비디오 아트 등 전시를 통해 만나는 여성작가들은 서로의
예술적 지평을 넓히는 계기가 됨과 동시에 예술적 차원의 입장과 가
치, 그리고 다름과 차이를 나누며 다양성을 경험하는 기회를 매우 소
중히 여기고 있다. 이는 또한 여성작가들이 자연스럽게 만나고 서로
의 문화에 대한 이해의 폭을 넓히며 민간외교뿐만이 아니라 자연스

럽게 양국의 예술을 알리는 중요한 소통의 기회가 되고 있다.

이프토피아는 앞으로 인권의 사각지대에 있는 여성들(이주여성, 여성노동자, 탈북여성, 재소자 여성 등)의 인권과 행복추구권을 위한 문화운동을 진행할 예정이다. 2011년은 한국적 가부장문화가 뿌리 깊은 농어촌 지역에 거주하는 이주여성들을 위한 프로젝트를 추진 중이다. 이 프로젝트를 통해 일방적 흡수통합 방식이 아닌 서로 다른 문화적·인종적 다양성이 존중되는 가치가 미래지향적 다문화사회를 앞당기는 긍정적 가치로 거듭나도록 사회인식의 변화를 또한 촉구할 예정이다.

이주여성들의 <꿈> 사진전은 타국에서의 행복한 삶을 꿈꾸며 이주해 온 그녀들의 꿈 이야기를 사진 작업으로 이미지화하는 전시이다. 이주여성들의 인터뷰가 삶의 치유 과정이 되는 예술치유 프로젝트로 여성작가 1인과 이주여성 1인의 이야기가 한 작품으로 되면서 여성들과의 밀접한 교류가 또 다른 네트워크로 거듭날 수 있도록 할 예정이다.

이주여성들과 함께하는 패션쇼는 한국의 여성들과 이주여성들이 함께 각국의 의상을 입고 워킹하는 패션쇼를 통해 한국 속의 다문화, 다문화 속의 한국을 이야기하며 '우리는 하나', '아시아는 하나'임을 이야기하는 공연이다.

한국 매매혼의 실태를 이야기하는 다큐멘터리 영화제작은 꿈과 희망을 가지고 한국의 배우자와 결혼을 하기 위해 온 이주여성의 매매혼 실태보고를 위한 다큐멘터리로 때로는 주검으로 남겨져야 했고, 때로는 부당한 대우에 침묵함으로써 소리 없이 이어지는 그녀들의 삶의 고통에 대해 이야기한다.

이 프로젝트들을 통해 농어촌 지역 이주여성들이 꿈과 희망을 가짐으로써 다문화가족 구성원 모두가 행복한 사회를 만드는 것이 올해 이프토피아의 방향이다.

문화 운동 행사 사진

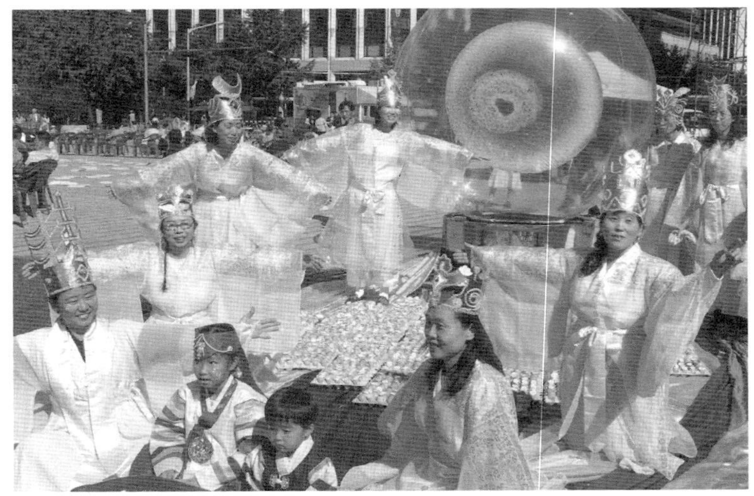

대한민국여성축제

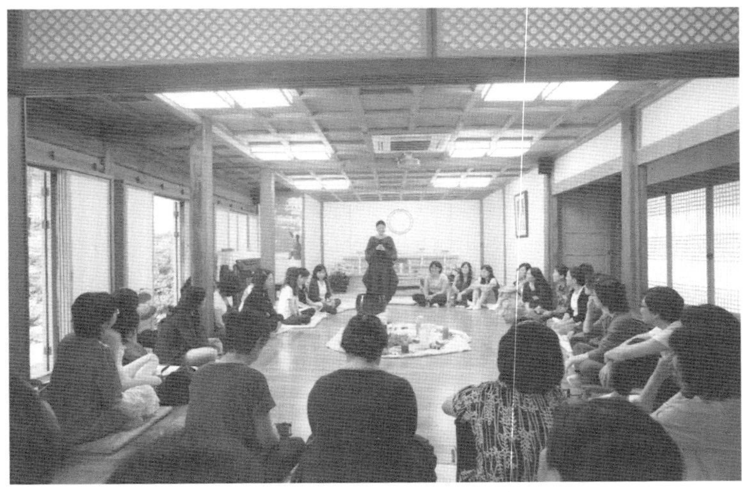

살림이스트워크숍

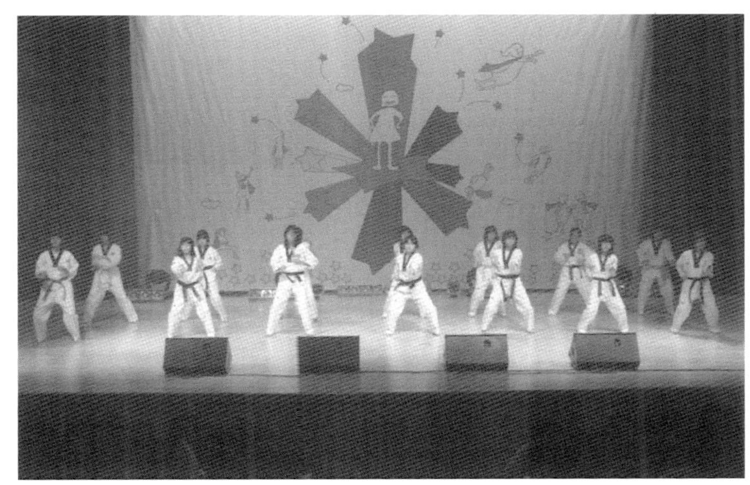

십대여성축제

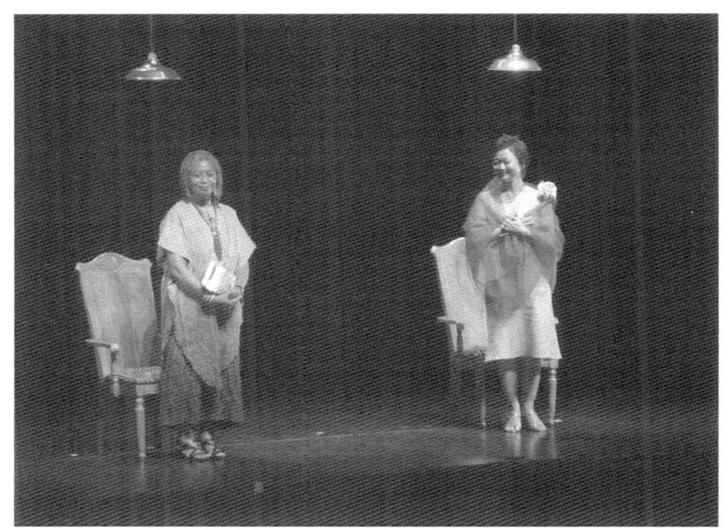

평화음악회

21세기 최고의 화제 연극
2006. 12. 9~2007. 3. 14
대학로 두레홀 3관
the
GOOD
BODY
굿 바디
예매 인터파크 1544-1555 티켓링크 1588-7890 공연문의 3485-8700
주최 meltopia 제작 ROOTONE CJ Entertainment SHOW

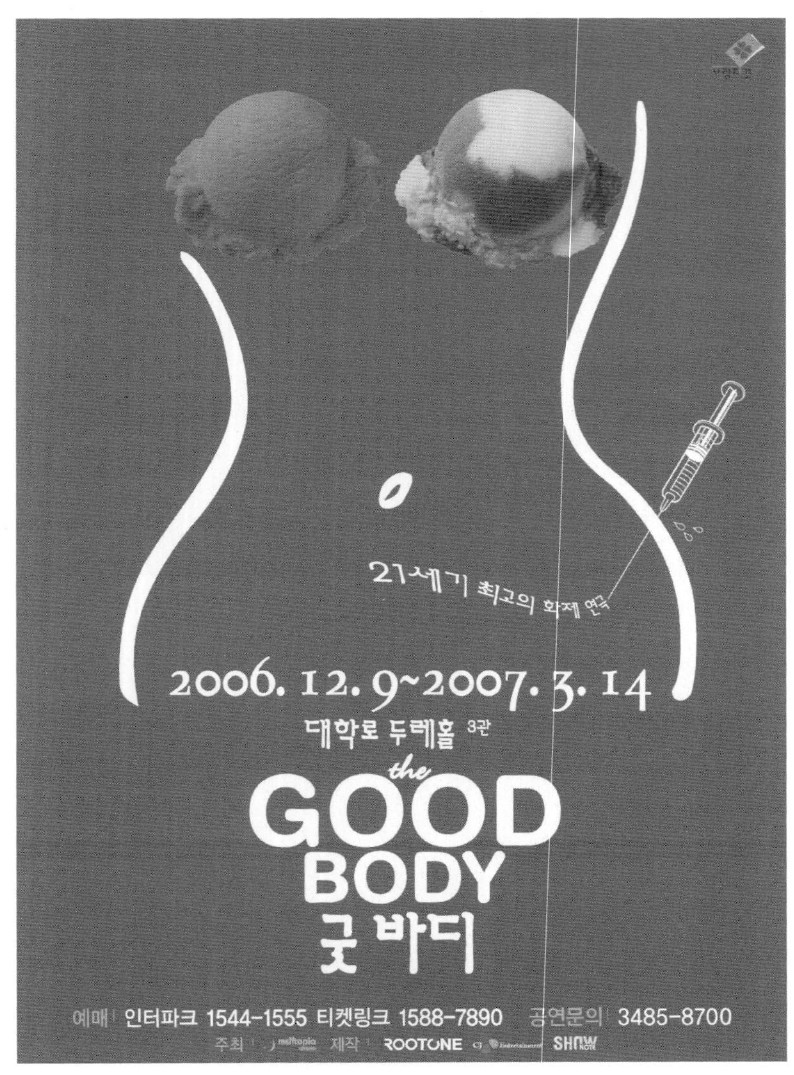

연극 굿 바디

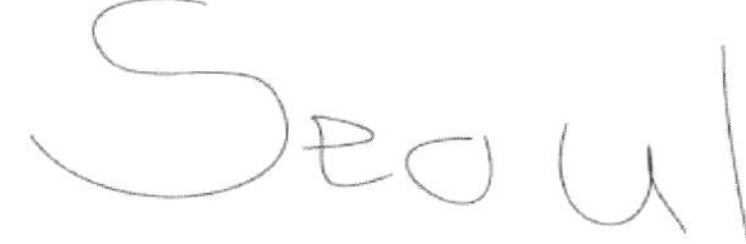

2th 2004
제2회 한독여성작가교류전

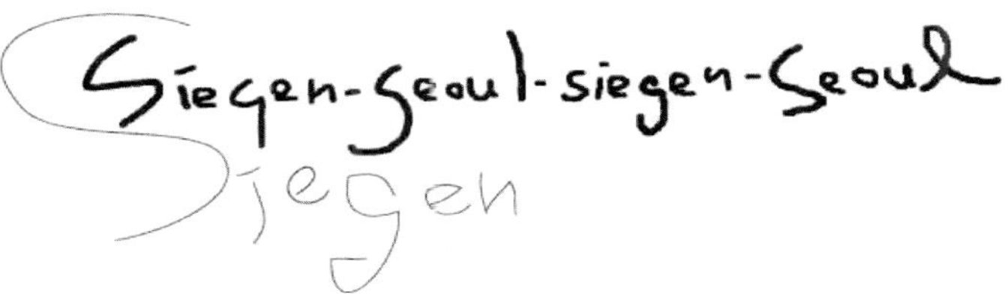

제2회 한독여성작가교류전

일시 _ 2004년 8월 29일 ~ 9월 19일

장소 _ 독일 지겔란트 박물관

주최 _ (사)문화세상 이프토피아

후원 _ 한국문화예술진흥원

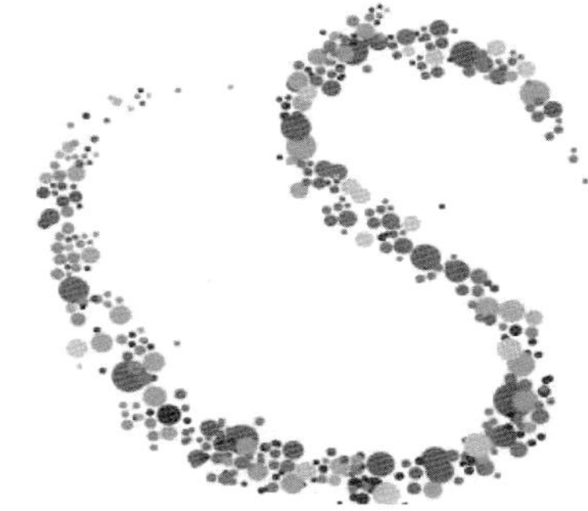

한독여성작가교류전

박주은 ─────────────────────────────────

상명대학교 사범대학 영어교육과 졸업
상명대학교 일반대학원 영어영문학 석·박사
Columbia College TESOL Department(TESOL 자격증 획득)
미림중학교 강사
상명사대부속초등학교 강사
상명대학교, 경찰대학교 외래교수
상명대학교 교육대학원 외래교수
상명대학교 평생교육원 외래교수
상명대학교 인문학과학연구소 연구원
(주)명신하이넷 팀장
(주)큐빅브레인 이사
현) 21세기 영어교육연구회 책임집필위원
　　유비키즈 에듀케이션 영어미래교육연구소 자문교수
　　신구대학 글로벌경영과 영어겸임교수

『Shakespeare의 작품세계와 *Macbeth*』
『WOW! FUN WITH ENGLISH』
「Jane Austen의 *Emma* 연구」
「Touch Pen을 이용한 어린이 영어교육」
「Marsha Norman의 작품에 나타난 여성의 자아 찾기」
「마샤 노먼의 「변신」과 「오우크 3번가의 이야기」에 나타난 여성유대 연구」
「「출옥」에 나타난 여주인공의 주체적인 자아 찾기」
「마샤 노먼의 「잘 자요, 엄마」 연구: 모녀관계를 통해본 여주인공의 정체성 찾기」
「페미니스트 드라마의 배경과 특징」
「중·고등학교 영시 교육을 위한 수업 모형 연구」
「「잘 자요, 엄마」: 음식물을 통해 본 자아 추구」
「영화를 이용한 대학의 교양 영어 교육」
「영문학을 이용한 대학의 교양교육」
외 다수

페미니스트 드라마의 이해 (개정판)

초 판 인 쇄 | 2006년 10월 2일
초 판 발 행 | 2006년 10월 2일
개정판발행 | 2011년 6월 6일

지 은 이 | 박주은
펴 낸 이 | 채종준
펴 낸 곳 | 한국학술정보㈜
주   소 | 경기도 파주시 교하읍 문발리 파주출판문화정보산업단지 513-5
전   화 | 031) 908-3181(대표)
팩   스 | 031) 908-3189
홈 페 이 지 | http://ebook.kstudy.com
E - m a i l | 출판사업부 publish@kstudy.com
등   록 | 제일산-115호(2000. 6. 19)

ISBN   978-89-268-2278-4 13330 (Paper Book)
          978-89-268-2279-1 18330 (e-Book)

내일을여는지식 ■ 은 시대와 시대의 지식을 이어 갑니다.